# 한국 TV 드라마의
# 중국 내
# 유통현실과 전망

reality and South Korean TV dramas and
prospect of China's circulation

# 한국 TV 드라마의
# 중국 내
# 유통현실과 전망

홍 용 락 지음

텔레비전 프로그램의 **국제유통에 관한 논의**를
**자유—규제, 발전—종속**이라는 분석 틀에 입각하여
**규제적 발전론**, 규제적 보호론, **개방적 발전론**, 개방적 보호론
등의 4가지 **유형으로** 구분하여 **재정리**하였다.

KSI 한국학술정보㈜

# 머리말

　문화적 측면에서 텔레비전 프로그램이 수행하는 중요한 기능은 대중문화의 형성과 교류에 커다란 영향을 미친다는 점이다. 더구나 과학기술의 발전으로 지상파 이외에 케이블, 위성 등을 이용한 방송이 가능해졌다. 이 같은 방송환경의 변화는 가용 채널의 급격한 증가와 함께 텔레비전 프로그램의 국제적인 유통을 가속시키고 있다.

　이 같은 맥락에서 지난 1990년대 후반부터 중국, 일본을 비롯한 동아시아 국가에서 등장한 한류(韓流)는 텔레비전 프로그램을 포함한 한국 문화상품의 국제적인 유통과 대중문화 형성이라는 차원에서 많은 사람들의 주목을 받고 있다. 특히 중국에서 처음으로 시작된 한류의 확산에는 텔레비전 드라마가 중요한 역할을 수행한 것으로 알려져 있다. 예를 들어 <사랑이 뭐길래>는 1997년과 1998년 중국 중앙텔레비전방송국(CCTV) 채널에서 방송되어, 평균시청률 4.2%를 기록하였다. 이는 중국의 역대 최고 시청률인 4.5%에 육박하는 것이며, CCTV 수입외화 방송 역사상 2위를 차지할 만큼 한류 돌풍을 일으키는 촉매제 역할을 했다.

　이처럼 중국에서 한류가 부각된 원인으로 한국 대중문화의 국제적 경쟁력, 동아시아 지역의 정치·경제적 변화, 소수의 기업가적 활동가, 정부의 정책적 후원 등 다양한 요인이 제시되었다. 하지만 이들 요인으로 한류의 원인을 설명하기는 충분하지 못하다. 왜냐하면 한류현상 자체가 현재의 상황을 염두에 두고 치밀하게 준비되어 온 것이 아니기 때문이다.

지금까지 국내에서 수행된 한류연구에서 주류를 이루고 있는 것은 산업적·경제적 관점이다. 이들 연구는 한류의 확산을 한국 문화상품의 수출시장 확대로 파악하고, 다양한 문화콘텐츠 개발 및 수출지원 방안을 제시하고 있다.

반면 한류를 산업적·경제적 차원이 아니라 중요한 문화적 현상으로 이해해야 한다는 입장에서, 중국에서 인기를 얻은 텔레비전 드라마 텍스트 또는 중국 시청자들의 한류에 대한 인식을 분석하는 연구가 진행되기도 했다.

그러나 중국에서의 한류, 특히 텔레비전 드라마가 주축이 되어 형성된 한류현상을 총체적으로 이해하기 위해서는 좀 더 포괄적인 접근이 필요하다. 다시 말해 중국에서 한국 텔레비전 드라마가 방영되고 인기를 얻기까지의 과정을 전반적으로 이해하기 위해서는 중국의 역사, 정치, 사회, 문화 등 다양한 사회적·문화적 요인들이 종합적으로 고려되어야 한다는 것이다. 따라서 중국에서의 한류현상을 일시적인 유행으로 치부하는 것이 아니라 장기적이고 지속적인 문화교류의 단계로 정착시키기 위해서는 단순히 한국의 문화상품 수출확대의 기회로 파악하는 단편적 시각을 벗어나 국가 간 커뮤니케이션 관점에서 새롭게 바라볼 필요가 있다.

따라서 이 책에서는 중국에서 전개된 한류현상을 텔레비전 드라마 중심으로 파악하되 산업적·경제적 논리와 문화교류 차원을 벗어나 국가 간 커뮤니케이션의 관점에서 체계적으로 분석하고자 한다. 특히 중국에서 방영된 한국 텔레비전 드라마를 하나의 텍스트(text)로 바라보고, 한국 텔레비전 드라마가 중국으로 유통되는 데 영향을 끼친 사회적·제도적 요인과 더불어 중국 시청자들의 한국 텔레비전 드라마 해독방식과, 그러한 해독이 이루어지게 된 맥락(context)을 포괄적으로 분석함으로써, 한류를 매개로 중국과 한국의 대중문화상품 교류가 지속적으로 유지·발전되기 위한 조건은 무엇인가를 살펴보았다.

1990년대 후반 중국에서 등장한 한류는 자본주의의 세계화라는 커다란 흐름 속에서 한국 문화상품의 중국 내 유통과 소비증가로 나타난 현상이라고 할 수 있다. 그때 중국에서는 중국의 경제성장에 따른 중국인의 소비욕구의 동반 상승 의식에 부응하는 문화상품의 기반이 갖춰지지 않은 상황에서의 한류의 폭발적인 중국 내 수용을 불러왔다.

그러나 현재는 중국 내 한류의 지나친 확장에 대한 경계가 시작되었다. 특히 한류에서 중요한 비중을 차지하는 한국 텔레비전 드라마에 대한 경제적, 문화적 파급효과에 대한 실제적인 규제가 강화되고 있는 실정이다.

그럼에도 불구하고 한국 측 입장에서는 한류를 문화상품 수출시장의 확대의 절대적인 매개체로만 인식하고 있다.

특히 문화상품의 국가 간 교류는 정치, 경제, 문화, 민족성, 이데올로기, 시대상황 등 다양한 변인이 고려대상이 되어야 함에도 한국의 입장에서는 단순한 경제적 관점에서의 접근이 이루어짐으로써, 상대적으로 수입국인 중국에서는 여러 가지 요인에 따른 시각으로 한류를 보기 시작함으로써 수출국인 한국과의 시각에 있어서 차이를 보이고 있다.

특히, 정치적으로는 사회주의를 표방하고 경제적으로는 시장경제 흐름을 지향하고 있는 중국정부의 정책적 방향은 한국 텔레비전 드라마의 중국 내 유통과 같은 한류의 흐름에 중국 정부와 정책적 방향, 담당자의 인식이 절대적인 영향력을 발휘할 수 있는 조건이 될 수 있다.

이 같은 맥락에서 이 책의 구체적인 연구목적은 첫째, 한국 텔레비전 드라마의 중국 내 유통을 둘러싼 이론적 논의를 체계적으로 재구성한다. 둘째, 한국 텔레비전 드라마의 중국 내 유통에 대한 중국측 전문가와 한국 측 전문가의 인식을 파악하는 것이다. 셋째, 나아가 중국 측 전문가의 인식과 한국 측 전문가의 인식을 이론적 차원에서의 비교 및 논의하고, 이를 통해 한국 텔레비전 드라마의 중국내 유통 현상을 설명할 수 있는 이론적 틀을 구체적으로 모색해 보고자 하는 데 있다.

이와 같은 논의를 위한 텔레비전 프로그램의 국제유통을 둘러싼 이론적 논의와 대립은 1940년대 중반 본격적으로 시작되었다.

이론적 논의를 요약해 보면, 텔레비전 프로그램의 국제유통에 있어서 논쟁의 핵심은 다음과 같다.

첫째, 텔레비전 프로그램 국제 유통은 미국중심의 서구 선진국에서 제3세계 국가로 일방적으로 흘러가고 있다.

둘째, 미국 중심의 서구 선진국들은 텔레비전 프로그램의 일방적 유통 현상에 대해 경제적 차원에서 시장원리에 따른 상품의 자연스런 유통으로 파악하며, 이념적 차원에서 자유주의 확산과 사회발전에 기여하게 될 것이라고 주장한다.

셋째, 미국 등 서구 선진국에서 제작된 텔레비전의 일방적 유통은 제3세계 국가의 경제적 종속 나아가 문화적 종속을 가져올 것이며, 이에 따라 제3국가들은 자국산업의 보호, 문화정체성 보호에 적극적이다.

넷째, 다원화 이론은 중심국 대 주변국, 서구 대 비서구 등 이분법적이고 대립적인 사고틀을 탈피해야 한다는 입장이다. 즉 텔레비전 유통산업의 특성과 기능, 개별국가의 경제구조, 정부의 정책, 문화적 특성, 언어적·지리적·역사적 특수성을 종합적으로 고려해야 한다.

이 같은 이론적 논쟁을 토대로 텔레비전 프로그램 국제유통을 둘러싼 쟁점은 이데올로기 차원에서와 시장의 발전 정도에 따른 차원에서의 분류 축을 설정할 수 있다.

전자는 기존의 이론들을 자유(다원)와 규제의 축으로 분류하는 것이다.

후자는 자유와 규제의 이데올로기에 따른 정책의 결과 발생하는 개념으로 발전과 종속의 축을 형성한다.

자유(다원)－규제·발전－종속의 분류 축을 기준으로 텔레비전 국제유통을 둘러싼 이론적 논의는 위 요인의 관여도에 따라 규제적 발전론 유형, 개방적 발전론 유형, 규제적 보호론 유형, 개방적 보호론 유형으로 개념화할 수 있다.

규제적 발전론은 텔레비전 프로그램의 국제 유통을 정부가 엄격히 규제함으로써 자국의 발전을 도모한다는 개념이다.

개방적 발전론은 텔레비전 프로그램의 국제유통이 시장원리에 따라 자유롭게 이뤄질 수 있도록 정부규제를 거의하지 말아야 하며 자국의 발전도 자유로운 유통 속에서 이뤄져야 한다는 개념이다.

규제적 보호론은 텔레비전 프로그램의 일방적 유통흐름을 정부가 규제해야 한다는 개념이다.

개방적 보호론은 시장원리에 입각한 텔레비전 프로그램의 국제유통 입장은 옹호하지만, 개별국가의 서로 다른 발전 수준에 따른 산업보호, 문화적 정체성 보호 등을 위한 정부의 개입도 인정할 수 있다는 다원적 개념이다.

이와 같은 프로그램의 국제유통에 대한 이론적 개념화 분류틀의 중국 텔레비전의 국제유통에 적용은 중국만의 요인에 대한 폭넓은 이해를 요구한다.

즉 중국에서의 텔레비전 국제 유통의 특성은 첫째, 현재까지는 일방적으로 프로그램 유통이 외국으로부터 중국 내로의 수용 흐름이다.

둘째, 구체적으로 중국정부 주도하에 방송시설의 확충, 미디어그룹화 등의 방송시설 기반이 확대되었음에도 불구하고 단위 방송국 차원에서는 텔레비전프로그램을 자체적으로 제작할 수 있는 능력이 미비했다는 점이다.

셋째, 경제적 차원에서 시청자의 소득향상과 광고시장 확대 등에 따라 중국인의 문화수요를 충족시켜 주는 양질의 프로그램 수요의 증가이다.

특히 한국의 텔레비전 드라마 프로그램으로 대표되는 중국 내 유통되는 소위 한류현상은 초기에는 첫째, 한·중의 문화적, 생활양식, 가치관의 동질성과 둘째, 중국인의 전통적 가치관과 유사한 점 셋째, 서구문화를 융합, 개조한 한국문화가 중국인의 수용에 부담이 없었기 때문에 긍정적 수용이 되었다.

초기의 긍정적인 수용은 시간이 경과하면서 부정적인 입장으로 바뀌기 시작했다.

그에 대한 이유는 첫째, 한류가 중국 내 일부 층의 수용임에도 한국 내에서 중국 문화보다 우위에 있다는 인식에 대한 부담이다. 둘째, 중국정부의 입장에서는 정부의 주도하에 프로그램 유통이 진행되기 때문에 정부의 엄격한 허가와 검열을 받아야 한다는 점 셋째, 중국 정부가 자국의 문화산업을 보호하기 위하여 외국 문화산업의 자국 내 진입을 구조적으로 규제하고 있다는 것이다.

이와 같은 한류에 대한 긍정적 흐름에서 부정적 흐름으로의 전환은 한국 텔레비전 드라마의 중국 내 유통에도 같은 현상을 보이고 있다.

구체적인 규제유형으로는 첫째, 외국 드라마 방송시간 규제이다.

즉 외국 드라마가 전체 방송시간의 20%를 넘지 못하며, 이제는 프라임타임에는 외국드라마를 방송하지 못할뿐더러, 이제는 특정 국가를 겨냥해 전체 수입량에서 특정국가의 프로그램이 25%를 넘지 못하게 규제한다.

둘째, 외국 텔레비전 프로그램 수입 심의제도이다

셋째, 외국 프로그램의 중국 내 합작에 대해서도 엄격히 제한하며, 외국 프로그램의 수신규제도 엄격한 편이다.

이러한 상황에서 이 책에서는 연구를 위해 한국 텔레비전 드라마의 중국 내 유통 현상이 중국 내에서는 어떻게 적용되는가를 논의하기 위해 다음과 같은 연구문제를 설정했다.

첫째, 중국의 텔레비전 프로그램 유통전문가들은 중국 내 한국 드라마 유통의 특성을 어떻게 인식하는가?

둘째, 중국 텔레비전 프로그램 유통전문가들의 한국 드라마의 중국 내 유통에 대한 인식유형과 그 특성은 무엇인가?

셋째, 한국의 텔레비전 프로그램 유통전문가들은 중국 내 한국 드라마 유통의 특성을 어떻게 인식하는가?

넷째, 한국 텔레비전 프로그램 유통전문가들의 한국 드라마의 중국 내 유통에 대한 인식유형과 그 특성은 무엇인가?

이와 같은 연구문제를 연구하기 위한 연구방법으로는 심층면접방법을 택했다. 또한, 주제에 관한 자료를 수집하기 위해서 일종의 비표준화 면접(unstandardized interview) 양식에 따랐다.

심층 면접조사의 대상으로는 중국 전문가와 한국 전문가를 각각의 집단으로 구별하였다.

중국 전문가의 경우 한국 텔레비전 드라마의 중국 내 유통에 영향력을 행사하는 프로그램 유통전문가 7인과 한국의 전문가는 한국 텔레비전을 중국에 수출하는 방송사 종사자 7인을 대상으로 하였다.

이와 같은 연구과정을 통해 의미 있는 연구결과를 구체적으로 이 책 내용에서는 제시하고 있다.

연구결과를 도출하면서 우리가 얼마나 대중문화 콘텐츠에 대한 상대비교에 있어 높은 자신감을 열망하는지를 파악하게 되었다.

이는 우리에게 가지게 되는 대중문화 콘텐츠의 의미가 남다르기 때문일 것이다.

우선, 우리의 대중문화 콘텐츠 수출을 통해 경제적인 고부가가치를 창조하려는 국가적인 기대가 있어서이고, 다음으로는 역사적으로 단일문화권을 형성하여 문화적인 동질성이 강한 우리민족이 우리문화가 상대적으로 우위를 가지는 데 대한 자부심도 한몫하는 심리적 요인일 것이다.

하지만, 국가 간 문화교류에는 시대적 상황과 현실적인 필요충분의 조건이 내재적 요인으로 작용한다는 관점에서 한류어원의 발생관계인 중국과 한국의 드라마 교류에 대한 연구는 시사점이 크다 하겠다.

이 책은 서강대 영상대학원 박사학위 논문으로 제출한 것을 다시 정리하여 단행본으로 묶어봤다.

SBS 드라마PD 시절 드라마 '해빙' 제작을 위해 중국에서 촬영을 결정하게 되면서, 1993년부터 중국 내 제작허가를 얻어 내기 위해 별별 방법을 다 동원해 우연찮게 수교 후 중국에서 첫 공식촬영이라는 기회를 갖게 되면서 중국에 대한 관심을 갖게 되었다.

이후 중국 하얼빈에서 CCTV와 협력촬영을 통해 드라마 '안중근'을 제작하면서 중국의 관련 기관과 방송 및 업체들과 교류를 통해 중국과의 교류의 접점을 고민하던 시절을 거쳤다.

그 후 중국 내 본격적으로 한류가 전개되면서 현장이나 학계에서 조금이라도 중국을 아는 분은 전체가 한류전문가로 포장되는 시절이 있었다.

본인도 동아방송대학으로 옮기게 되면서 장님이 코끼리 다리 만지듯이 중국에 대해 말하고, 그것이 전체적인 한류의 방향으로 설파하는 분들을 보면서, 면전반박이 아니라 체계적인 한류에 대한 연구만이 앞으로 한류에 대한 정기능적인 방향성에 기여하는 것이라 여겨서, 박사과정에 진학해 연구를 결심하게 된 동기이다.

하지만 논문심사 받으면서 한류에 대해 얘기하는 것이 아니라, 논문의 체재만으로 심사를 2년이나 지연시키는 심사위원을 보면서 빈약한 한류의 이론적 정립의 현주소를 새삼 느낄 수 있었다.

논문을 이 책으로 출간하도록 기회를 주신 한국학술정보(주) 사장님과 김은선 씨께 감사드린다. 덕분에 논문에 지쳐 잠자고 있던 한류현상 이론화 작업에 계속 매진할 계기를 본 저자에게 부여한 것 같다.

더욱 열심히 해서 꺼져 가는 듯하고, 아니면 산발적으로 발생하는 한류현상을 이론적으로 체계화하는 작업을 지속적으로 가질 것을 다짐한다.

# 목 차

# 제1장

# 서 론

## 제1절 문제제기

　덩샤오핑(鄧小平) 주도하에 개혁·개방 정책을 추진하기 시작한 중국은, 오늘날 연 10% 전후의 고도성장을 기록하며 세계경제의 중심축으로 성장하고 있다. 지난 1978년 정권을 장악한 덩샤오핑은 농업생산성의 정체, 높은 인구증가율, 원자재·이자·환율 등에 대한 의도적 저평가정책 등에 따른 계획경제 체제 실패를 만회하기 위하여 시장원리를 수용하는 개혁에 나섰다. 1989년 티엔안먼(天安門) 사태로 잠시 주춤거리기도 했으나, 1992년 덩샤오핑의 남순강화(南

巡講話)를 계기로 개방과 개혁 속도는 더욱 빨라졌다.

오늘날 중국은 대규모 외국인 직접투자가 이어지면서 세계의 공장으로 불리고 있다. 중국경제가 2020년에 일본을 추월하고, 2040년에는 미국과 대등해질 것이라는 전망까지 나오고 있으며(한국은행 금융경제연구원, 2005), 공급과잉과 과당경쟁으로 기업의 수익성이 악화되면서 오히려 경기과열을 걱정해야 하는 상황까지 이르렀다(정상은, 2005). 중국경제의 이 같은 급성장은, 중국이 사실상 글로벌 자본주의 체제에 편입되었다는 것을 의미한다. 중국은 1980년대 이후 자본주의 시장경제 체제의 확산을 지칭하는 신자유주의1) 물결에 편입되어 경제자유화를 추진해 왔다. 2001년 12월 중국의 WTO 가입은 이를 분명하게 드러낸다. WTO 가입에 따라 중국정부는 시장개입을 단계적으로 축소하고, 대내외적으로 시장경쟁을 더욱 촉진해야 하는 입장에 있다.

1990년대 후반 중국에서 등장한 한류(韓流)도, 이 같은 자본주의 세계화라는 커다란 흐름 속에서, 한국 문화상품의 중국 내 유통과

---

1) 신자유주의는 20세기 후반 자본주의 시장경제 중심의 국제질서 변화를 나타내는 조류를 가리킨다. 신자유주의는 제2차 세계대전 이후 세계 자본주의를 이끌어 온 복지국가, 케인즈주의가 초래한 경제사회적 위기를 타파하기 위한 이념의 성격에서 출발했다. 신자유주의자들은 전후 경제위기의 원인을 국가의 과다한 경제개입과 복지지출 증가라는 인식 아래, 국가의 시장개입 최소화 및 시장개방을 통해 경제성장을 도모해야 한다고 주장한다. 특히 신자유주의자들은 자본의 국제적 이동과 무역에 대한 국가의 통제는 글로벌 기업들의 활동을 방해하는 것으로 인식하며, 이들 규제를 완화하기 위해 국제기구 등을 통한 국제적 압력을 증대시키고 있다(고경민, 2001).

소비증가로 나타난 현상이라고 할 수 있다.[2] 특히 중국인의 한국 문화상품 소비증가는 중국경제 성장에 따른 소비행태 변화와 관련이 깊다. 개인소득 증가와 중산층 확대는 주택·자동차 등 물질상품에 대한 소비 붐을 일으켰을 뿐만 아니라 문화상품에 대한 소비욕구도 상승시켰다.[3] 그런데 중국은 높아진 문화상품 수요를 뒷받침할 수 있을 만한 기반을 충분히 갖추지 못했다는 것이다(허진, 2002).[4]

---

2) 중국 한류는 1990년대 후반 텔레비전 드라마를 필두로 음반, 공연예술과 같은 문화상품의 유통증가에 따라 자생적으로 발생한 측면이 강하다. 특히 1997년 6월 15일부터 12월 14일까지 약 6개월간 중국 CCTV(China Central Television) 채널 1에서 매주 일요일 오전 9시부터 11시 사이에 방영된 "사랑이 뭐길래"는 평균시청률 4.3%로 한류(韓流) 형성에 크게 기여한 것으로 알려져 있다(고정민, 2005). 또한 1999년에는 "별은 내 가슴에"가 중국 대륙과 대만·홍콩을 비롯한 아시아 전역을 방송권역으로 하는 봉황TV(鳳凰TV)에 방영되면서 기대 이상의 커다란 호응을 얻었다(김정수, 2002). 이후에도 "의가형제", "불꽃", "안녕 내 사랑", "프로포즈", "토마토", "해바라기", "이브의 모든 것", "웨딩드레스" 등 수많은 한국 텔레비전 드라마가 중국에 지속적으로 유통되었다.

3) 1992년 베이징 시(北京市) 직장인의 연평균 임금은 3,402위엔, 1인당 연평균 현금소득은 2,813.10위안, 지출은 2,341.80위안이었다. 그러나 2002년 연평균 임금은 2만1,852위안, 1인당 연평균 현금소득은 1만3,253.30위안, 지출은 1만2,249.60위안으로 증가했다. 10년 전에 비해 연평균 임금은 6배 이상, 연평균 소득과 지출은 4~5배가량 초과한 것이다. 이에 베이징시민의 소비행태는 외식·레저·교통·주택 등에 대한 지출이 증가하는 한편 유명브랜드 선호 경향, 분위기와 개성 강조, 가격에 대한 상대적으로 낮은 의식 등이 보편화된 것으로 나타났다. 특히 자동차·전자제품 등과 같은 물질적 재화소비와 함께 문화·교육·사교·관광·건강·공연예술·스포츠 등 비물질적인 서비스 지출도 크게 증가하였다(임계순·우심화·양오진·우장강, 2005).

4) 1990년대 초반 유행하던 일본 영화산업이 점차 쇠퇴하고, 1997년 홍콩의 중국 반환으로 홍콩의 문화산업 기반이 서방국가로 유출되었으며, 불법복제품의 횡행으로 문화산업 기반이 부실해져, 결과적으로 중국에 문화

그러나 중국 한류가 등장한 지 15년에 가까운 시간이 흐른 지금, 중국에서는 한류의 지나친 확산을 경계하는 목소리가 높아지고 있다.[5] 특히 중국에서 한류의 영향력을 평가절하[6]하거나, 한국 텔레비전 드라마의 중국 내 유통증가로 인한 경제적·문화적 파급효과를 우려하여, 규제강화에 나서고 있는 실정이다.[7]

그럼에도 불구하고, 우리나라는 여전히 한류를 문화상품 수출시장

---

공백이 발생하였으며, 한국 문화상품이 이러한 공백을 효과적으로 이용하게 되면서 1990년대 후반 한류가 자연스럽게 확산될 수 있었다는 주장도 매우 설득력 있는 설명을 제공하고 있다(임계순·임대희·오수경·주화빈, 2005).

5) 이는 문화상품의 생산 및 유통은 시장원리에 의해 지배되나, 그것의 소비는 정신적·문화적 차원에서 이루어지기 때문이다. 개별 국가 또는 지역 국가는 자본주의 세계화에 대한 저항으로 자국의 문화산업 육성과 문화적 정체성 보호를 위한 정책적 방안을 모색하게 된다. 예를 들어 자국 영화산업을 보호하기 위한 스크린 쿼터, 방송시장에서 외국자본의 투자 제한 등은 외국자본의 경제적·문화적 지배를 견제하기 위한 장치라고 할 수 있다(Lull, 1995).

6) 2005년 3월 17일 '중국미디어 전문학자가 본 한류전망: 드라마를 중심으로'라는 주제의 세미나에서 중국 칭화대 판훙 교수는 한국 드라마에 대한 높은 인기는 중국 방송시장에서 한국 드라마가 차지하는 비중을 증가시켰지만, 장기적인 관점에서 한국 드라마가 중국에서 성공하려면 단조로운 구성과 인물 중심의 형태에서 벗어나야 한다고 지적했다. 특히 판훙 교수는 칭화대 재학생 60%가 한류가 일시적인 현상에 불과하다고 인식하고 있다는 연구결과를 제시하면서, 이는 한류가 아직까지 상류 엘리트 계층까지 확대되지 못했다는 것을 나타내는 증거라고 강조했다.

7) 중국 문화부, 광파전시전영총국, 세관총서 등 6개 부서는 2005년 8월 초 '문화상품 수입관리 강화관련방법'을 발표했다. 새 규정에 따르면 중국 정부는 문화상품 수입경영 허가증제도를 실시하여, 허가증을 발급받은 업체만 외국 문화상품을 수입할 수 있도록 했다. 이에 따라 텔레비전 드라마, 영화, 애니메이션은 광전총국의 심사와 비준을 거쳐야 중국시장에 유통될 수 있게 되었다(연합뉴스, 2005년 8월 18일).

확대의 계기로 인식하고 있다(장영, 2004).[8] 물론 중국인들의 한국 문화상품 구매 증가는 한국에 대한 이해를 높이고 한국에 대한 긍정적인 이미지를 형성하는 데 기여함으로써, 궁극적으로 한국기업이 중국시장에서 유리한 고지를 선점하는 데 기여하는 것으로 나타났다(이준웅, 2003). 그러나 한류를 경제적 시각에서만 접근할 경우 한류를 지속시키기 어려우며, 나아가 중국정부의 인식전환에 따른 규제 강화를 불러와 한류의 위축을 야기할 수 있다.

특히 한류의 핵심을 차지하고 있는 한국 텔레비전 드라마의 중국 내 유통에 결정적인 영향력을 행사하는 정책담당자의 인식을 파악하는 노력이 필요하다. 왜냐하면 중국은 시장경제를 표방하면서도 정치적으로 사회주의를 고수하는 국가로서 정부의 사회적 영향력이 매우 강력하다. 따라서 중국정부의 방송정책 담당자들이 한국 텔레비전 드라마의 중국 내 유통현실을 어떻게 인식하느냐에 따라 중국정부의 방송정책이 변화될 수 있기 때문이다.

따라서 본 연구는 한국 텔레비전 드라마의 중국 내 유통현실을

---

8) 중국 한류에 대한 우리나라의 초기 관심은 중국시장 개척이라는 경제적 측면에 집중되어 왔다. 텔레비전 드라마를 비롯한 문화상품의 중국 내 유통현상을 분석한 많은 연구들은 한류가 중국시장에 대한 수출증대 기회라는 입장에서 다양한 문화콘텐츠 개발·수출지원 방안마련·현지화 전략 채택·문화상품의 품목 다변화·문화상품과 연계된 마케팅전략 활성화 등을 강조하거나(윤선희, 1999; 김영, 1999; 박재복, 2001; 정윤경, 2001; 강태영, 2002; 한국문화정책개발원, 2002; 이석기, 2003), 중국인들의 한국 드라마 수용, 한국 문화상품의 이용과 태도변화, 대중문화에 관한 이론 또는 문화적 동질성과 같은 특정한 문화적 시각과 입장에 의존하여 한류를 해석하는 형태로 이루어져 왔다(장영, 2004; 이준웅, 2003; 이평식, 2004).

중국 방송정책 및 유통 분야에 종사하는 중국 측 전문가 그리고 중국 내 한국 텔레비전 프로그램 유통을 담당하고 있는 한국 측 전문가의 인식을 분석함으로써 한국 텔레비전 드라마의 중국 내 유통 활성화를 위한 이론적 준거 틀을 모색하고자 한다. 이 같은 접근은 한국 텔레비전 드라마의 유통요인에 대한 인식을 경제적·문화적 차원과 더불어 제도적 차원으로 확장시키는 데 기여하고, 우려의 목소리가 높아지고 있는 중국 한류의 활성화를 위한 보다 거시적이고 장기적인 대안을 마련하는 데 기여할 수 있을 것으로 전망된다.


## 제2절 연구목적


　　최근 중국경제의 급격한 성장은 중국 방송 산업에도 커다란 변화를 일으키고 있다. 지금까지 중국 방송은 국가 소유로서, 정치적인 선전수단으로 인식되어 왔다. 따라서 중국 정부는 사회주의 이념의 고취, 국가정책 선전, 문맹퇴치, 표준어 보급 등과 같은 정치적 목적을 달성하기 위해 방송시설의 양적인 팽창에 집중해 왔다. 그러나 방송에 시장경쟁 원리가 도입되고, 방송국 재원이 정부예산보다 방송광고에 의존하는 비중이 높아지면서, 방송국들은 정부의 통제와 더불어 방송프로그램 편성에서 시청률을 의식하지 않을 수 없게 되었다. 특히 중국인들의 소득증가로 보다 질 높은 문화상품에 대한 수요가 증가되고 있고, 1997년 7월 홍콩의 중국 반환에 따라 중국에 프로그램을 제공할 수 있는 제작기반이 쇠퇴하면서 중국 방송은 단순한 양적 팽창에서 벗어나, 질적인 변화로 눈을 돌리지 않을 수 없는 상황에 처하게 되었다(심재주, 1998).

이에 따라 중국은 경제적·문화적 차원에서 새로운 도전에 직면하고 있다. 엄청난 제작비가 투입된 서구 방송 프로그램의 중국 내 유통이 증가할 경우, 경제적으로 중국 방송 산업이 서구에 종속될 수 있으며, 문화적으로 자본주의 소비문화가 급격히 유입되어 사회주의를 채택하고 있는 중국의 국가이념에 부정적인 영향을 미칠 수 있기 때문이다. 이 같은 우려는 비단 사회주의 국가인 중국뿐만 아니라 제3세계 저개발 국가들이 안고 있는 과제이기도 하다. 현실적으로 지난 수십 년 동안 텔레비전 프로그램의 국제유통은 미국 중심의 서구 국가에서 제3세계를 비롯한 저개발 국가로 일방적 흐름이 지속되어 왔다. 이에 대해 서구 국가들은 근대화 이론, 발전 커뮤니케이션 이론, 시장원리 등에 입각해 설명될 수 있는 자연스러운 현상으로 간주해 왔다. 반면 제3세계 국가에서는 종속이론이나 문화제국주의 등을 내세우며, 텔레비전 프로그램을 포함한 정보의 불균등한 유통 현상에 지속적으로 문제제기를 해 왔다.

현재 중국도 서구에서 제작된 텔레비전 프로그램의 일방적 유통을 차단하는 한편 자국 텔레비전 산업의 육성과 문화적 정체성 보호를 위해 적극 노력하는 과정에 있다. 따라서 최근 중국에서 한류에 대한 경계의 목소리가 높아지고 있는 것은, 외국 텔레비전 프로그램의 중국 내 유통이 단순히 경제적 차원의 손실에 그치는 것이 아니라 문화적 차원에서 중국인들이 자국 문화보다는 외국 문화를 선호하는 경향을 완화시키고, 자국 텔레비전 프로그램 제작산업 기반을 육성하기 위한 과정이라는 차원에서 파악할 필요가 있다. 물론 시장경제를 수용한 중국이 방송시장에서 외국 텔레비전 프로그램의 자국 내 유통을 원천적으로 차단할 수는 없다. 그러나 중국정부는 각종 규제수단을 통해 방송시장 개방 속도를 최대한 늦추려고 하고 있다.

이 같은 맥락에서 본 연구는 중국 내 한국 텔레비전 프로그램, 특히 드라마 프로그램의 유통시장에 대한 논의를 좀 더 거시적이고 이론적인 관점에서 진단하기 위하여 다음과 같은 연구목적을 설정하였다. 첫째, 한국 텔레비전 드라마의 중국 내 유통을 둘러싼 이론적 논의를 체계적으로 재구성하는 것이다. 둘째, 한국 텔레비전 드라마의 중국 내 유통에 대한 중국 측 전문가와 한국 측 전문가의 인식을 파악하는 것이다. 셋째, 중국 측 전문가의 인식과 한국 측 전문가의 인식을 이론적 차원에서 비교 및 논의하고, 이를 통해 한국 텔레비전의 중국 내 유통현상을 설명할 수 있는 이론적 틀을 모색하는 것이다.

# 제2장

# 텔레비전 프로그램 국제유통에
# 관한 이론적 논의

## 제1절 이론적 배경

텔레비전 프로그램의 국제유통을 둘러싼 이론적 논의와 대립은 1940년대 중반부터 본격적으로 시작되었다. 제2차 세계대전 직후 세계질서는 미국을 주축으로 하는 자유민주주의 진영과 소련을 주축으로 하는 사회주의 진영으로 양분되었다. 또한 이들 양 진영 사이에는 이념적·경제적·군사적 차원의 체제경쟁을 의미하는 냉전이 전개되었다.

이 과정에서 소련은 동유럽을 포함한 제3세계 국가에게 사회주의 체제를 이식시켜 자신의 세력 확장을 도모했다. 이에 미국은 사회주의 체제의 확산을 방지하고 민주주의 세력을 다지기 위하여, 당시 식민지에서 독립한 제3세계 국가에게 자신의 국가체제를 선택하도록 유도해야 할 필요성을 갖게 되었다. 따라서 미국을 위시한 서방 국

가에서는 제3세계 국가에게 자유민주주의와 시장경제를 토대로 사회
발전을 도모할 수 있다는 이른바 근대화론을 제시하였다. 근대화론
은 서구 선진국을 일종의 발전모델로 삼아 제3세계[9]의 경제개발을
도모하려 했던 이론적 시도였다고 할 수 있다. 아울러 근대화론의
영향을 받은 커뮤니케이션 학자들은 제3세계 국가의 근대화 과정에
서 미디어가 사회발전의 촉매제 역할을 할 수 있다는 이른바 발전커
뮤니케이션 이론을 전개하였다.

그러나 대부분의 제3세계 국가들은 근대화론이 제시하고 있는 바
와 같은 사회발전을 거두지 못했다. 미디어도 발전커뮤니케이션 이
론과는 달리 제3세계 국가의 근대화를 촉진시키지 못한 것으로 나타
났다. 특히 제3세계 국가에서 미디어는 자유민주주의 훈련과 새로운
정보의 확산을 통한 사회발전 촉매제로 기능하기보다는, 권위주의적
정치세력을 정당화하는 수단으로 이용되는 경우가 많았다.

이에 따라 1970년대부터 근대화론과 발전커뮤니케이션 이론의 한
계를 비판하는 목소리가 높아졌다. 제3세계 국가의 입장을 옹호하는

---

9) 제3세계란 1950년 프랑스 인구학자 소뷔(Sauvy)의 책을 통해 널리 사용
되기 시작했다. 제3세계란 ① 자원에 대한 지배력이 약한 빈국 ② 자본
주의도 사회주의도 아닌 중간지대의 국가 ③ 미국과 소련의 군사적 팽
창주의에 대항해야 하는 제 국가 ④ 선진자본주의 국가 및 사회주의 국
가에 대비되는 저기술, 저이윤, 저임금, 제한된 상품생산의 제 국가 ⑤
종래의 후진국, 저개발국, 발전도상국 등의 용어를 대신하여 사용되는
용어로, 우열의 판단을 배제하기 위한 의미로 사용 ⑥ 세계체제를 자본
주의 집단, 사회주의 집단으로 구분하고, 자본주의 집단을 제국주의 지
대와 제3세계로 구분 ⑦ 국제정치상 하나의 세력 등 다양한 의미로 사
용되어 왔다(박선희, 2002). 본 연구에서 제3세계는 선진 자본주의 국가
와 경제적으로 유기적 관계를 갖고 있는 주변부 국가들을 의미한다.

연구자들은 경제적 측면에서 제3세계 국가들이 미국을 비롯한 서구 선진국에게 종속되어 발전을 거두지 못하고 있다는 이른바 종속이론을 펼쳤다. 나아가 제3세계 국가의 서방 선진국에 대한 경제적 종속은 문화적 차원에서도 종속현상을 야기한다는 문화제국주의 또는 미디어 제국주의가 주장되었다. 이들 주장은 당시 미국을 중심으로 한 서방 국가의 텔레비전 프로그램이 제3세계 국가에게 일방적으로 유통되는 현실에서, 국제사회로부터 상당한 설득력을 얻기도 하였다.[10]

---

10) 서방 국가 중심의 일방향적 국제커뮤니케이션 질서가 새롭고 균형되고 상호교류적인 것으로 대치되어야 한다는 제3세계의 주장이 구체화된 것은 1976년 케냐의 나이로비에서 개최되었던 유네스코 제19차 총회에서였다. 이 회의에서 소련은 새로운 국제커뮤니케이션 질서에 관한 결의안 제출을 통해 커뮤니케이션이 세계평화와 군축 그리고 국제선전에 대한 투쟁과 인종차별의 폐지를 위한 결정적 수단이라고 주장하고 나섰다. 소련은 미국과 서방에 대한 제3세계의 불만을 자신에게 유리한 방향으로 이용하려는 정치적 의도가 명백했고, 때문에 다수의 지지를 받지 못한 채 유보되고 말았다. 유네스코는 균형된 커뮤니케이션 질서를 위한 특별위원회를 구성하여 이 문제를 연구하자는 결의안이 통과되었다. 이에 유네스코는 1977년 11월 에이레의 맥브라이드를 위원장으로 하는 16명의 커뮤니케이션 문제를 연구하기 위한 국제위원회를 구성했다. 맥브라이드 위원회는 현재의 국제커뮤니케이션에 관한 제반 문제를 검토하고, 국가 차원이나 국제 차원에서 대책이 취해져야 할 긴급한 문제들을 규명하는 데 목적을 두었다. 맥브라이드 위원회는 1979년 11월 30일 최종보고서를 완성하고, 1980년 유고슬라비아 베오그라드에서 개최된 제21차 유네스코 총회에서 이 보고서가 채택되었다. 보고서는 82개의 결론과 권고, 그리고 12개의 향후 연구과제를 제시하였다. 그러나 보고서의 기본적인 결론은 서구중심의 불균형한 현 국제커뮤니케이션 질서가 제기하는 문제를 다루기 위해서는 제3세계 국가들이 자국 내 커뮤니케이션 균형의 보호를 위한 일종의 정보관세 장벽을 설치하는 것을 정당화시켜 주는 것이었다. 이러한 결과는 정보의 자유로운 유통을 옹호하는 서방 국가들의 강력한 반발을 사게 되었다(정종욱, 1986).

그러나 종속이론이나 문화제국주의 주장이 갖는 논리적 한계에 대한 비판, 그리고 근대화론과 발전커뮤니케이션 이론의 연장선상에서 텔레비전 프로그램을 포함한 정보의 자유로운 유통을 주장하는 서구 국가들의 반발도 거세졌다. 이들은 현재 정보의 국가 간 유통이 일방적인 방향으로 치우쳐 있는 것은 사실이지만, 이는 각국이 처해 있는 경제적·문화적 환경의 차이에 기인한 것일 뿐이며 그로 인해 정보의 자유로운 유통이라는 원칙이 훼손될 수는 없다고 주장한다. 아울러 정보 유통을 제한하는 개별 국가의 조치들은 정보를 자유롭게 유통시킬 수 있는 권리를 훼손하는 것이라고 지적하고 있다(윤영선, 1985).

한편 이데올로기적 시각과 경제적 시각이라는 경쟁적인 두 시각만으로는 프로그램 유통현상을 충분히 설명할 수 없게 되면서 보다 총체적이고 새로운 시각에 대한 요구가 높아졌다. 즉 영상물의 국제유통을 이해하기 위해서는 국제 영상산업의 특성과 기능, 경제구조, 개별 국가들과의 관계, 각국의 역사와 사회적 특수성 및 발전단계 그리고 수용자에 대한 문화적 영향을 종합적으로 고려할 필요가 있다는 것이다. 이 같은 입장은 다원적 이론(middle-range theory)이라는 시각으로 정리된다(유세경·이경숙, 2001). 다원적 이론은 두 개의 대립되는 접근에 대한 다원적 시각이라고 할 수 있다. 이들은 수용자가 해외에서 제작된 프로그램을 시청하기 위해서는 언어, 문화가 수용 가능해야 한다고 설명한다. 또한 수용자의 구매력과 같은 경제적 요인과 더불어 프로그램 수입에 대한 호의적 분위기, 해당국가의 정책내용 등도 국가 간 프로그램 흐름에 중요한 영향을 미치는 요인이라고 강조한다(유세경·정윤경, 2000). 본 장에서는 이 같은 텔레비전 프로그램 국제유통을 둘러싼 이론적 논의와 대립구조를 고찰하고자 한다.


## 1. 근대화론과 발전커뮤니케이션론

근대화론은 제2차 세계대전 이후 미국이 세계지배를 확립해 가는 과정에서 식민지에서 벗어난 주변국 제3세계 국가들을 어떻게 세계질서 속에 포섭할 것인가에 관한 관심이 증대하면서 등장한 이론이다.[11] 미국을 위시한 자유주의 국가들은 사회주의 진영과 냉전을 벌이는 과정에서 제3세계 신생국들을 자신의 진영으로 끌어들이고자 이들 국가의 발전방안을 찾아내는 데 관심을 기울였다. 이에 따라

---

11) 일반적으로 근대화의 의미는 두 가지가 존재하는 것으로 알려져 있다. 첫째, 역사적 의미의 근대화는 중세 봉건사회에서 근대 자본주의 사회로 이행하는 과정을 의미한다. 이러한 의미의 근대화는 경제 분야의 근대화이며, 산업자본의 형성과 전개를 기축으로 하는 역사적 과정을 뜻한다. 나아가 역사적 의미의 근대화는 종교개혁, 시민혁명, 산업혁명을 통해 형성된 서구 근대사회를 지칭한다. 둘째, 보편적·추상적 의미에서 근대화는 서구사회를 모델로 삼아 그 특징을 보편적 근대성으로 재구성하여 어느 시대, 어느 지역에도 적용될 수 있는 개념으로 변형한 것을 의미한다. 즉 산업혁명에서 유래된 합리적 경제기구, 시민혁명에서 유래된 민주주의, 종교개혁에서 유래된 자율적이고 자각적 개인은 서구사회 고유의 현상이지만 역사를 초월하고 체제를 넘어선 보편적 전형으로 근대사회의 속성이 된다는 것이다. 이러한 의미에서 근대화는 분석적이고 과학적이며 창조적인 이성, 도구와 기술의 다양성, 사회구조의 유연성과 정체성 등으로 집약되고 있다(강학순, 1994).

사회과학 전반에서도 저개발 국가들의 발전방안을 마련하기 위한 이론적 탐구가 지속적으로 모색되었다. 그 결과 다분히 서구 국가를 발전모델로 설정하고 있는 근대화론이 등장하였다.

　근대화론은 선진 서구사회의 구조적, 문화적 특성을 근대성(modernity)으로, 저개발 국가의 그것을 전통성(tradition)으로 규정하고, 제3세계 국가의 저발전 상태는 전통성에서 벗어나 선진국의 발전과정을 의미하는 근대성을 지향함으로써 극복될 수 있다고 믿었다(김영석·임현진, 1987). 특히 근대화론은 제3세계 저개발 국가의 발전방안을 모색하는 과정에서, 국가발전을 산업화와 동일한 개념으로 파악한다. 때문에 산업화를 통한 급속한 국가발전을 이루기 위해서는 자본집약적 기술 활용과 중앙집권적 개발이 강조된다. 근대화론의 대표적인 학자로는 로스토우(Rostow, 1961)를 들 수 있다. 로스토우는 경제발전 단계를 전통사회, 도약을 위한 준비단계, 도약단계, 성숙단계, 대중소비단계로 구분하고, 이들 각 단계가 후진국의 경제개발 목표이자 현재의 발전수준을 측정할 수 있는 도구라고 지적하였다.

　한편 근대화론의 확산에 따라 커뮤니케이션 분야에서도 매스미디어를 통한 산업발전을 주장하는 발전커뮤니케이션 이론이 등장하였다. 슈람(Schramm, 1964)은 체계론 관점에서 사회구성 요소 가운데 하나인 커뮤니케이션의 발달은 새로운 지식·기술·가치의 보급을 촉진하고, 이는 또 하나의 사회구성 요소인 인간에게 열망을 불러일으켜 결과적으로 국가발전을 가져온다는 낙관적 견해를 표방했다. 러너(Lerner, 1963)는 전통사회가 근대사회로 전환하기 위해서는 감정이입(empathy)이 필수적이며, 이는 매스미디어의 보급을 통해 가능하다고 역설했다. 특히 러너는 매스미디어가 국민들의 기대상승을 초래하여 사회변화 지향적인 가치관을 확산시키는 데 긍정적인 역할을 수행한다고 주장하였다. 한편, 로저스(Rogerst, 1983)는 매스미디어가 개혁의 확산과정에서 개인의 태도 및 행위에 미치는 영향을 연구하였다. 로저스는 개인의 혁신 채택과정을 지식, 설득, 결정, 실행, 확인의 단계로 개념화하고, 각 단계에 영향을 미치는 변인에 대해 체계적인 설명을 제공하였다. 이러한 연구는 당시 미국의 주도로 진행되었던 유네스코의 제3세계 매스미디어 지원 프로그램을 정당화하는 이론적 토대를 제공했다.

그러나 대부분의 제3세계 국가에서는 매스미디어의 보급에도 불구하고 독재정권이 등장하거나 경제침체가 심화되는 결과가 나타났다. 이에 따라 근대화론과 발전커뮤니케이션 이론은 1970년대에 이르러 비판의 대상이 되었다. 특히 라틴아메리카 학자들은 선진국과 제3세계의 불평등한 경제관계와 정보의 불균등한 유통이 제3세계 국가의 발전을 저해하는 근본적인 장애요인이라고 지적하였다(Frederick, 1993).


## 2. 정보의 자유유통과 시장중심론

정보의 자유로운 흐름(Free flow of information)은 근대화 이론과 더불어 미국 대외정책의 사상적 기반을 형성하고 있다. 정보의 자유로운 유통을 강조하는 서구 국가들은 모든 개인은 정보에 자유롭게 접근할 수 있는 권리를 갖고 있으며, 정부는 개인이 다양한 정보에 접근할 수 있는 기회를 보장해야 한다는 자유주의, 다원주의에 철학적 토대를 두고 있다. 정보의 자유로운 흐름을 지지하는 입장에서는, 특히 정보흐름의 균형을 추구하는 정부 행위를 언론자유에 대한 위협으로 간주한다. 따라서 정부의 간섭은 최소화되어야 하고, 모든 것은 시장의 자율에 맡겨야 한다고 주장한다(신유경, 2001).

한편, 정보의 자유로운 유통이라는 개념은 경제적 차원에서 자유무역이라는 개념과 자연스럽게 연계된다. 자유무역의 개념은 한 국가의 정치, 경제적 성장과 효율성이 국가 간 문호의 상호개방과 비교우위에 입각한 생산의 전문화, 분업화 체제가 확립될 때 달성될 수 있다는 것이다(박천일, 1995). 따라서 텔레비전 프로그램의 국제유통 방향(direction)이나 크기(volume)는 시장에서 수요와 공급 그리고 가격이라는 보이지 않는 손(invisible hand)에 의해 결정되도록 해야 한다는 것이다.

이 같은 맥락에서 슈멘트 등(Schement, & Gonzalez, Lum, Valencia, 1984)은 텔레비전 프로그램의 국제유통 연구에서 중요한 것은 정보의 자유유통(free flow of information)이라는 관점을 채택할 것인지 또는 미국의 헤게모니(American hegemony)라는 입장에서 접근할 것인지를 결정하는 것이라고 지적하였다. 또한 아벨(Abel, 1982)은 국가 간 정보유통에 커다란 불균형이 존재한다는 사실에 동의하면서도, 이러한 불균형이 세계 정보흐름을 독점하기 위한 서구 미디어의 의도적인 행위라는 주장을 부인하며, 그보다는 현실 속에 존재하는 국가 간 불균형한 발전과 개발에서 비롯된 현상이라고 주장하기도 했다.

## 1) 시장원리 중심 연구

텔레비전 프로그램의 국제유통이 미국 중심의 일방적 흐름을 나타
내는 원인을 분석한 일련의 연구들은 텔레비전 프로그램 유통과정에
서 발생하는 경제적 특성을 강조한다. 풀(Pool, 1977)은 미국 프로그
램의 세계적인 확산은 시장경제 체제라는 자연스러운 논리에 의거할
때 보다 잘 이해할 수 있다고 주장한다. 와일드맨(Wildman, 1995)은
프로그램의 공공재(public goods)적 특성에 주목하여, 텔레비전 프로
그램의 국제유통에 관해 설명하고 있다. 즉 텔레비전의 공공재적 특
성은 텔레비전 프로그램의 국제유통에 긍정적인 영향을 미친다는 것
이다.[12] 텔레비전 프로그램은 많은 사람이 보았다고 하더라도 그 프
로그램은 여전히 이용가치를 갖고 있으며, 불특정 다수를 대상으로
방송되기 때문에 특정 시청자를 배제하기 어렵다.[13] 한편 공공재의

---

[12] 공공재는 일반적으로 비경합성(non-rivalness)과 비배제성(non-exclusiveness)
을 특성으로 하는 재화를 말한다. 비경합성은 한 사람의 소비가 다른
사람의 소비와 서로 경쟁적 관계에 있지 않는 특성을 말한다. 예를 들
어, 사과 한 개를 10명이 나누어 먹을 경우 각 사람은 전체의 10분의 1
밖에 먹지 못하지만, 극장의 경우 10명이 동시에 사용하든 100명이 동
시에 사용하든, 좌석이 허용하는 한 그것을 이용하는 모든 사람은 혼자
서 영화를 볼 때와 마찬가지로 전체 화면을 다 보며 즐길 수가 있다.
또한 비배제성은 가격을 지불하지 않더라도 그 재화의 소비로부터 배
제당하지 않고 여전히 사용할 수 있는 특성을 말한다. 예를 들어, 대한
민국 국민은 누구든지 별도의 비용을 지불하지 않더라도 공공도로를
사용할 수 있으며 국방의 혜택을 누릴 수 있다(김영, 1999). 이 같은 맥
락에서 텔레비전 프로그램은 공공재적 특성을 갖고 있다고 할 수 있다.
[13] 오늘날 종합유선방송이나 위성방송 등의 경우 셋톱박스와 같은 기술발
전을 통해 제한된 가입자를 대상으로 서비스를 제공할 수 있게 되었기

또 다른 특성은 한계비용이 거의 소요되지 않는다는 점이다(홍기선 외, 2000). 한계비용이란 재화 한 단위를 추가적으로 생산하는 데 소요되는 비용을 말한다. 텔레비전 프로그램의 초판 제작비는 매우 높다. 하지만 그 이후 프로그램 유통과정에서 한계비용은 거의 소요되지 않는다. 따라서 텔레비전 프로그램은 별다른 비용 없이 외국 시장에 배급될 수 있다.

한편 미국 텔레비전 프로그램의 일방적 흐름이 나타나는 원인에 대해 시장경제 원리 중심의 연구들은 규모의 경제 논리를 강조한다. 텔레비전 프로그램 유통시장에서 방송사업자는 텔레비전 프로그램의 공공재적 특성에서 비롯되는 규모의 경제(economies of scale)[14]를 추구한다. 텔레비전 프로그램은 시장에서 수요가 불확실한 고위험 사업(high-risk business)에 해당한다. 즉 텔레비전 프로그램을 직접 시

---

때문에, 텔레비전 프로그램의 비배제성이라는 특성이 어느 정도 극복되었다(김국진, 2003).

14) 규모의 경제란 일반적으로 생산규모에 따른 보수의 증가(increasing return to scale)를 의미한다. 텔레비전 프로그램의 경우 타인의 소비를 배제하지 못하는 공공재적 특성을 가진 텔레비전 프로그램의 경우 초판제작(first copy)에 많은 비용이 소요되지만 초판 이후의 추가적인 소비를 위해 복제를 할 경우에는 단위당 생산에 소요되는 비용(한계비용)이 매우 적다. 따라서 생산량이 늘어나면서 평균비용이 지속적으로 감소하는 규모의 경제가 작용한다는 것이다. 예를 들어, 산출량 Q에 대한 생산함수를 $Q=f(L, K)$이고, L은 노동투입, K는 자본투입이라고 가정할 경우, 요소 결합(L, K), 상수 $\alpha$에 대하여 $\alpha f(L, K)<f(\alpha L, \alpha K)$의 관계가 성립하면 체증적 보수라고 한다. 즉 생산규모(L, K)에서 생산되는 산출량 $f(L, K)$의 $\alpha$배보다 크다면 규모의 경제가 성립한다. 또한 평균비용이 하락한다는 것은 생산의 증가에 따른 단위비용의 하락을 의미한다. 즉 비용함수가 산출량 Q에 대하여 다음의 조건을 만족할 때 평균비용은 하락하는 것으로 알려져 있다(권호영, 2003, 14-15쪽).

장에 판매하기 전까지 어느 정도의 수요가 있을지 예측하기가 쉽지 않다. 때문에 방송프로그램의 고위험성은 방송사업자로 하여금 최대한 많은 가입자를 확보하여 수익을 극대화시키려는 동기를 제공한다.

규모의 경제와 더불어 텔레비전 프로그램 유통시장에서 지적되는 중요한 시장논리는 방송사업자가 창구효과(window effect)[15]를 추구한다는 점이다. 방송사업자가 동일한 텔레비전 프로그램을 여러 창구로 판매하는 것은 수요의 불확실성과 생산비 투입에서 발생하는 위험을 분산시킬 수 있기 때문이다. 텔레비전 프로그램이 첫 번째 창구에서 실패하더라도 두 번째, 세 번째 혹은 그 이하의 창구에서 이익이 발생하면 그만큼 전체적인 수익에 안정을 확보할 수 있다. 또한 각 창구에서 얻어진 수익은 다른 프로그램의 생산비로 투입할 수 있게 해 준다.[16] 때문에 전 세계를 시장으로 하는 글로벌 미디어

---

15) 창구효과란 동일한 미디어상품이 다양한 분배창구를 거치면서 더 많은 경제적 이윤을 실현하는 현상을 가리킨다. 텔레비전 프로그램을 포함한 미디어상품은 소비자의 지불능력에 따라 가장 가치가 높은 시장부터 가장 가치가 낮은 시장까지 시차를 두고 판매됨으로써 이윤을 극대화할 수 있다.

16) 텔레비전 프로그램 제작자는 서로 다른 창구에서 시차를 두고 시청자와 수입을 지속적으로 얻을 수 있다면, 이들은 이윤을 최대화하기 위해 제작예산을 더욱 높이게 된다. 또한 텔레비전 프로그램이 각 창구에서 유통되는 기간은 배급업자와 계약을 통해 결정된다. 특히 배급업자는 인기 텔레비전 프로그램이 각 미디어에서 유통되는 시간을 극히 짧게 함으로써 총액 면에서 최대의 매출을 올릴 수 있도록 계약을 맺고 있다. 이는 다단계 유통이 가능할수록 제작비 투자규모를 증대하기 쉽고, 영상물의 공공재적 특성으로 인해 해외시장에서 배포비용에 가까운 가격에 공급할 수 있기 때문에, 상대적으로 다른 국가에 비해 프로그램의 가격경쟁력을 확보할 수 있다. 이 같은 점으로 인해 미국의 다단계 유통구조는 전 세계 텔레비전 프로그램의 유통구조에 커다란 영향을 미

기업은 막대한 규모의 초판비용을 투입하여 프로그램의 경쟁력을 확보하고, 이를 국내외 다양한 창구로 유통시킴으로써 규모의 경제를 극대화하고 있다.

워터맨과 웨이스(Waterman, & Weiss, 1997)는 다음의 그림과 같이 프로그램 제작과 유통에서 작용하는 규모의 경제와 창구효과를 구체적으로 제시하였다. 가로축은 프로그램 제작투자액을 나타내고, 세로축은 총수입을 나타낸다. 45°의 직선은 수지균형을 의미한다. 만약 어떤 방송사가 프로그램 제작투자 계획 A와 B를 갖고 있다면, 어느 경우나 규모의 경제에 따라 수익을 늘릴 수 있다. 하지만 수확체감의 법칙에 따라 수익증가율은 점차 완만하게 감소하게 된다. 따라서 각각의 투자곡선 A, B에 대해 45°의 직선이 만나는 지점 C, E가 이윤을 극대화할 수 있는 지점이 된다. 또한 시장규모의 확대(창구효과)를 통해 수용자의 수를 증가시킬 수 있다면 방송사는 총수입을 최대한 증가시키고자 할 것이다. 다시 말해, IA보다 IB만큼 투자를 증가시켰을 경우 더 많은 수익을 얻을 수 있을 것으로 기대될 경우, 방송사는 더 많은 투자를 통해 수익을 극대화하려는 동기를 갖는다는 것이다. 이 같은 맥락에서 창구효과는 커다란 자국시장을 갖고 있는 미국의 텔레비전 프로그램이 국제적인 경쟁력을 갖추고 전 세계로 유통되는 현상에 대한 설명을 제공해 준다. 미국의 경우 자국의 시장규모가 크고, 텔레비전 프로그램 유통창구가 다단계로 분화되어 있기 때문에 세계 시장에서 유리한 위치를 차지하고 있다

---

치고 있다(Owen & Wildman, 1992, 최양수 역, 2004).

는 것이다.17)

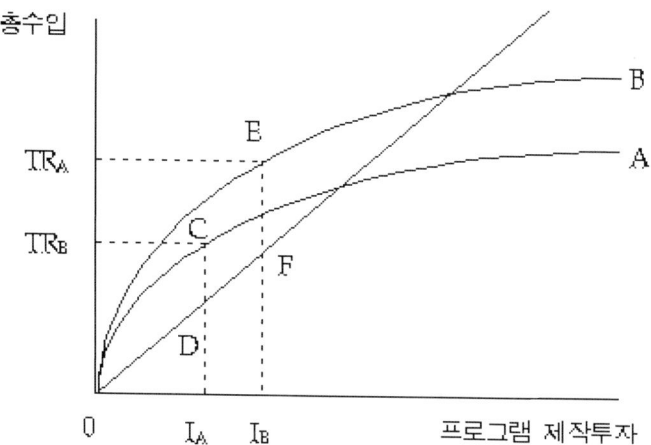

※ 출처: Waterman, D. & A. A. Weiss(1997), Vertical Integration in Cable Television The MIT Press, Cambridge, MA. p.59; 菅谷實・中村淸, 송진명 역(2003), 〈방송미디어경제학〉, 커뮤니케이션북스, 40쪽.

〈그림 1〉 프로그램 제작투자와 총수입의 관계

더욱이 최근 방송기술의 눈부신 발전은 매체와 채널의 증가와 더불어 텔레비전 프로그램에 대한 수요를 증가시키고 있다. 이는 텔레

---

17) 1980년대 중반까지 미국 영화와 텔레비전 프로그램의 해외 판매액은 전체 판매액 가운데 약 절반을 차지하는 것으로 알려져 있다. 특히 영화는 해외시장에서의 판매가 더 큰 비중을 차지하였다. 그리고 유럽의 국가들이 자국 텔레비전 산업을 공공정책에 의해 엄격하게 제한하던 경향이 완화됨에 따라 1980년대 후반부터 더욱 가속되었다(Owen, B. M. & S. S. Wildman, 1992 / 2004).

비전 프로그램을 유통시킬 수 있는 창구가 그만큼 확대되고 있다는 것을 의미한다. 지상파텔레비전 구조에서 프로그램은 한 번의 방영 또는 재방영만으로 수명을 다하는 것이 일반적이었다. 하지만 케이블TV, 위성방송, 인터넷 등 다단계 유통창구의 등장은 텔레비전 프로그램 가치를 극대화할 수 있는 기회를 확대시켰을 뿐만 아니라 제작비 투자증대를 가능케 했다. 이로써 텔레비전 프로그램 제작사들은 텔레비전 프로그램의 제작과 유통에서 규모에 따른 경쟁을 벌이는 상황을 맞게 되었다.

지금까지 논의한 바와 같이 시장경제 원리 중심의 연구는 방송 프로그램과 방송 산업의 경제적 특성에 주목하여, 텔레비전 프로그램의 국제유통 현상을 설명하고 있다. 그러나 시장경제 원리 중심의 연구는 방송사업자가 텔레비전 프로그램의 국제유통을 추구하는 동기를 설명하는 데 무게를 둠으로써, 구체적으로 텔레비전 프로그램의 국제유통에 영향을 미치는 요인을 다각적으로 파악하는 데 있어서는 미흡하다고 볼 수 있다.

## 2) 비교우위 중심 연구

텔레비전 프로그램의 국제유통에서 비교우위를 강조하는 연구들은 국가별 시장규모의 차이가 텔레비전 프로그램의 흐름을 결정짓는 중요한 요인으로 작용하고 있다고 설명한다. 세계 텔레비전 프로그램 시장은 수용자들의 미디어 지출비용, 언어 등에 따라 세분화될 수 있으며, 만약 어떤 시장에서 잠재적 수용자의 미디어 지출액이 높고

언어적으로 넓게 분포되어 있을 경우 제작자 입장에서 이러한 시장은 그렇지 않은 시장의 잠재적 수용자들보다 높은 제작가치를 지닌다. 따라서 이윤의 극대화를 추구하는 프로그램 제작자들은 잠재적 수용자의 가치가 높은 시장을 대상으로 더 많은 예산을 투입하게 된다.(강태영, 2002, 12쪽).

또한 많은 예산을 투입하여 제작된 텔레비전 프로그램은 그렇지 않은 프로그램에 비해 상대적으로 높은 품질을 갖출 수 있다. 따라서 높은 제작비를 투입한 프로그램은 목표시장에서의 수용자뿐만 아니라 다른 지리적 지역의 수용자에 대해서도 높은 소구력을 지니게 된다. 반면 자국 시장규모가 협소하여 높은 제작비를 투입할 수 없는 경우, 자국 프로그램 제작을 위한 자본투입이 영세하게 되고, 결과적으로 적은 자국 시장규모는 텔레비전 프로그램이 해외시장으로 유통되기 어려운 구조적 장벽으로 작용하게 된다(유세경·정윤경, 2000).

이 같은 맥락에서 비교우위 중심 연구는 텔레비전 프로그램 제작에서 최초의 초판비용(제작비) 크기를 결정하는 것은 잠재적인 시장규모이고, 따라서 투입된 제작비의 크기와 소비자의 지불의사가 정(＋)의 상관관계에 있다는 것을 전제한다면 자국의 잠재적 시장크기가 크면 클수록, 그리고 그와 같은 잠재적 시장에 존재하는 소비자들의 지불의사가 크면 클수록 특정 프로그램의 효용가치는 증가한다고 강조한다(조은기, 2001). 예를 들어, 전체 시장규모가 5만 원인 K국 프로그램 시장에서 국내 프로그램 A를 선택했을 경우 10%의 기대시청률에 따라 5천 원을 보장받지만, 외국 프로그램 B를 선택했을 경우 5%의 기대시청률에 따라 광고수입 2천5백 원을 보장받는다고 가정할 때, 만약 A를 제작하는 데 5천 원이 투입되고, B를 수입하는 데 2천 원이 투입된다면, K국 방송사업자는 A를 선택해 수익이 0이 되는 것보다 B를 수입해 5백 원의 수익을 얻는 것이 합리적이다. 그러나 동일 상황에서 K국의 전체 시장규모가 두 배로 증가하여 10만 원인 프로그램 시장이 되고, A를 제작했을 때 광고수입은 1만 원, B를 수입했을 때 5천 원의 광고수입을 얻으며, 각각의 프로그램을 공급하는 데 동일한 비용이 소요된다고 가정할 경우, K국의 방송사업자 입장에서는 국내 프로그램 A를 선택하는 것이 합리적이다. 결과적으로 시장의 규모와 시장에 있는 잠재적 소비자의 소득에 따라 프로그램의 경제적 가치가 결정된다는 것이다.

와일드맨과 씨웍(Wildman & Siwek, 1988)은 텔레비전 프로그램의 국제유통이 일방적 흐름을 나타내고 있는 원인을 텔레비전 프로그램의 시장규모의 차이에서 찾고 있다. 이들은 규모가 큰 시장에 있는 프로그램 제작자들은 처음부터 큰 언어시장을 갖고 있으며, 따라서 이들은 규모의 경제를 실현하기 위해 보다 많은 제작비를 투입할 동기를 갖게 된다는 것이다. 이들은 텔레비전 프로그램의 제작비 규모를 결정하는 요인은 그것이 판매되는 시장의 크기와 밀접한 관련이 있다고 전제하고, 보다 많은 사람들이 텔레비전 프로그램을 소비할 것으로 예상되면 보다 많은 자본을 투입하여 질 높은 프로그램을 제작하게 되고, 이는 프로그램의 경쟁력 강화로 이어져 해외시장에서도 경쟁력을 갖게 된다고 설명하고 있다.

또한 워터맨(Waterman, 1993)은 국내 총생산, 인구, 광고비, 시청료, 국내 총생산 대비 TV광고, 인구대비 TV수익, 국내 총생산 대비

TV수입 등과 같은 구체적인 수치를 토대로 미국과 5개 국가 간의 크기를 비교하여, 시장규모에 따른 텔레비전 프로그램의 일방적 유통을 입증하였다. 나아가 워터맨과 로저스(Waterman & Rogers, 1994)는 아시아 9개국의 프로그램 수입에 관한 연구를 통해 국내총생산과 방송사의 총수입이 클수록 자국에서 제작되는 텔레비전 프로그램이 증가하고, 외국으로부터 수입하는 프로그램이 감소한다고 설명함으로써, 시장 규모가 텔레비전 프로그램 국제유통의 핵심 요인이라는 점을 강조하였다.

와일드맨(Wildman, 1994)은 텔레비전 프로그램의 유통은 국제적 차원뿐만 아니라 국내시장에서도 텔레비전 프로그램은 큰 시장에서 작은 시장으로 유통된다고 주장하면서, 그 사례로 미국 케이블TV 사업자들의 슈퍼스테이션의 프로그램 전송을 들고 있다. 이들은 다른 지리적 시장에 위치한 독립 방송사의 전파를 재전송하기보다는 슈퍼스테이션이라고 불리는 미국 내 가장 큰 시장에 위치한 방송사의 전파를 전송한다는 것이다. 슈퍼스테이션들은 큰 시장을 기반으로 많은 제작비용을 투입하기 때문에 다른 시장의 수용자들에게도 소구력 높은 프로그램을 방송할 수 있다고 주장하였다.

박소라(2003)는 한국 방송사들의 텔레비전 수입패턴에 수입국의 상대적 시장규모, 두 국가 간 교류 정도, 지리적 근접성, 문화할인 등이 어떠한 영향력을 미치는가를 분석하였다. 그 결과 한국 방송사들은 상대적으로 시장규모가 큰 국가로부터 텔레비전 프로그램을 수입하고 있었고, 이때 상호 인적·경제적 교류규모가 많을수록 수입액에 더 큰 영향을 미치고 있다고 밝혔다. 한편 문화적으로 유사한 아시아국가와의 교류에서는 상대적 시장규모나 교류 정도의 영향이 덜 미치는 것으로 나타났으며, 지리적 근접성은 텔레비전 프로그램 수입과 큰 관련이 없다고 지적하였다.

이처럼 시장규모의 비교우위를 강조한 연구들은 공통적으로 국내 총생산, 인구, 광고비 규모, 시청료 규모, 제작비 투입규모, 언어시장 규모 등 국가 간 경제력의 차이가 프로그램 국제유통을 촉진시키는 요인이라고 지적하고 있다. 그러나 이들 연구들은 텔레비전 프로그램의 국가유통에 작용하는 사회적·문화적 요인의 영향을 간과하고 있다는 점에서 한계를 안고 있다. 예를 들어 영상산업의 주변국에서 제작되어 미국 등의 서구 국가에게 수출됨으로써, 역미디어 제국주의(reverse media imperialism) 논란을 일으키기도 했던 텔레노벨라의 성공은 이 같은 비교우위 시각에서 설명하기 어렵고, 수출국과 수입국 사이의 정치·경제·사회·문화적 관계를 다각적으로 고찰해야 설명될 수 있다는 것이다.

### 3) 문화할인 중심 연구

텔레비전 프로그램의 국제유통에 대한 일반적인 경제논리를 따른 다면 시장의 크기가 작고, 소비자의 지불의사가 낮은 국가는 외국의 프로그램을 일방적으로 수입할 수밖에 없고, 자국의 프로그램 제작 인프라가 구축되기 어렵다는 결론에 이르게 된다. 그럼에도 불구하고 대부분의 국가에서 자국 텔레비전 프로그램이 제작될 수 있는 까닭은 이 같은 텔레비전 프로그램 상품의 경제적 특성을 상쇄시키는 힘이 작동하고 있기 때문이라고 볼 수 있다.

이 같은 맥락에서 호스킨스와 미러스(Hoskins & Mirus, 1998)는 미국이 텔레비전 프로그램 국제유통 시장을 지배하게 된 원인에 대해 시장규모의 차이와 더불어 문화적 차원에 좀 더 초점을 맞추어 설명하고 있다. 이들은 미국의 텔레비전 국제유통 시장지배를 문화제국주의 또는 미디어제국주의 입장의 연구에서 주장하는 음모이론(conspiracy theory)의 차원에서 파악할 필요는 없다고 주장한다. 대신에 이들은 미국이 텔레비전 국제유통 시장을 주도하게 된 이유를 문화할인(cultural discount) 개념을 통해 설명하고 있다. 문화할인이란 특정 문화에 토대를 두고 있는 텔레비전 프로그램이 해당 문화에서는 인기가 있을 수 있지만 스타일, 가치, 신념, 제도, 행동양식 등이 다른 국가나 지역에서 유통될 경우에 프로그램에 대한 가치가 달라질 수 있다는 것이다. 따라서 이들은 만약 모든 국가에서 프로그램 생산비용과 문화할인의 크기가 동일하다면, 문화할인 요인만으로 거대한 국내시장을 가진 미국이 프로그램 국제유통 시장을 지배하고 있는지 설명하는 것이 가능하다고 가정하면서 시장규모와 문화할인의 중요성을 강조하였다.

또한, 이들은 미국 텔레비전 프로그램 일방적으로 유통되는 이유는 제작단계부터 상업적 속성을 갖추고 최대한 많은 사람들에게 소구될 수 있도록 제작하려는 할리우드의 전통이 결합되어 있기 때문이라고 설명하고 있다. 미국은 전통적으로 상업방송을 중심으로 성장을 하였기 때문에 시청자들을 최대한 확보함으로써 규모의 경제를 달성하는 것이 매우 중요하다는 것이다. 한편 이들은 미국으로 수입되는 프로그램들에 대한 문화할인이 높은 이유를 미국인들이 역사적으로 외국 프로그램에 노출된 경험이 별로 없다는 점에서 찾고 있다. 미국인들은 더빙된 프로그램이나 심지어 영국식 억양에 대해서도 익숙하지 못하다는 것이다. 예를 들어, 캐나다는 자국시장에서 1960년대 이후 매우 성공적으로 장기간 방영되었던 '코로네이션 스트리트(Coronation Street)'라는 프로그램을 미국의 상업네트워크에 몇 개월 동안 방영될 수 있도록 무료로 제공하고자 했으나 이러한 제의를 받아들이는 방송국이 나타나지 않았다는 것이다. 아울러 이들은 미국 이외의 시장에서는 미국의 텔레비전 프로그램과 견줄 만한 상업적 프로그램이 적었다는 점도 미국의 프로그램 국제유통시장 지배를 설명하는 요인이 된다고 지적하고 있다. 결론적으로 이들은 텔레비전 국제유통 시장에서 미국의 지배는 텔레비전 프로그램의 제작, 유통과정에서 나타나는 특성으로 인해 자연스럽게 형성된 것이라는 점을 강조하고 있다. 미국은 자국 내 시장규모가 매우 큰데다 상업적인 경쟁력을 갖추는 방식으로 제작되기 때문에 텔레비전 프로그램 자체의 경제적 특성과 더불어 외국에서 상대적으로 적은 문화할인을 적용받아 텔레비전 프로그램의 국제유통 시장을 지배하고 있다는 것이다(Hoskins & Mirus, 1998).

한편, 문화할인의 정도는 프로그램 유형에 따라 다르기 때문에, 텔레비전 프로그램의 국제유통이 특정 장르에 집중되는 원인으로 지적될 수 있다. 뉴스나 공공문제에 대한 프로그램의 경우 문화적 특수성이 많이 포함될 수밖에 없다. 따라서 문화적 특수성을 강하게 내포하고 있는 유형의 프로그램은 해외시장으로 판매되는 경우가 드물다.[18) 이 같은 맥락에서 국제적으로 유통되는 텔레비전 프로그램 가운데 가장 활발하게 거래되는 장르는 오락물, 특히 드라마라고 할 수 있다. 밴스(Vans, 1993)는 세계 프로그램 시장을 미국, 캐나다, 남미, 서유럽, 러시아, 동구권, 아시아 등 권역별로 구분하고 이들 권역에서 유통되는 프로그램의 유형을 분석한 결과, 오락물의 유통이 가장 높은 비율을 차지하고 있다는 사실을 제시하였다.

듀페인과 워터맨(Dupagne & Waterman, 1998)은 프로그램 장르를 픽션물과 논픽션물로 구분하여 유통량을 분석한 결과, 프로그램 장르에 따라 픽션물의 유통량이 논픽션물의 그것보다 많다는 점을 밝히고 있다. 이들은 유럽에서 편성되고 있는 전체 프로그램 중 미국 텔레비전 프로그램이 차지하는 비율은 그다지 높지 않지만, 픽션물에 국한할 경우 미국 프로그램이 차지하는 비율은 53%에 달한다고 밝히고 있다. 하지만 동일한 픽션물이라고 하더라도 구체적으로 그 픽션물이 담고 있는 내용에 따라 문화적 할인은 상당히 달라질 수 있다는 점도 지적되었다. 예를 들어 탈시대적, 탈문화적 소구력을 지니고 있는 멜로드라마의 경우 문화적 할인의 영향을 상대적으로 적게 받을 수 있지만 사극(史劇) 등은 역사적 배경에 대한 이해가 다르기 때문에 상대적으로 국제유통에 부정적인 요인으로 작용할 수 있다. 또한 역사·정치·시사 등의 다큐멘터리는 자연 다큐멘터리에

---

18) 미국 프로그램의 주요 소비국인 캐나다에서는 영어권 캐나다인이 시청하는 주시청 시간대 뉴스의 44%를 지상파텔레비전이나 케이블을 통해 수신되는 미국의 뉴스프로그램이 차지하고 있으나, 실제 영어권 캐나다인이 미국 뉴스를 수신하는 비율은 19%에 그치는 것으로 알려져 있다 (Caplan & Sauvageau, 1986, 유세경·정윤경, 1999, 222쪽. 재인용).

비해 국제유통 가능성이 낮다고 할 수 있다.

비엘비와 해링턴(Bielby & Harrington, 2004)은 텔레비전 프로그램 장르(genre)와 미학적 요소가 수입국의 문화와 조화를 이룰 때 그 효과가 극대화된다고 주장하였다. 이들은 텔레비전 프로그램 유통시장에서 거래당사자들이 갖고 있는 장르개념과, 국제적으로 성공한 텔레비전 프로그램에 대한 언론보도 및 세미나 담론을 통해 그것이 갖고 있는 미학적 요소(aesthetic element)가 무엇인지 분석하였다. 그 결과 텔레비전 프로그램 유통에서 장르개념을 구성하는 것은 크게 내용(content)과 형식(format)이며, 내용과 형식에 따라 거래당사자들은 서로 다른 프로그램을 동일한 프로그램 혹은 다른 프로그램으로 인식하는 경향이 있다고 주장했다. 또한 프로그램의 내용과 형식, 즉 장르에 대한 구분은 시장의 특성에 따라 서로 다르다고 주장하였다. 한편 텔레비전 프로그램이 갖고 있는 미학적 요소는 장면(sight), 소리(sound), 동작(motion) 등으로 구성되며, 국제적으로 성공한 프로그램의 경우 해당 국가의 문화적 특성과 조화를 이룰 때 가장 효과적이라고 주장하였다.

이처럼 문화할인 연구에서는 텔레비전 프로그램 유통현상에서 시장경제 원리만으로 설명되기 어려운 측면이 있음을 인정하고, 문화할인이라는 개념을 도입하여 보완적으로 설명하고자 시도하였다. 이러한 시도는 텔레비전 프로그램 유통에서 문화적 요인의 중요성을 보여주고 있다고 할 수 있다.

## 3. 종속이론과 문화제국주의론

### 1) 종속이론

종속이론이란 일단의 국가들의 경제가 다른 국가들의 발전과 팽창에 의해 조건 지어지는 상황을 말한다. 다시 말해 두 개 혹은 그 이상의 상호 의존관계 또는 그들 경제와 세계 무역 간의 관계에 있어서 어떤 국가가 자국의 경제를 자립하고 확대할 수 있는 반면, 다른 국가는 이러한 확대를 반영할 수 없을 때 종속의 형태가 나타난다는 것이다(이문조, 1986). 종속이론은 1949년 프레스피치가 UN에 제출한 보고서에서 중남미 국가들의 낙후 원인을 발전 - 저발전 국가 간의 불평등 교역관계에서 찾고, 종속과 저발전을 동일하게 규정하는 분석적 시각을 제공하는 한편 1960년대 중반 역사적 비교연구를 통해 이들 국가의 저발전의 원인에 대한 경험적 규명이 이루어지면서 이론적 틀이 형성되었다(정용길, 1987). 이처럼 종속이론은 한 국가가 세계 자본주의 구조에서 차지하는 위치에 따라 중심국(center) 혹은 주변국(periphery)이냐가 결정되며, 주변국은 고도로 발전된 자본주의 체제를 유지하고 있는 중심국에 경제적으로 종속, 착취되어 사회발전을 이루지 못한다고 주장한다.

한편, 종속이론은 매스미디어를 근대화의 촉매제로 바라보는 발전커뮤니케이션 학자들의 견해와 반대로, 자본주의 체제하에서 제3세계의 경제적 종속을 유지하기 위한 사회적·문화적 조건을 강화하는 존재로 바라본다. 제3세계 국가를 비롯한 저개발 국가들은, 서구 선진국의 근대화론 또는 발전커뮤니케이션 이론에 입각한 지원정책에 힘입어 방송 등의 미디어 운영시설을 갖추게 되었다고 하더라도, 자국에서 스스로 텔레비전 프로그램을 제작할 수 있는 경제적 토대의 역량을 갖추지 못하였다. 이로써 외국의 텔레비전 프로그램을 수입하여 방송시간을 채울 수밖에 없게 되었다.

실제로 텔레비전 프로그램을 비롯한 영화·출판·광고·음반·통신 등 문화상품의 국제유통 현상을 조사한 많은 연구들은 소수의 서구 자본주의 국가들이 이를 독점하고 있다고 지적되었다. 유네스코(UNESCO)가 1972년부터 1973년까지 세계 50개국을 대상으로 뉴스와 텔레비전 프로그램의 국제유통에 관한 연구를 수행한 결과에 따르면, 소수의 국가가 그 외의 나라에 프로그램을 일방적으로 수출하고 있으며 그 내용은 오락물이 대부분을 차지하고 있다고 지적하였다. 특히 유네스코는 각국의 텔레비전 프로그램 편성비율을 분석한 결과 미국, 영국, 프랑스 등 소수의 선진국에서 텔레비전 프로그램의 수출이 이루어지고 있으며, 특히 국제적으로 유통되는 텔레비전 프로그램의 약 80%를 미국이 차지하고 있다고 제시했다. 반면 잠비아, 말레이시아, 과테말라 등의 국가에서는 전체 텔레비전 프로그램 편성시간의 약 64%에서 84%를 수입 프로그램에 의존하고 있는 것으로 나타났다. 유네스코는 이러한 텔레비전 프로그램의 일방적인 흐름은 기존의 국제경제 질서를 반영하고 있는 것으로, 케이블TV·위성방송 등과 같은 새로운 매체기술의 발전과 더불어 지속되고 있다고 주장하였다(Nordenstreng & Varis, 1974; Varis, 1984; 송경희, 2002).

바리스는 유네스코의 연구가 수행되었던 1973년으로부터 10년이라는 시간이 지난 1983년에는 과연 텔레비전 프로그램의 국제유통 현상에 어떠한 변화가 일어났는지 비교하였다(Varis, 1984). 바리스는 1973년 당시 유네스코의 연구와 동일한 조사방법을 채택하여 69개 국가를 대상으로 외국에서 수입한 텔레비전 프로그램과 자국 내에서 제작된 프로그램의 방영비율을 조사하였다. 그 결과 바리스는 10년의 시간이 흐르는 뒤에도 1973년 유네스코의 연구에서 나타났던 텔레비전 프로그램의 일방적 유통현상에 별다른 변화가 나타나지 않았다고 밝혔다.

이처럼 텔레비전 프로그램의 일방적인 흐름은 이른바 근대화론과 발전커뮤니케이션 그리고 정보의 자유로운 유통이라는 자유주의 시각이 반영된 개방적 발전론에 입각해 있다. 때문에 이들 논의는 중국의 입장과 대립되는 지점에 위치하고 있다. 중국은 사회주의 정치체계를 유지하는 가운데 방송 산업의 발전과 문화적 정체성을 보호해야 하는 처지이다. 때문에 근대화론에 입각하여 서구 선진국의 미디어 산업체계를 모방하기보다는 독자적인 미디어 산업발전 체계를 구축하고, 외국 텔레비전 프로그램의 자유로운 흐름을 옹호하기보다는 자국의 산업과 문화적 정체성 보호를 위해 텔레비전 프로그램의 자국 내 유통에 적극적으로 개입해야 하는 입장에 있다고 할 수 있다.

종속이론은 식민제국주의의 경쟁적 팽창 이후 남미를 포함한 저발전국가의 경제가 발전국의 경제체계에 종속되었음에 주시하고, 그 실상을 집중적으로 기술함으로써 경제적 종속으로부터 벗어나기 위한 대안을 제시하는 데 주안을 두었다. 그러나 종속이론은 종속·착취·저발전을 일원화하여 종속현상을 과장했다거나 종속국과 비종속국을 구별 짓는 뚜렷한 측정기준이 없다거나 탈종속의 대안을 위한 적절한 대안을 제시하지 못했다는 점에서 한계를 갖는 것으로 지적되고 있다.

## 2) 문화제국주의론

종속이론이 발전국과 저발전국가 사이의 경제적 종속관계에 집중했다면, 문화제국주의 관점은 1970년대 이후 선진국과 제3세계 국가 사이에 존재하는 경제적 불평등의 문제를 문화 영역으로 확장시킨 대표적인 연구경향이라고 할 수 있다.[19] 문화제국주의는 자본주의

---

19) 모겐타우(Morgenthau, 1954)는 제국주의란 현상을 뒤엎고 국가들 사이의 권력관계에 변화를 가져오려는 데 목적이 있는 군사, 경제 또는 문화정책이라고 규정하고, 제국주의를 군사적 제국주의(영토 팽창), 경제적 제국주의(경제지배 및 통제), 문화적 제국주의(정신지배 및 통제) 등으로 구분하였다. 나델과 커디스(Nadel & Curtis, 1964)는 제국주의란 한 나라, 정부 또는 사회가 다른 나라, 정부 또는 사회에 대해 직접 또는 간접적으로 정치적, 경제적 주권이나 통제권을 확장해 나가는 것이라고 지칭하였다. 이처럼 제국주의는 우월·유리한 수단을 가진 비교적 강한 쪽이 그렇지 못한 비교적 약한 쪽을 희생시킴으로써 자기 권익을 신장하거나 현상변화를 추구한다는 것을 뜻한다. 이 같은 맥락에서 문화제국주의는 텔레비전 프로그램을 포함한 정보와 문화상품의 유통에서 발생하는 세 가지 주요 현상, 즉 자본주의 중심부에서 여타 세계의 개발도상 주변부로 거의 일방적이라고 할 수 있을 만한 정보유통의 양적 불균형, 서방 선진국들의 글로벌 미디어 그룹들이 서방인의 눈을 통해 본 불완전하고 일방적이며, 왜곡된 제3세계관을 전파하는 커뮤니케이션 자원의 소수국가 집중, 이러한 유통패턴과 자원집중에서 비롯되는 양자 간 불평등 관계에서 서방 선진세계의 외래문화가 수용국가에게

경제체제하에서 생산된 문화상품이 전 세계로 유통되는 과정에서 발생하는 문화적 종속관계를 정치경제학적 접근에 입각해 분석하고자 했다는 점에서 의의를 찾을 수 있다. 문화제국주의는 일반적으로 세계자본주의에 편입된 국가가 고유의 전통문화를 발전시키지 못하고 중심국의 사회적·문화적 가치에 의해 지배되는 과정으로 정의된다 (Schiller, 1976). 문화제국주의는 국가 간 정보유통과 관련된 신문, 방송, 영화, 음악, 광고, 텔레비전 등 모든 영역에서 폭넓게 사용되었다.

문화제국주의는 라틴 아메리카를 비롯한 많은 제3세계 국가들의 문화시장을 미국을 비롯한 서구 선진국이 독점하기 시작하면서 그에 따른 반발로 등장하였다. 1973년 비동맹 중립정상회담 선언에서, 비동맹 중립세력을 중심으로 하는 개발도상국들은 소수 선진 국가들의 정보 및 문화상품의 일방적인 유입이 자신들에게 미치는 영향에 대한 우려의 목소리가 제기되었다. 이들은 제국주의 활동이 정치 및 경제부문에만 한정되어 있는 것이 아니라 문화 및 사회적 부문도 망라하며, 결국 개발도상국에게 외래의 이념적 지배를 강요하고 있는 것도 기정사실이라고 선언했다.[20] 이어 1978년 뉴델리에서 열린 '정보의 비식민지화에 관한 비동맹제국 문화공보상회의'에서는 식민지 통치시대의 유산인 대(對)선진국 정보종식이 자신들의 정치, 경제 발전을 지체시켜 온 요인이었다고 규정짓고 소수자들이 정보유통을 지

---

미치는 해로운 영향 등을 기술하는 데 있어서 문화라는 용어를 제국주의에 덧붙인 것이다(김지운, 1997).

[20] Action Programme for Economic Cooperation of the 4th Summit Conference of the Non-Aligned Countries, August, 1973.

배·독점하고 있는 상황에서, 정보의 자유가 실제로 의미하는 것은 이 소수자들이 자기들이 선호하는 방식에 따라 정보를 선전할 수 있는 자유를 의미한다고 밝혔다.[21]

톰린슨은 문화제국주의에 관한 논의를 다음과 같은 4가지 차원으로 구분하여 설명하였다(Tomlinson, 1991). 첫째, 미디어 제국주의로서의 문화제국주의론이다. 이 입장은 텔레비전, 영화, 라디오, 출판, 광고 등 미디어가 문화의 중심에 위치한다는 것을 전제하고 있다. 특히 텔레비전 프로그램의 국제유통을 지배하고 있는 미국의 텔레비전 산업은 영화산업과 밀접한 관련이 있으며, 이런 영화 및 텔레비전 산업은 비디오산업 등과 같은 기타 매스미디어 산업 및 금융자본과 복합기업화되어 있다고 분석하고 있다. 둘째, 민족성 담론으로서의 문화제국주의이다. 여기서는 민족문화의 정체성을 위협하는 것으로서의 문화제국주의이다. 셋째, 세계 자본주의 비판으로서의 문화제국주의이다. 이 관점은 전형적인 네오 마르크스주의 관점으로, 세계는 민족과 국가라는 정치적 실체의 집합이라기보다는 자본주의 정치경제 시스템으로 파악된다. 자본주의 정치경제 시스템에서 자본주의 확산은 소비주의 문화의 확산으로서, 자본주의를 합리화시키며 문화의 획일화를 가져온다는 것이다.[22] 넷째, 근대성 비판으로서의 문화

---

21) Declaration of the Ministerial Conference of the Non-Aligned Countries of Decolonization of Information, 1978.

22) 예를 들어 도프만과 마텔라트(Dorfman & Matterlart, 1975)는 디즈니 영화 뒤에 숨겨져 있는 제국주의 이데올로기를 밝히고자 시도했다. 즉 디즈니 영화는 어린이들에게 유익하고 재미있는 만화영화로 소비되고 있다는 사실이 미국의 제국주의 이념적 도구로서 작용을 쉽게 해 주고

제국주의이다. 이는 문화제국주의를 떠받치는 세계관 또는 가치관과 관련된 것이다. 톰린슨은 근대성을 세계발전의 주된 문화적 방향으로 지적하고 있으며, 이를 결정할 수 있는 결정인자의 지배에 대한 비판이라고 주장하였다.

윤영철(1991)은 문화제국주의에 관한 논의를 저발전 이론 혹은 세계체제이론 시각에서의 문화제국주의 접근, 종속적 발전이론 시각에서의 문화제국주의 접근, 비종속이론 시각에서의 문화제국주의 접근으로 구분하여 설명하고 있다. 첫째, 저발전 이론 혹은 세계체제이론 시각에서 문화제국주의 접근은, 서구 자본주의 경제발전의 모델을 도입하는 주변국들이 구조적으로 불리한 위치에서 형성되는 중심국과의 관계로 인해 경제적, 사회적 위기에서 벗어나지 못한 채 경제위기, 빈곤과 사회적 불평등 심화, 실업률과 외채 증가 등에서 벗어나지 못한다는 것으로, 이 같은 접근의 대표적인 학자로 쉴러(Schiller, 1969)를 지적하였다. 쉴러는 제2차 세계대전 이후 제3세계에서 발견되는 문화제국주의 현상은 세계 자본주의 주역인 미국의 국제정보유통 지배전략과 맞물려 있다고 보고 있다. 제3세계 경제가 세계자본주의 서봉장인 다국적 기업에 의해 지배되듯이, 제3세계의 문화매체

---

있다고 지적한다. 이들은 디즈니영화에 대한 심층 분석, 대안적, 저항적 해독(oppositional reading)을 통해 디즈니 만화영화의 내용이 서구의 자본주의적 사회관계를 자연스럽게 보이게 하고 있다고 비판하였다. 이들은 미국 자본주의는 세계 국민들을 설득하여 미국식 삶의 방식대로 살기 원하도록 설득해야 하며 미국의 우월성은 자연스럽고 모든 사람들이 원하는 삶의 방식이며, 모든 사람들에게 좋다는 의식을 전파한다고 주장한다.

도 다국적기업의 직접, 간접적인 압력하에 세계자본주의의 확대재생
산을 위해 필요한 소비문화를 확산시키고 있다는 것이다.[23] 특히 라
틴아메리카를 중심으로 하는 제3세계 학자들은 미국 텔레비전 프로
그램의 유통이 후진국에서 제작되는 프로그램을 미국식으로 변화시
키고 있으며, 나아가 자기문화에 대한 정체성(identity)을 상실하게
만든다고 주장한다. 무엇보다 햄버거, 콜라, 피자, 레스토랑 등과 같
은 음식문화, 청바지, 티셔츠 등의 의류문화, 디즈니랜드, 할리우드
영화, 팝음악 등과 같은 미국식 문화가 세계인들의 일상생활을 지배
하게 만든다는 것이다(김호기, 1997; 홍기선, 2004에서 재인용).

둘째, 종속적 발전이론 시각에서 문화제국주의 접근은, 한국·대만·
브라질·멕시코 등과 같이 서구 자본주의 국가에 종속된 상황에서도
1970년대 급격한 경제성장을 거둔 국가들이 등장하면서 나타난 시
각이다. 1970년대 후반부터 제3세계 사회발전 논쟁의 주요 시각으로
등장한 종속적 발전이론은, 문화제국주의가 경제제국주의라는 국가
외부의 압력과 내부의 정치적·사회적 여건이 상호 작용하는 가운데
형성된다는 가정하에, 지배계급의 이익을 반영하는 지배이데올로기

---

23) 쉴러(Schiller, 1969)는 미국의 문화제국주의가 다음과 같은 과정을 통해
제3세계에 확산된다고 보았다. 제3세계에 진출한 미국 기업들은 자사상
품의 소비를 촉진시키기 위해 광고대행사를 설립하고, 동시에 광고정보
를 소비자에게 전달하기 위한 목적으로 제3세계의 매스미디어가 상업
주의 제도를 수용하도록 압력을 가한다. 다음에 상업적 미디어를 직접
소유하거나 기술, 프로그램, 광고 등의 간접적 지원을 통하여 소비중심
의 미국적 문화양식을 확산시킨다. 따라서 서구 언론사와 광고대행사는
문화제국주의의 첨병으로서 제3세계 국가들의 전통문화와 문화주권을
위협하고, 근대화라는 명목 아래 소비자주의(consumerism) 가치를 전파
한다는 것이다.

의 확산과 이에 도전하는 대항이데올로기의 갈등관계가 종속적 발전국가의 문화적 성격을 규정한다고 보는 접근이라고 할 수 있다. 다시 말해 문화제국주의는 경제제국주의의 반영물이 아니라, 자본주의 발전과정에서 필연적으로 발생하는 계급투쟁의 결과라는 것이다. 셋째, 비종속이론 시각에서의 문화제국주의 접근은, 중심국의 주변부에 대한 경제적 착취라는 기본가정을 거부하며, 대신에 선진국과 후진국 간의 정보유통의 불균형이라는 현실에 관심을 갖는다는 것이다. 따라서 이들은 미디어 체계 간의 다양한 정보교환행위에 초점을 맞추며 미디어 체계와 거시적인 사회체계의 관계를 분석의 영역으로 삼지 않는 경향이 있다고 지적된다. 나아가 비종속이론의 연구들은 정보유통의 불균형을 해소하는 방법으로 국제정보유통의 불균형은 일시적 현상이므로 시간이 흐르면 시장원리에 따라 해소된다는 입장, 후진국 정부의 적극적인 개입으로 해소될 수 있다는 입장으로 구분된다. 전자는 언론에 대한 자유주의 시각을 그대로 반영하고 후자는 국가 간 구조적 불평등의 존재는 인정하면서도 마르크스주의 시각을 배격하는 개량주의적 접근이라고 할 수 있다. 특히 마르크스주의를 수용하지 않으면서 문화제국주의를 연구하는 학자들은 제3세계 국가들의 자율성을 강조한다. 제3세계 정부는 선진국의 문화침투로부터 자국문화를 보호하는 정책을 수립함으로써 문화제국주의의 부작용을 최소화할 수 있다는 것이다(Boyd-Barrett, 1979). 그러나 서구 국가들의 기술적, 재정적 도움으로 미디어 체계를 발전시킬 수밖에 없는 제3세계 국가 정부가 발휘할 수 있는 자율성에는 일정한 한계가 존재한다고 볼 수 있다.

　지금까지 살펴본 바와 같이, 문화제국주의는 서구 선진국들이 제3

세계를 자본주의 경제체제로 포섭하는 과정에 대한 저항논리로 유용하게 활용되어 왔다. 텔레비전 프로그램의 국제유통과 관련하여 문화제국주의 입장이 내세우는 핵심논리는 문화와 커뮤니케이션의 국제적 흐름이 양적으로 불균등하고, 미국을 비롯한 서구 선진국들이 국제적 지배권을 장악하기 위해 이러한 흐름을 일방적으로 주도하고 있으며, 그 결과 세계의 문화가 미국 중심의 소비자본주의 문화로 동질화되고 있다는 것이다. 이 같은 시각은 텔레비전 프로그램을 포함한 미디어상품과 정보의 국제유통 논의에서 상당한 지지를 받아왔다(하종원·양은경, 2002).

그러나 문화제국주의는 세계체제를 중심으로 한 자본 축적이라는 경제적 논리에 지나치게 의존하고 있다는 점에서 비판받고 있다. 다시 말해 문화의 경제적 측면에 과도하게 주목한 나머지 문화의 내적 역동성 및 자율성을 간과하고 있다는 것이다(전승은, 2002). 문화 텍스트는 하나 이상의 의미구조와 해독이 가능하다는 문화제국주의론은 제3세계 국민들이 수입된 외래문화 및 정보에 대해 수동적인 존재로만 설정되어 있다는 점에서 한계를 갖는다.

나아가 개별 국가가 지니고 있는 독특한 역사적·문화적 특수성을 감안할 때, 정치적 차원의 지배와 종속관계가 문화적 차원에서도 동일하게 나타나는가에 대해 명확한 결론이 내려지지 못한 상태이다(황상재 편, 1998). 다시 말해 제3세계 국가 일부에서는 미국 문화를 저렴한 가격에 수입하여 자신들의 기술 및 문화로 변형시키고 있다. 예를 들어 코택(Kottak, 1990)은 브라질 사람들의 텔레비전을 어떻게 이용하는지 살펴본 결과, 초기에는 텔레비전 프로그램의 내용을 그대로 받아들였으나, 소득수준이 증가하고 텔레비전 시청 횟수가 늘어나면서 프로그램 내용에 대해 적정한 거리를 두고 선택적으로 받아들이며 나아가 부정적 태도로 발전한다고 지적하였다. 아부루호드 (Abu-Lughod, 1989; 홍기선 외, 2004에서 재인용)는 이집트 서부사막 변방에 사는 유목민 아왈드 알리(Awalad Ali) 족을 대상으로 녹음기, 라디오, 텔레비전이 이들의 생활에 어떤 영향을 주었는지 조사하였다. 그 결과 유목민들은 이들 매체를 통해 세대 간 연령 차이를 극복하고, 이성 간에 쉽게 어울리는 등 자신들의 문화를 새롭게 재구성하는 모습을 보여주었다고 지적하였다.


## 4. 산업 및 문화적 정체성 보호론

### 1) 산업보호론

자본주의 시장경제 체제에서는 자유방임에 의한 자유경쟁을 기본원리로 삼고 있다. 자유경쟁이 자원의 효율적인 분배와 모든 사람들에게 최대한의 효용을 제공해 줄 수 있다고 믿기 때문이다. 그러나 현실에서 각국의 경제구조와 산업발전 수준은 매우 상이하다. 자국시장을 자유경쟁 원리에 맡길 경우 규모의 경제가 발생하여 국제적 경쟁력을 갖춘 산업은 더욱 발전할 수 있지만, 그렇지 못한 산업은 자칫 외국기업에 밀려 산업기반 자체가 무너질 수 있다. 따라서 각국 정부는 자국의 특정 산업이 국제적인 경쟁력을 갖출 때까지 여러 규제정책을 통해 보호하는 정책을 펴게 된다. 이것이 이른바 산업보호론 또는 유치산업보호이론이다(김기영, 1998).

산업보호론은 18세기 말 미국의 해밀턴(Hamilton)과 19세기 중엽 독일의 리스트(List)에 의해 체계적으로 정립되었다. 미국의 해밀턴은 '제조공업보고서'를 통해 자신의 견해를 제시했다. 당시 미국은 정치적으로 독립을 쟁취했다 하더라도 경제적으로는 식민지경제 상태를 벗어나지 못하고, 국내 산업도 농업이 주가 되어 있는 농업국가였으며, 따라서 농산물을 수출하고 유럽에서 공업제품을 국내가격보다 더 싸게 수입하고 있었다. 이러한 배경하에서 공업보호론을 주장한 해밀턴은 당시 최고 지도자들의 자유무역사상이나 산업입국사상에 대항할 수 있고 미국의 현실적 필요를 충족시키기 위해 공업보호를 강화해야 한다고 주장하였다. 아울러 해밀턴은 공업보호의 방법으로 정책적 수단을 제시하고 공업보호의 기준도 제시하여 무조건적인 공업보호를 주장하지는 않았다(이철, 1983).

한편, 독일의 리스트는 자본재생산이 영국이나 프랑스에 비해 뒤지고 있던 상황에서, 이들 국가에 대응하여 생산력을 인위적으로 증진시킬 필요가 있고 이를 위해서는 국내 유치공업을 관세장벽이나 기타의 조치로써 선진국의 강대한 산업과 경쟁으로부터 보호 및 육성해야 한다는 주장을 전개했다. 리스트는 애덤 스미스(Smith)의 국부론을 만민경제학(cosmopolitical economy)이라고 하고, 만민경제학은 실현 가능성이 없는 세계의 영구적 평화를 전제한 것이기 때문에 국민경제학(national economy)을 확립해야 한다고 주장하였다. 나아가 리스트는 국민경제를 그 완성도에 따라 야경시대, 목축시대, 농업시대, 농·공시대, 농·공·상시대로 나누었으며, 논의의 초점을 농업시대로부터 농·공시대 및 농·공·상시대로 전환에 두어 농업과 제조업이 함께 있을 경우에 발생하는 장법을 밝히고 생산력의 진보는 생산력의 조화를 필요로 한다고 주장하였다. 이를 위해 농업단계에서는 보다 발전된 국가와 자유무역을 채용하여 농업의 진보를 이룩해야 하며, 농·공 단계에서는 제한적 무역정책을 채용하여 제조업, 어업, 항해, 외국무역의 성장을 증진시키고, 최후 단계인 부와 생산력이 최고 단계에 이른 후에는 다시 자유무역으로 복귀하여 무역상의 이익을 누릴 수 있다고 주장하였다(List, 1966).

이처럼 산업보호론은 외국기업과 경쟁할 수 있을 만한 충분한 능력을 갖추지 못한 산업일 경우 일시적으로 정부의 보호가 필요하다는 점을 강조한다. 산업보호론은 초기단계에서 과도한 비용을 감수해야 하지만 일정 기간 관세조치가 부여될 경우 외국과 경쟁할 수 있을 만큼 성장할 수 있을 것이라는 믿음을 갖고 있다. 따라서 산업보호론의 핵심은 내부경제의 이익에 있다고 할 수 있다. 시간적 여유를 준다면 규모의 경제와 기술적 능률을 발전시킬 수 있을 것으로 기대되는 산업의 경우 초기에는 보호관세로 인해 소비자가격이 인상될지라도 일단 산업이 성장되면 그 산업은 충분히 효율적으로 작동되기 때문에 비용과 가격이 저하된다고 본다. 만약 상당 기간이 지난 다음에 소비자에 대한 이익이 보호시대의 고가격을 보전하는 이상으로 충분히 클 것 같으면 관세는 산업발전과 고용증대를 가져오므로 필요한 것이라고 말하는 것이다(이상출, 1980).

특정 산업을 산업보호 대상 또는 유치산업으로 간주하기 위한 조건으로는 다음과 같은 사항이 거론되고 있다. 첫째, 해당 산업이 미래의 언젠가는 정부보호를 받지 않고서도 외국 기업들과 경쟁하여 수익을 얻을 수 있을 만한 국제 경쟁력을 갖추어야 한다는 것이다. 둘째, 해당 산업의 성숙된 결과로 얻어진 생산비 절감이 성숙되기 이전의 높은 생산비로 인해 소비자에게 전가된 손실을 보상할 수 있어야 한다는 것이다. 셋째, 해당산업의 장래 수익을 보고 현재 비용을 지출하는 것인 만큼 정부가 개입할 명분이 되는 시장실패가 작용해야 한다는 것이다. 산업 보호를 위한 시장실패 요인으로는 기업의 사적 정보의 불완전성, 금융시장의 불완전성, 노동훈련 및 지식의 창출과 관련된 외부효과 등이다. 이러한 시장실패를 교정하는 최선의 정책은 시장실패 원인에 바로 적용하는 보조금이고, 보호는 차선의 정책에 불과하다. 이 같은 면에서 볼 때 제3세계 국가에서는 시장실패가 매우 보편적인 현상으로 간주해도 무리가 없다. 그러나 정부의 보조금은 국가의 재정이 뒷받침되어야 하며, 그렇지 못할 경우 보호 관세와 같은 수단을 동원하게 된다.(이제민, 1995, 172쪽).

산업보호이론은, 제3세계를 포함한 개발도상 국가에서, 국가발전을 위한 방법으로 가장 광범위하게 사용되어 왔다. 시장에서 기업의 능력은 처음부터 존재했던 것이 아니라 자본주의 경제가 성립되면서 인위적으로 형성된 것이기 때문이다. 우리나라의 경우도 1950년대와 1960년대 초까지 경제의 대부분을 외국원조에 의존했었다. 그러나 1960년대 후반부터 외국기업과의 경쟁을 차단하는 가운데 자국기업에 대한 금융지원, 조세감면 등의 산업보호정책을 추진함으로써 커다란 경제적 발전을 이루었다. 물론 최근에는 산업보호를 통한 경제발전보다 시장개방을 통한 경제발전이 훨씬 효율적이라는 입장에서 시장자유화 추세가 거세지고 있는 상황에서 산업보호 이론의 중요성이 과거보다 약해졌지만, 개발도상국이 산업보호 이론을 포기하는 경우는 그다지 많지 않다.

## 2) 문화적 정체성 보호론

문화는 사회와 사회 구성원의 특유한 정신적·물질적·지적·감성적 특성의 총체로서, 예술 및 문학형식뿐만 아니라 생활양식, 함께 사는 방식, 가치체계, 전통과 신념 등을 말한다. 다시 말해, 문화는 일련의 인간 활동으로 만들어진 물질적·정신적 창조물로서, 사회구성원에 의해 공유되는 지식·신념·행위의 총체로 정의될 수 있다 (심석태, 2003).

이 같은 문화는 지리적 위치나 사회, 집단, 전통, 역사, 언어 등에 따라 다양한 형태로 구분될 수 있으며, 이를 문화의 다양성으로 표현할 수 있다. 또한 문화는 가정, 학교, 매스미디어 등의 사회제도를 통해 다음 세대로 전승되면서, 특정 문화에 소속되어 있는 사람들에게 일종의 유대감을 제공한다. 이 같은 맥락에서 문화적 정체성이란 어떤 사람으로 하여금 자신이 특정 사회집단에 속해 있다는 인식을 갖게 하는 어떤 것이라고 할 수 있다.

그런데 특정 사회의 문화적 정체성은 그것이 역사성을 갖는 한

끊임없이 변화한다. 다시 말해 문화적 정체성을 고정된 것이 아니라 역동적으로 변화하는 것으로 인식할 경우, 특정 사회에 존재하는 다양한 정체성 가운데 특정 정체성이 주도적인 문화적 정체성으로 부각된다. 이러한 고정은 특정 사회의 구성원들이 살아온 전통, 역사 등의 영향을 받기도 하지만 무엇보다 해당 사회 내에 존재하는 의사소통 구조가 어떤 방식으로 이루어지느냐는 매우 중요한 요인이 될 수 있다(원용진, 2003).

이 같은 맥락에서 텔레비전 프로그램의 국제유통은 문화적 정체성에 커다란 영향을 미친다고 볼 수 있다. 텔레비전 프로그램은 그것을 시청하는 시청자들에게 공유될 수 있는 문화적 정체성을 제공한다. 때문에 텔레비전 프로그램은 사회적 가치의 형성과 전파에 핵심적 역할을 수행한다. 따라서 텔레비전 프로그램은 일반적인 상품이나 서비스를 생산하는 다른 산업과 동일한 것으로 간주하기 어렵다. 이 같은 맥락에서 문화적 다양성이라는 공익적 가치에 대한 적절한 고려 없이 텔레비전 프로그램의 국제유통을 시장경제 논리에 맡길 수만은 없다는 주장이 가능하다(심석태, 2003).

자국산업과 자국 문화정체성 보호논리의 역사는 1970년대 신세계정보질서(New World Information Order) 요구로 거슬러 올라간다. 신세계정보질서는 세계시장에서 방송 프로그램의 불균등한 유통을 둘러싸고 선진국과 개발도상국 사이에 이해관계가 대립되면서 불거진 것이다. 신세계정보질서 논의의 핵심은 정보유통에서 양적, 질적 불균형 문제와, 이로 인한 문화적 종속 내지 문화주권 침해의 우려이다. 정보를 생산하는 세계적 통신사, 미디어기업, 주요 제작사 등은 소수의 선진국에 밀집되어 있으며, 이들이 생산하는 정보가 다수의 세계국가로 유통되는 일방적 궤적으로 그리고 있기 때문에 "정보의 자유로운 유통"을 방치할 경우 제3세계 국가 국민들의 표현권과 정보추구권이 저해된다는 것이다. 즉 제3세계 국가들은 자신의 문제를 미디어를 통해 공론화하고 해결하는 기회를 가질 권리가 있음에도 불구하고, 자신들과 무관한 서양의 문제를 미디어를 통해 보고 살아가게 된다. 특히 서구 선진국에서 만들어진 영화, 방송 프로그램 등의 문화상품은 그것이 생산된 나라의 문화, 생활방식, 가치관을 포함하고 있기 때문에 결과적으로 각국의 고유한 문화를 위협하게 되며, 서구적인 가치를 강요하는 효과를 가질 수 있다는 것이다(Schiller, 1991).

최근 세계화의 물결과 더불어 미국 중심의 서구 국가들은 정치적, 경제적 우월성을 앞세워 서구적 삶의 방식을 전 세계에 확산시키고 있다. 서구 국가들은 자신들의 정체성에 입각해 형성된 세계를 확산시키고 문화적 동질성을 구축하기 위해 지역적인 차이를 무시하거나 다른 문화와 혼합시키고 있으며, 이 과정에서 억압적인 힘을 동원하기도 한다(박종수, 1999).

그러나 비서구 국가에서 서구적 삶의 방식이 확산되는 것은 자신들의 문화적 정체성에 가해지는 일종의 압력으로 간주될 수 있다. 더욱이 미디어 기술의 발전은 텔레비전 프로그램 등 문화상품의 전 세계적 유통을 보다 빨리 확산시키고 있다. 이는 수많은 소수민족으로 구성되어 있는 중국은 자국의 문화적 정체성에 매우 민감할 수밖에 없다. 중국은 지리적으로 광활한 영토를 소유하고 있으며, 역사적으로 중국대륙의 지배권을 두고 수많은 정복전쟁과 항쟁이 반복되어 왔다. 현재 중국은 한족을 중심으로 주변 소수민족이 합쳐져 12억이 넘는 인구를 가진 다민족 국가로 구성되어 있다. 특히 중국에서 소수민족이 지금까지 존재할 수 있었던 것은 한족에 동화되지 않고 자신들의 혈통, 언어, 풍속 등을 보존하고 있기 때문이며, 한족의 문화적 동화력에 한계가 있음을 반증하는 것이다(김홍주, 2003).

따라서 중국에서 문화적 정체성과 사회적 안정의 유지는 매우 민감한 사안이며, 이를 지키기 위해 중국정부는 어떤 희생도 감수할 수 있다는 입장이다. 2005년 초 대만 총통선거에서, 민진당 천수이벤이 대만 독립론을 주장하자 하나의 중국이라는 원칙을 내세운 중국정부는 이를 절대 수용할 수 없으며 2008년 베이징 올림픽을 치르지 못하더라도 대만과의 전쟁을 불사하겠다는 강경한 입장을 내세운 것이 그 대표적인 사례라고 할 수 있다.


## 5. 다원적 유통론


### 1) 다원화론

기존 국제커뮤니케이션 논쟁은 국제 정보유통에서 정보의 자유로운 유통을 주장하는 미국 등의 제1세계 국가와, 정보의 공평하고 균형 있는 흐름을 주장하는 제3세계 국가의 대립으로 요약될 수 있다. 그러나 이들의 논의 기반은 지배와 종속, 침략과 방어 논리 간의 대결이었기 때문에 양측을 만족시킬 만한 합의안을 도출하는 것은 정치적으로 불가능했다.

그러나 1980년대 이후 국제질서는 경제적으로 냉전종식에 따른 동유럽 국가의 계획경제체제 붕괴, 개별국가와 세계경제의 상호의존 증대, EU·NAFTA·APEC 등으로 대변되는 지역주의가 대두하였다. 또한 정치적으로는 미국, 유럽 등을 축으로 하는 선진 자본주의 국가 사이에 주도권을 획득하기 위한 경쟁이 더욱 치열하게 전개되고 있다. 이에 따라 국제커뮤니케이션 패러다임도 단순한 제1세계와 제3세계의 이념적, 정치적 갈등구조에서 벗어나 제1세계 국가들, 제1세계와 제3세계 국가들 사이의 갈등을 포함하는 복합적이고 다각적인 갈등구조로 변모하였으며, 또한 정치적·문화적 정보유통의 쟁점에서 경제적·무역적 쟁점으로 변모하였다(박천일, 1995).

이 같은 상황에서 다원적 이론은 텔레비전 프로그램을 포함한 영상물의 국제유통을 현실적으로 이해하기 위해서는 텔레비전 프로그램 유통산업의 특성과 기능, 개별 국가들의 경제구조와 문화적인 특성 등을 종합적으로 고려해야 할 필요가 있다고 강조한다(유세경·정윤경, 2000). 다시 말해 국가별로 서로 다른 문화적, 지리적 역사성과 특수성을 무시하거나 제3세계나 주변부 국가의 대중의 선호나 능동적 선택의 가능성을 배제한 채 동일한 잣대로 판단하는 것은 정확한 현실인식에 장애가 될 수 있다는 것이다. 때문에 다원적 이론은 수용자가 해외에서 제작된 프로그램을 시청하기 위해서는 언어, 문화 등이 수용 가능해야 한다고 설명한다. 또한 수용자들의 구매력과 같은 경제적 능력과 더불어 정부의 정책과 같은 국가의 내적 상황을 구체적으로 살펴보아야만 프로그램을 충분히 이해할 수 있다고 강조한다(Straubhaar, 1984).

또한 다원적 시각은 종속이론이나 문화제국주의 등의 주장이 미국을 비롯한 서구문화의 일방적 흐름에 저항하기 위하여 외국 프로그램의 수입과 소유를 제한하는 조치, 자국의 프로그램에 대한 보조금 정책, 외국의 문화적 생산물에 대해 비판적으로 수용하고 나름대로 의미를 부여하는 능동적 수용자의 존재 등을 간과하고 있으며, 또한 다원적이고, 다면적으로 나타나는 텔레비전 프로그램의 유통을 설명하는 데 적합하지 않다고 지적한다. 아울러 미국을 중심으로 하는 텔레비전 프로그램의 일방적인 흐름에 대해서도 관련 국가들 사이에 서로 다른 경제 여건, 시장규모, 그 이면에 놓여 있는 정치적, 문화적 조건 등이 복합적으로 고려되어야 할 필요가 있다고 지적하고 있다(하종원·양은경, 2002).

이 같은 맥락에서 텔레비전 프로그램 국제유통의 다원적 유통현상을 보여주는 대표적인 사례로 텔레노벨라(telenovela)[24)]가 자주 지적

---

24) 텔레노벨라는 브라질, 아르헨티나, 멕시코, 베네수엘라 등을 비롯한 남미 각국에서 만들어진 연속극으로, 가난한 집안 출신의 미모의 아가씨가 신분의 차이를 뛰어넘어 사랑을 한다는 통속적인 주제가 대부분이다. 일일연속극 형태를 띤 소프 오페라의 일종으로 멜로드라마 성격을 갖고 있는데, 보통 하나의 시리즈가 150편에서 300편에 이르는 장편이 많다. 남미 국가들은 지역적으로 미국과 인접해 있어 대부분의 프로그램이 미국 내 스페인어를 사용하는 시청자들을 대상으로 하는 채널들에게 집중적으로 수출되었다. 텔레노벨라는 남미 국가에서 1970년대 초반부터 인기를 얻기 시작해 1977년부터는 미국으로부터 수입된 프로그램의 인기를 넘어섰으며, 1975년에 포르투갈로 수출된 바 있다. 1990년대 들어서는 전 세계 128개국에 수출됨으로써 가장 많은 나라에서 방

되고 있다. 소프 오페라의 일종인 텔레노벨라는 미국의 스페인어권 시장과 포르투갈에 역수출되면서 뒤바뀐 미디어 제국주의라고 불리기까지 했다(Rogers, & Antola, 1985, 33쪽). 스트로바에 따르면 텔레노벨라는 프랑스의 연재소설과 미국의 라디오, 텔레비전 소프 오페라 그리고 19세기 말에서 20세기 사이의 브라질의 식민지 및 독립 이후 시대의 지역성 문학전통의 영향을 받아 만들어진 것이라고 설명한다. 그는 텔레노벨라의 등장인물 구성과 극의 흐름이 미국의 소프 오페라와 유사하지만 극의 시작에서 사건 전개, 종료까지 5개월에서 10개월 정도 소요되며, 역사적 주제를 다루기도 하고, 사회적·정치적 논평을 하기도 하고 때때로 자국 내지 지역 국가들의 탁월한 문학작품을 각색하기도 했으며, 텔레노벨라를 생산하는 브라질 <TV 글로보>를 비대칭적 상호의존이론(assymetrical interdependence)[25]의 전형이라고 지적한 바 있다(Straubhaar, 1991).

한편, 안톨라와 로저스(Antola, L. & E. M. Rogers, 1984)는 라틴 아메리카 6개국과 미국 간의 텔레비전 프로그램 유통과정을 분석하면서, 텔레비전 프로그램 국제유통의 지역화 현상을 지적하였다. 이들은 노덴스트렝과 바리스(Nordenstreng & Varis, 1974)가 1972년에 수집한 자료를 토대로 라틴아메리카 국가들이 방송되는 텔레비전 프

---

송되는 장르로 성장했다. 특히 텔레노벨라는 사회주의 국가나 전 사회주의 국가에서 큰 인기를 누리고 있으며, 중국에서도 좋은 반응을 얻은 바 있다(김영, 1999, 53쪽).

25) 완전한 종속관계를 한끝으로 하고 완전한 상호의존관계를 다른 한끝으로 하는 연속선을 가정할 때 텔레노벨라가 완전한 종속관계를 벗어난 어느 위치에 있다는 것을 의미한다.

로그램의 평균 52%를 수입에 의존하고 있으며, 이 중 80%가량을 미국 프로그램이 차지한다고 지적한 이후, 브라질·베네수엘라·멕시코·칠레·페루·아르헨티나 등 라틴아메리카 국가들과 미국의 텔레비전 프로그램 유통에 어떠한 변화가 나타났으며, 미국의 텔레비전 프로그램이 라틴아메리카로 어떻게 유통되는지, 라틴아메리카의 프로그램이 미국으로 어떻게 유통되는지, 라틴아메리카 내에서 텔레비전 프로그램의 유통방향은 어떻게 나타나고 있는지에 초점을 맞추어 연구를 수행하였다. 이들은 노덴스트렝과 바리스의 연구 이후 9년이라는 시간이 흐른 뒤에 브라질, 베네수엘라, 칠레 등의 경우 자국 프로그램이 증가하고 수입 프로그램은 감소하는 양상을 나타냈으나 페루, 아르헨티나 등은 이와 반대되는 결과를 보여주고 있다고 밝혔다. 또한 미국은 라틴아메리카 지역에서 여전히 프로그램 수출국으로서 지배력을 행사하고 있긴 하지만 지금은 미국 프로그램의 자리를 라틴아메리카의 텔레노벨라(telenovela)가 차지하고 있거나, 미국 만화 역시 일본 만화로 대체되었다고 지적하고 있다. 특히 텔레노벨라는 멕시코, 브라질, 베네수엘라, 아르헨티나의 전체 프로그램 수출액 70%를 차지할 만큼 절대적인 비중을 차지하고 있었다. 또한 이들은 미국의 프로그램이 어떻게 라틴아메리카로 유통되는지 검토한 결과 미국 프로그램을 수입하려는 라틴아메리카 국가의 방송국 크기가 수입에 영향을 미치며, 이와 더불어 멕시코의 경우 일반적으로 더빙(dubbing) 비용 수준에서 거래가 되지만 미국과 경제력의 차이, 남미로 진출하는 입구에 위치하고 있다는 지리적 조건 등도 영향을 미친다고 지적하였다. 하지만 라틴아메리카로 수입되는 텔레비전 프로그램 유통의 일반적인 흐름은 미국에서 수입한 시리즈물과 자국에서 만들어진 프로그램이 상위권을 차지하기 위해 치열하게 경쟁을 벌이는 상황이라고 밝혔다. 이와 더불어 라틴아메리카 프로그램이 미국으로 유통되기 위해서는 영어로 더빙이 되어야 하며, 미국 네트워크 방송사에서 프로그램을 구입한 적은 거의 없으나 케이블TV가 성장하면서 이들에게 프로그램을 수출할 수 있는 기회가 넓어지고 있다고 지적하였다. 하지만 현재 라틴아메리카 텔레비전 시리즈가 미국으로 유통되는 경우는 거의 없다. 마지막으로 라틴아메리카 내에서 프로그램 유통방향을 분석한 결과 미국의 프로그램이 멕시코로 수입되어 더빙과정을 거친 후 다시 라틴아메리카 국가들로 유통되는 양상을 보이는 것으로 나타나고 있다. 왜냐하면 텔레비전 방송 산업이 라틴아메리카로 진입하는 데 있어서 정부의 검열, 텔레비전 정책결정자의 편견, 기술적 문제 등이 장애물로 작동하기 때문이다. 결론적으로 이들은 라틴아메리카 국가에 있어서 미국으로부터 프로그램 수입이 여전히 중요하지만 텔레노벨라와 같이 다른 라틴아메리카 국가로부터 수입된 프로그램 혹은 국내에서 제작된 프로그램에 비해 낮은 시청률을 보이고 있으며, 멕시코는 미국으로부터 프로그램이 유통되는 과정에서 지리적 특성상 게이트키퍼 역할을 담당하며 자국 내 더빙 스튜디오를 갖추는 등의 변화를 보이고 있다. 또한 이들은 브라질과 멕시코는 다른 라틴아메리카 국가로 프로그램을 수출하는 국가가 되었으며, 멕시코는 미국으로 유통되는 스페인어 계통의 텔레비전 프로그램을 장악하고 있다는 점을 제시하면서 과거와 달라진 변화의 양상을 찾아내는 데 주력하였다.

한편 스트로바(Straubhaar, 1984)는 브라질의 텔레비전을 분석하면서 미국의 영향력이 점차 감소하고 있다는 점을 강조하였다. 스트로바는 브라질의 사례를 이해하기 위해서는 브라질 텔레비전 시스템의 조직, 잠재력, 가치, 외국으로부터의 영향이 갖는 배경적 맥락 등을 고려해야 한다고 주장하면서 패킨햄(Packenham, 1976)의 프레임에 따라 텔레비전 프로그램의 유통현황을 직접적으로 분석하는 동시에 외국의 가치와 사상이 브라질 텔레비전에 침투함으로써 나타나는 간접적인 영향을 함께 분석하였다. 나아가 미국 문화산업의 세계지배를 분석한 쉴러는 1970년대 초부터 세계는 더 이상 미국의 힘에 의해 지배되지 않는다고 주장했다(Schiller, 1992). 미국 문화산업의 힘보다는 전 세계 다국적 문화산업의 질서가 더 중요하게 되었다는 것이다. 즉 유니버설, 콜롬비아, 20세기 폭스, MGM 등과 같은 다국적 영화회사들이 일본, 호주, 서유럽 기업들에게 매각되었다는 사실이 이를 뒷받침하고 있다고 주장하고 있다.

결과적으로 텔레비전 프로그램의 국제유통과 문화생산의 탈중심화 또는 다중심화, 유통의 다방향성을 특징으로 하는 다원적 시각의 이론은 미국을 비롯한 서구 문화산업의 제3세계 국가들로 확산되는 주요 원인을 경제적 차원과 더불어 지리·언어·문화 등과 같은 요인을 복합적으로 고려해야 한다는 점을 강조하고 있다.

## 2) 문화의 지역화와 문화적 근접성론

문화의 지역화 접근은 서구와 주변부라는 이분법적 사고를 뛰어넘어 주변부로 상정되었던 지역, 국가, 지방 수준에서의 문화적 흐름에 주목하며 이러한 흐름을 가능케 하는 주요 요인으로 문화적 차원을 강조한다.[26] 특히 텔레비전 프로그램의 국제유통에 대한 지역화 접근은 텔레비전 프로그램 국제유통의 세계적인 흐름이 미국 등 서구 선진국을 비롯한 다국적 미디어기업이 주도하고 있는 것이 사실이지만, 특정 지역에 존재하는 국가들 사이에서도 텔레비전 프로그램의 국제유통 현상이 발견된다고 제시하였다. 나아가 이들은 텔레비전 프로그램의 국제유통은 서구 선진국에 의해 주도되는 단일하고 일방적인 과정이 아니라 다원적이고 다면적인 모습을 띠고 있다고 주장한다(양은경, 2003).

이 같은 맥락에서 문화적 지역화 접근은 문화적 근접성(cultural proximity) 개념과 밀접한 관련을 맺고 있다. 문화적 근접성이란 기본적으로 문화적 유사성을 의미한다. 예를 들어, 미국은 텔레비전 프로그램뿐만 아니라 장르·편성·경영 등 다양한 차원의 텔레비전 수출국이지만 주로 미국의 영향을 받는 나라는 영국·캐나다·호주 등 영어권 국가라는 것이다. 또한 영어권 국가 외에도 서유럽·라틴아메리카·불어권·아시아 국가들이 각각 동일한 문화-언어권에 묶여

---

26) 문화적 근접성 연구는 다양한 지리-언어적 또는 지리-문화적 지역 내 수용자들의 문화에 대한 수요와 능동적 선택을 강조하면서, 이들이 미국 중심의 서구문화보다 자신들의 문화적 경험에 비추어 훨씬 더 친숙하고 유사한 문화를 선호한다는 점에서, 세계화 시대의 문화는 서구문화와 지역문화의 혼성화(hybridization)를 통해 발전하게 될 것이라고 주장한다(양은경, 2003, 203쪽).

있다고 볼 수 있다. 이처럼 언어는 동일한 문화-언어권 형성에 중요한 요소로 작용하며, 이 외에도 역사·종교·인종 등 다양한 요인들이 복합적으로 작용한다. 또한 동일한 문화-언어권 국가들 사이에 형성된 공동의 정체성·제스처 등의 비언어적 커뮤니케이션요소·유머·옷 입는 스타일·생활패턴·기타 외부환경 요인 등도 포함된다. 동일한 문화-언어권 시장은 지역적으로 인접한 패턴을 보이기 때문에 흔히 지역시장으로 불리기도 하며, 식민지, 노예, 이민 등으로 인해 지리적으로 산재되는 경우도 가능하다.

나아가 동일한 문화-언어권 국가들 사이에 존재하는 문화적 유사성 또는 공통의 역사는 지역적 차원의 텔레비전 프로그램 시장을 조성한다. 유사한 특성을 지닌 문화권의 시청자들은 자신들에게 친숙한 문화적 정취를 갖는 프로그램을 찾기 때문이다. 사람들은 친숙하지 않은 문화상품에 높은 문화할인(cultural discount)을 적용하기 때문에, 방송국이나 시청자 모두 보다 재미있고 친숙하며 이해하기 쉬운 프로그램을 찾게 된다는 것이다(Waterman & Siwek, 1988).

이 같은 맥락에서 유사한 문화적 배경을 가진 국가들 사이의 프로그램 국제유통이, 그렇지 못한 국가들 사이의 국가유통보다 활발하게 전개된다는 입장의 문화적 근접성 연구는 기존의 텔레비전 프로그램의 일방적 흐름에 관한 연구가 각국의 독특한 문화적·지리적 역사성과 특수성을 과소평가하고 있다고 지적하였다. 또한 텔레비전 프로그램의 일방적 흐름에 관한 연구가 제3세계 국가 대중의 기호와 능동적 선택의 가능성 등을 배제한 채 동일한 잣대로 판단하는 것은 정확한 현실인식에 장애가 될 수 있다고 비판하고 있다. 이 같은 맥락에서 텔레비전 프로그램의 국제유통은 관련 국가들 사이에 존재하는 상이한 시장규모와 조건의 차이와 더불어, 그 이면에 놓여 있는 정치적, 문화적, 제도적 조건을 복합적으로 고려해야 할 필요가 있다는 주장이 더욱 설득력을 얻고 있다.

한편 문화의 지역화, 문화적 근접성 연구는 문화의 세계화(Globalization)[27) 개념과 대립 각을 세우고 있다. 문화의 세계화는, 오늘날 자본·기술·상품이 자유롭게 국경을 넘나들고 상호교류와 의존성이 높아지는 이른바 세계화의 확산은 개별 국가의 고유하고 다양한 문화가 상호 접촉·충돌·교류할 수 있는 토대를 제공하고 있으며, 이에 따라 이질적인 개별 국가의 문화도 점차 동질화, 획일화되어 간다는 것을 의미한다(현택수, 2004). 문화의 세계화 입장은 미디어 테크놀로지의 발전으로 시간과 공간의 제약을 초월하여 전 세계에 문화를 전파할 수 있게 되면서 문화가 점차 세계화·동질화되고 있다고 지적한다.

---

27) 세계화의 개념은 매우 혼란스럽고 논란이 많은 개념이지만, 대체로 다음과 같은 5가지 차원에서 이해되고 있다. 첫째 세계화는 국가 간 국경을 가로지르는 무역, 자본투자를 관계의 증대를 가리킨다. 통상 국가 간 무역 및 자본투자의 증대를 지칭하나 인적 교류, 메시지 교환 및 아이디어의 확산이 포함되기도 한다. 둘째 세계화는 국경 없는 세계경제를 창출하기 위해 각국의 규제(무역장벽, 투자장벽, 외환규제, 자본통제, 비자 등)가 제거되는 과정을 가리킨다. 셋째 세계화는 다양한 사물과 경험이 세계 모든 사람에게 확산되는 과정을 가리킨다. 넷째 세계화는 서구화 또는 근대화의 의미로, 이전에 존재하던 문화나 지방적 자율성을 파괴하면서 근대적 사회구조(자본주의, 합리주의, 산업주의, 관료제 등)가 전 세계로 확산되는 과정으로 이해된다. 다섯째 세계화는 탈영토화, 즉 사회공간이 더 이상 영토적 장소의 관점에서 파악되지 않고 지리적 재편성이 일어나는 과정을 지칭한다(강정인, 2002, 217-128쪽).

그러나 문화의 세계화는 현실적으로 두 개의 상반된 견해의 대립을 가져왔다. 하나는 문화의 세계화를 민족이나 국가 단위를 초월하여 존재하는 제3의 초국적 문화로 보는 견해이고, 다른 하나는 미국과 같은 하나의 초강대국 문화가 전 지구적으로 확산되는 것으로 보는 입장이다(변청자, 2003). 페더스톤(Featherstone, 1993)은 전자의 입장에서 개별국가들의 문화적 특수성이나 정체성을 침해하지 않고 동질화하지 않는 별개의 문화를 상정하면서 이를 제3의 문화라고 정의했다. 반면 월러스타인(Wallerstein, 1974)은 후자의 입장에서 초국적 문화란 국가 간 불평등 구조를 은폐하기 위한 일종의 이데올로기에 불과하다는 주장이다. 또한 퍼거슨(Ferguson)은 '세계화의 신화(myths of globalization)'라는 용어를 통해 세계가 단일한 경제체계와 동질적인 문화를 형성하게 될 것이라는 주장의 허상을 지적하고 있다(Straubhaar, 1997에서 재인용). 이에 대해 문화의 세계화 입장은 문화의 세계화가 하나의 통일된 문화가 출현하거나 어느 특정 문화가 세계를 지배하는 것을 의미하는 것도 아니라고 지적한다. 문화의 세계화는 지배와 종속이라는 위계를 설정하지 않고 각 문화가 다양한 경로를 통해 독자적인 자율성을 드러내면서 유지·발전될 수 있는 가능성을 중요시한다는 것이다.

이 같은 논란에도 불구하고, 문화의 세계화 현상은 현실적으로 많은 개별국가에게 자국 문화의 정체성 훼손과 소멸에 대해 심각한 위기의식을 불러일으켰다. 더욱이 문화적 약소국은 미국 중심의 서구 문화가 세계적으로 확산되어 있는 상황에서 자국의 문화정체성에 심각한 타격을 입힐 것이라는 우려를 갖게 만들었다. 그럼에도 불구하고 이들 국가들은 배타적인 민족주의나 문화 보호주의로 문화의 세계화 흐름에 대처하기는 어렵다는 인식을 갖고 있다. 왜냐하면 문화의 세계화는 정치, 경제, 사회의 다양한 영역과 상호의존적이기 때문이다. 따라서 많은 국가들은 문화의 세계화에 대처하기 위해 보다 전통문화 보호와 문화산업 육성방안을 마련하여 국제적인 경쟁력을 확보해야 할 필요성을 느끼고 있는 실정이다.

최근 과학기술의 급격한 발전으로 채널이 급격히 증가하고 프로그램의 국제유통이 활발해지면서, 텔레비전이 문화의 세계화 또는 동질화에 기여하는 측면이 없지 않다. 그러나 텔레비전은 아직까지 지역적, 국가적 수준에서 다양한 유형이 존재하고 있다. 또한 텔레비전 프로그램의 수용은 각 지역 및 국가가 처해 있는 정치적, 문화적, 언어적 차원 등에서 다양성을 반영하는 형태로 수용되고 있다. 예를 들어 정치적 차원에서 텔레비전은 국가 정체성과 문화통합의 문제와 깊은 관련을 맺어왔다. 많은 국가에서 정부 또는 정부기구가 직접 텔레비전을 소유하거나 운영하는 형태로 텔레비전 프로그램 제작 및 유통에 깊이 관여하고 있다. 이는 텔레비전이 국가정체성이나 문화통합을 이루는 데 결정적인 영향력을 행사하는 것으로 가정되기 때문이다. 실제로 개발도상국을 포함한 대부분의 국가에서 텔레비전은 국가 정체성 증진 혹은 창출에 이용되는 동시에, 외부로부터의 문화침투에 대응하기 위한 엄격한 법적 규제와 문화정책이 추진되고 있다. 이러한 까닭에 텔레비전 프로그램 국제유통의 불균등한 흐름은 부정적인 것으로 인식되고 있으며 공식적인 국제기구를 통해 교정하려는 시도가 이루어지고 있다.[28]

28) 지난 2005년 10월 20일 유네스코의 문화적 표현의 다양성 보호와 증진을 위한 협약(문화다양성 협약)이 채택됐다. 문화다양성 협약은 본회의 표결을 거쳐 한국 등 찬성 148개국, 반대 2개국(미국, 이스라엘), 기권 4개국(니카라과, 온두라스, 라이베리아, 호주)으로 채택이 결정됐다. 그동안 동 협약이 문화다양성을 제한하거나 문화상품 및 서비스 무역을 방해할 수 있다며 협약안 채택에 줄기차게 반대해 온 미국은 28개 수정 조항을 제안하는 등 제동을 걸었으나 대세를 바꾸지 못했다. 한편, 찬성국 중 한국, 일본, 뉴질랜드, 태국, 필리핀, 아프가니스탄 등 6개국은 본회의 발언을 통해 일부 조항의 모호성, 해석상 오류 가능성, 기존의 국제규범과의 충돌 가능성 등에 대해 지적했다. 이번에 채택된 문화다양성 협약은 기본원칙, 당사국의 권리와 의무, 다른 조약과의 관계 등을 담은 35개 항과 분쟁 시 화해 절차를 규정한 부속서 6개 항으로 구성돼 있다. 협약은 각국의 다양한 문화적 표현을 보호 및 증진하는 것을 목적으로 하며, 협약 당사국이 이를 위해 적절한 국내적 조치 및 소멸위험에 있는 문화적 표현에 대한 특별 보호 조치를 취할 수 있는 권리를 명시하고 있다. 문화다양성 협약은 최소 30개국 이상이 비준서를 제출한 시점에서 3개월 경과 후 효력이 발생하는데, 한국이 협약 당사국이 되기 위해서는 국회의 비준절차가 필요하다 (http://www.unesco.co.kr).

## 제2절 텔레비전 프로그램 국제유통에 대한 본 연구의 분석틀

텔레비전 프로그램의 국제유통에 관한 연구는 1946년 유엔이 정보의 자유에 관한 유엔선언(United Nations Declaration on Freedom of Information)을 발표하고, 1953년에는 국제언론인협회(International Press Institute)가 선진국과 개발도상국 간의 불균형적인 정보유통을 지적한 이래 학자들의 주요 관심사가 되어 왔으며(Schement & Gonzalez, Lum, Valencia, 1984), 앞서 살펴본 바와 같이 텔레비전 프로그램의 일방적 유통현상에 대해 미국 중심의 선진국과 제3세계 국가들은 상이한 이론을 전개하며 날카롭게 대립해 왔다.

이 같은 논쟁의 핵심은 다음과 같이 정리될 수 있다.

첫째, 텔레비전 프로그램 국제유통은 미국 중심의 서구 선진국에서 제3세계 국가에게 일방적으로 흘러가고 있으며, 이 같은 불균형한 유통은 지금까지도 커다란 변화를 보이지 않고 있다.29)

---

29) 텔레비전 프로그램 제작은 상업텔레비전이 확대되기 시작한 1940년대부터 활성화되기 시작하였다. 최초의 텔레비전 프로그램 국제유통은 1950년 영국과 프랑스 사이에서 이루어졌으며, 곧이어 미국이 국제유통 시장에 참여하였다. 이후 텔레비전 프로그램을 비롯한 영화·출판·광고·음반·통신 등 문화상품의 국제유통 현상을 조사한 연구들은 소수의 서구 자본주의 국가들이 이를 독점하고 있다고 지적해 왔다. 1980년대 초반까지 텔레비전 프로그램의 국제유통은 미국을 비롯한 서구 선진국에서 제3세계 국가로 일방적 흐름을 나타낸다는 것은 보편적인 사실로 받아들여지고 있다(Nordenstreng & Varis, 1974; Bielby &

둘째, 미국 중심의 서구 선진국은 텔레비전 프로그램의 일방적 유통현상에 대해 경제적 차원에서 시장원리에 따른 상품의 자연스러운 유통으로 파악하며, 이념적 차원에서 자유주의 확산과 사회발전에 기여하게 될 것이라고 주장된다.

셋째, 미국 등 서구 선진국에서 제작된 텔레비전 프로그램의 일방적인 유통은 제3세계 국가의 경제적 종속 나아가 문화적 종속을 가져올 것이며, 이에 따라 제3세계 국가들은 자국산업 보호, 문화 정체성 보호에 적극 나설 수밖에 없다고 주장한다.

넷째, 다원화 이론은 중심국 대 주변국, 서구 대 비서구 등 이분법적이고 대립적인 사고방식을 탈피해야 한다는 입장이다. 이들은 텔레비전 프로그램의 국제유통은 서구 국가들이 주장하는 바와 같이 시장원리 관점으로만 파악해서도 안 되며, 서구의 시장이론에 대항하기 위한 논리로서 제3세계 국가의 종속이론이나 문화제국주의 이론으로 파악해서도 안 되며, 그 대신에 텔레비전 프로그램 유통산업의 특성과 기능, 개별 국가의 경제구조, 정부의 정책, 문화적 특성, 언어적·지리적·역사적 특수성 등을 종합적으로 고려해야 한다고 주장한다. 한편, 문화의 지역화, 문화적 근접성 이론은 텔레비전 프로그램의 국제유통 현상을 전 세계적 차원에서 파악할 경우 미국 중심의 텔레비전 프로그램이 제3세계 국가에 일방적으로 유통되는 것이 사실이지만, 분석의 수준을 지역단위로 한 단계 낮출 경우 다원적이고 다면적인 흐름을 발견할 수 있다고 주장한다. 동일한 문화나

---

Harrington, 2004).

언어권에 속한 국가들 사이에는 문화적 유사성이나 공통의 역사적 경험을 토대로 하나의 지역적 텔레비전 프로그램 유통시장을 형성하며, 이들 지역에 속한 국가들 사이의 텔레비전 프로그램 유통은, 그렇지 못한 국가에 비해 활발하게 이루어진다는 것이다.

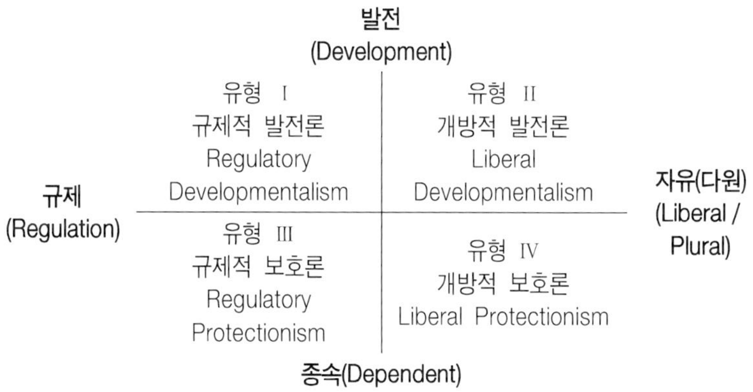

발전
(Development)

| | 발전 (Development) | |
|---|---|---|
| 규제 (Regulation) | 유형 Ⅰ<br>규제적 발전론<br>Regulatory Developmentalism | 유형 Ⅱ<br>개방적 발전론<br>Liberal Developmentalism | 자유(다원) (Liberal / Plural) |
| | 유형 Ⅲ<br>규제적 보호론<br>Regulatory Protectionism | 유형 Ⅳ<br>개방적 보호론<br>Liberal Protectionism | |

종속(Dependent)

〈그림 2〉 텔레비전 프로그램 국제유통에 대한 이론적 유형

이 같은 이론적 논의를 토대로 텔레비전 프로그램의 국제유통을 둘러싼 쟁점을 새롭게 분류하면 위의 그림과 같이 나타낼 수 있다. 먼저 이데올로기적 차원에서 기존 이론들은 자유(다원)와 규제의 축으로 분류될 수 있다. 즉 미국을 비롯한 서구 선진국은 자유주의 또는 다원주의 이데올로기를 토대로 텔레비전 프로그램의 자유로운 유통을 강조한다. 따라서 서구 국가들은 텔레비전 프로그램의 자유로운 유통을 저해하는 규제정책에 대해 비판적인 태도를 나타낸다. 반면 미국 등 서구 국가에서 제작된 텔레비전 프로그램을 일방적으로

수입하는 국가에서는, 텔레비전 프로그램의 일방적 유통을 균형 있는 유통으로 변화시키기 위하여 불가피하게 규제정책을 추진할 수밖에 없다는 입장이다.

한편, 텔레비전 프로그램의 국제유통에 대한 자유(다원)주의 또는 규제정책을 통해 추구하려는 결과 또는 자유(다원)주의 또는 규제정책 추진으로 나타난 결과는 발전과 종속이라는 이론적 대립의 축이 가능하다. 즉 자유(다원)주의 입장을 표방하는 미국 등의 서구 국가들은 텔레비전 프로그램의 자유로운 유통이 제3세계 국가에 새로운 정보와 아이디어를 제공하고, 이는 사람들에게 변화에 대한 욕구를 자극하여 궁극적으로 경제적·사회적·문화적 차원을 포함한 국가발전에 기여할 수 있을 것이라고 주장한다. 반면, 텔레비전 프로그램을 일방적으로 수입하는 국가의 입장에서 볼 때, 텔레비전 프로그램의 자유로운 유통은 자국 산업의 발전기회를 박탈하고, 문화적 정체성을 훼손할 우려가 있다고 주장한다. 이 같은 틀에서 볼 때, 텔레비전 프로그램의 국제유통을 둘러싼 이론적 논의는 다시 4가지 유형으로 구분될 수 있다.

## 1. 규제적 발전론(Regulatory Developmentalism)

유형 Ⅰ(규제적 발전론)은 텔레비전 프로그램의 국제유통을 정부가 엄격히 규제함으로써 자국의 발전을 도모해야 한다는 맥락의 이론을 지칭한다. 유형 Ⅰ의 경우 텔레비전 프로그램의 국제유통을 시장경제원리에 맡겨 둘 경우 미국중심의 서구 선진국에 의해 일방적인 흐름이 고착될 수밖에 없다는 인식이 깔려 있다. 때문에 제3세계 등에서는 미국 중심의 서구 국가의 텔레비전 프로그램이 일방적으로 유통됨으로 인해 나타나는 경제적·문화적 폐해를 강조하고 있다.

이 같은 맥락에서 규제적 발전론은 주로 제3세계 국가의 입장을 대변하는 종속이론과 문화제국주의론이 포함된다고 할 수 있다. 이들 이론은 현재 텔레비전 프로그램의 국제유통이 미국 중심의 선진국에서 제3세계로 불균형한 흐름을 나타내고 있다고 주장한다. 그리고 텔레비전 프로그램 국제유통의 불균형한 흐름은 경제적 측면에서 제3세계 국가의 선진국에 대한 종속과 더불어 문화적 차원에서의 종속도 야기한다는 것이다. 때문에 제3세계 국가에서는 텔레비전 프로그램의 불균형한 국제유통 현상을 균형 있는 흐름으로 변경시키기 위해 정부가 적극적으로 개입할 수밖에 없고, 이를 통해 자국산업의 발전과 문화적 정체성을 보호해야 한다는 논리를 전개한다.


## 2. 개방적 발전론(Liberal Developmentalism)

유형 Ⅱ(개방적 발전론)은 텔레비전 프로그램의 국제유통이 시장원리에 따라 자유롭게 이루어질 수 있도록 정부규제를 최소화해야 하며, 텔레비전 프로그램의 자유로운 유통을 통해 자국의 발전을 도모해야 한다는 맥락의 이론이라고 할 수 있다. 이 같은 유형은 주로 미국 중심의 서구 국가의 입장을 옹호하는 이론이라고 할 수 있으며, 근대화론과 발전커뮤니케이션론, 정보의 자유유통론, 시장중심론 등이 여기에 해당한다.

개방적 발전론은 텔레비전 프로그램의 국제유통이 미국 중심의 서구 국가에서 제3세계로 불균형하게 나타나는 원인은 시장경제 원리에 입각한 자연스러운 현상이라고 이해한다. 경제 원리에 입각할 때, 자국 시장규모가 크고 해외에 넓은 동일언어 및 문화권을 형성하고 있는 서구 국가가 그렇지 못한 제3세계 국가에 비해 텔레비전 프로그램 제작비를 더 많이 투입할 수 있다. 상대적으로 제3세계 국가들은 자국시장이 크지 않고 해외에도 상대적으로 커다란 시장을 형성하고 있지 못하기 때문에 서구 선진국의 텔레비전을 수입하고 있다는 것이다. 이들은 제3세계 국가도 더 많은 제작비를 투입하여 양질의 텔레비전 프로그램을 생산할 경우 언제든지 선진국과 같은 텔레비전 프로그램 수출국 지위를 획득할 수 있다고 주장하며, 그 대표적인 사례로 텔레노벨라를 제시하고 있다.

한편, 서구 선진국은 사회변동의 관점에서 텔레비전 프로그램을 포함한 정보의 자유로운 유통이 개별 국가의 발전을 촉진시킬 수 있다고 주장한다. 정보의 자유로운 유통은 새로운 사상과 아이디어의 전파와 확산을 가능케 하고, 이는 개별 국가의 국민들에게 새로운 욕구를 불러일으켜 결국 사회발전으로 이어지는 촉매제로 작용한다는 것이다.

나아가 이데올로기적 관점에서 서구 선진국은 민주주의 사회에서 텔레비전 프로그램을 포함한 정보의 자유로운 유통을 제한하는 것은 인간의 기본적인 권리인 자유를 제약하는 것이라고 간주한다. 인간

은 자신이 원하는 정보를 이용할 수 있는 자유를 갖고 있으며, 제3
세계 국가가 정보의 불균형한 유통을 이유로 자국 국민들에게 정보
를 이용할 수 있는 기회를 박탈하는 것은 결국 인간의 기본권을 제
한하는 것과 동일한 것으로써 결코 바람직하지 않다고 주장한다.


## 3. 규제적 보호론(Regulatory Protectionism)

유형 III(규제적 보호론)은 일부 서구 선진국에 의해 제3세계 국가
의 경제적·문화적 종속이 이루어지고 있는 현실을 감안할 때, 텔레
비전 프로그램의 일방적 유통흐름을 정부가 규제해야 한다는 맥락의
이론을 지칭한다. 이는 전 세계의 자유무역주의 흐름에 따라 시장개
방이 불가피한 국가들에서 현실적으로 선택할 수 있는 방안의 이론
이라고 할 수 있으며, 산업보호론이나 문화적 정체성 보호론이 이
같은 유형에 포함된다고 볼 수 있다.

산업보호론은 외국에 대한 시장개방은 인정하지만 국제적인 경쟁
력을 갖추지 못한 산업에 대해서 완전개방이 이루어질 경우 특정 산
업의 경우 해당 산업을 발전시킬 수 있는 기회조차 갖지 못하게 된
다고 주장한다. 때문에 특정 산업이 국제경쟁력을 갖출 수 있을 때
까지 정부의 규제와 보호가 불가피하다고 주장된다. 다만 산업보호
론은 정부가 모든 산업에 개입하여 시장개방과 경쟁으로부터 보호막
을 제공한다는 것이 아니라 일정 기간이 지난 후에 국제경쟁력을 갖
출 것으로 예상되는 산업에 국한하여 보호 및 육성에 나선다는 것이

며, 또한 성숙이 이루어진 후에는 성숙되기 이전의 높은 생산비로 인한 소비자의 손실을 보장할 수 있어야 하고, 해당 산업에 대한 시장실패 요인이 존재하고 있어야 한다는 점에서 규제적 발전론과 차이가 있다고 할 수 있다.

한편 문화적 정체성 보호론은 시장개방이라는 경제적 환경의 변화가 문화의 영역에도 영향을 미치기 때문에, 자국의 정치적 안정과 사회적 통일성을 유지하기 위해서는 문화적 영역에 대한 보호가 필요하다는 주장이다. 특히 문화상품은 경제적 원리에 따라 유통되지만 그것의 소비는 정신적 차원에서 이루어진다. 더욱이 텔레비전 프로그램의 국제유통 흐름은 미국 중심의 서구 국가에서 제3세계로 일방적인 유통현상을 나타내고 있다. 때문에 텔레비전 프로그램을 포함한 외국 문화상품이 자국에 자유롭게 유통될 경우 자칫 자국 국민들의 고유한 문화와 문화적 정체성을 훼손될 수 있다. 따라서 문화상품의 일방적이고 불균형적인 유통을 시정하고 문화 정체성 보호를 위해서는 정부규제의 지속적인 개입을 통한 보호가 필요하다고 주장한다.


## 4. 개방적 보호론(Liberal Protectionism)

유형 Ⅳ(개방적 보호론)은 시장원리에 입각한 텔레비전 프로그램의 국제유통이라는 입장을 옹호하지만, 개별 국가의 상이한 발전수준에 따른 산업보호, 문화적 정체성 보호 등을 위한 정부개입도 인정할 필요가 있다는 다원적 맥락의 이론을 지칭한다.

개방적 보호론은 텔레비전 프로그램의 국제유통이 시장경제 원리에 입각하여 자유롭게 유통되는 개방성을 인정한다. 그러나 텔레비전 프로그램의 국제유통에는 경제논리와 더불어 개별 국가가 보유하고 있는 독특한 문화적 특성이 동시에 작용한다는 점을 강조한다. 때문에 개방적 보호론은 텔레비전 프로그램이 시장원리에 따라 자유롭게 유통된다고 하더라도 그 흐름은 문화적, 언어적 다양성 속에서 이루어지기 때문에 이른바 문화할인의 적용을 받게 된다는 것이다.

따라서 개방적 보호론의 입장은 텔레비전 프로그램의 유통이 단순히 경제적 차원에서의 교류라는 차원에만 머무르는 것이 아니라 국가 간 문화적 다양성이라는 맥락에서 이루어지고 있으며, 이는 텔레비전 프로그램의 국제유통이 미국 중심의 서구 국가에서 제3세계로 일방적 흐름을 나타낸다는 점을 인정하면서도 지역적 차원에서 보면 좀 더 복합적이고 다원적인 유통양상을 보인다고 설명한다.

결과적으로 개방적 보호론은 시장경제 원리를 인정하는 가운데 개별 국가 또는 지역 국가에 존재하는 문화적 역동성을 인정하고 지역 국가 사이의 상호 호혜적인 교류가 활성화되어야 한다는 점을 강조하는 입장이라고 할 수 있다. 지역 내의 각국이 보유하고 있는 고유의 전통문화 등의 교류를 확대함으로써 문화의 다양성을 인정하는 가운데 텔레비전 프로그램을 비롯한 문화상품의 국제유통이 이루어지는 것이 바람직하며 개별 정부는 자국의 고유문화를 보호하는 동시에 문화상품 교류의 균형 있는 흐름을 위해 노력할 필요가 있다는 것이다.

# 제3절 한국 텔레비전 프로그램의 중국 내 유통

본 연구에서 제시한 규제적 발전론, 개방적 발전론, 규제적 보호론, 개방적 보호론 등 4가지 텔레비전 프로그램의 국제유통에 관한 분석 틀은 한국 텔레비전 드라마의 중국 내 유통을 이해하는 데 중요한 시사점을 제공한다. 1949년 건국 이래 사회주의와 계획경제 체제를 유지하던 중국은 1970년대 후반 시장경제 체제로 전환하면서, 텔레비전 프로그램의 국제유통에 대해서는 유형 Ⅰ(규제적 발전론)을 추구하였다고 볼 수 있다. 왜냐하면 중국은 정치적으로 사회주의를 유지하면서, 텔레비전을 국가이념과 체제의 선전도구로서 활용하려는 의도를 갖고 있었기 때문이다. 따라서 중국정부는 시장경제 도입과 더불어 이데올로기적 영향력 유지를 위해 1980년대 이후 방송시설에 대한 투자를 급격히 확대하였다.

그러나 정치적 논리에 입각한 방송시설 투자확대는 고스란히 중국정부의 재정 부담으로 이어졌고, 2000년대 들어서면서 중국정부는 텔레비전 산업에서도 시장원리를 도입하게 되었다. 이에 중국 텔레비전 방송국들은 경제적으로 시청률 제고와 광고수입 증대라는 목표와, 정치적으로 사회주의 이념과 체제의 선전이라는 이중의 목적을 충족시켜야 하는 입장에 놓이게 되었다. 아울러 이데올로기적 성격이 희박하고 시청자들에게 인기를 얻을 수 있는 외국 텔레비전 프로그램에 대한 수요도 증가하였다.

이 같은 상황에서 1990년대 후반부터 중국에 유통되기 시작한 한국 텔레비전 프로그램은 이른바 한류현상을 일으키며 큰 인기를 얻게 되었다. 중국 텔레비전 방송국의 입장에서 한국 텔레비전 프로그램은 중국정부 입장에서 한류는 서구 국가에서 제작된 문화상품의 유통에서 비롯된 문화적 현상이 아니라는 점에서, 제3세계 국가들이 주장한 종속이론이나 문화제국주의 논리가 그대로 적용되기는 적절하지 않고, 또한 정치적 성격이 강하지 않은 대중문화의 일종이라는 점에서 중국의 사회주의 국가체제에 커다란 위협이 된다고 단정하기도 곤란하다.

그럼에도 불구하고 한류는 외국에서 수입된 문화상품의 유통에서 비롯된 현상이다. 때문에 중국정부 입장에서 한류의 장기화는 자국의 문화적 정체성과 산업에 미치는 한국 텔레비전 프로그램의 영향력이 더욱 커지게 된다는 것을 의미한다. 따라서 중국정부는, 비록 한국 텔레비전 드라마에 대한 중국인들의 선호현상을 인정하면서도, 한류의 장기화를 긍정적으로 바라보기만은 어려울 공산이 크며, 유형 Ⅰ(규제적 발전론) 또는 유형Ⅲ(규제적 보호론)에 속하는 이론에 의존하여 제도적 규제수단을 통해 한국 텔레비전 드라마의 유통량 증가에 제약을 가하거나 한국 텔레비전 드라마의 중국 내 유통량이 증가하는 만큼 한국도 중국 드라마의 유통량을 증가시키도록 하는 방안을 모색하고 있다.

이처럼 중국은 시장경제체제를 적극 도입하고 있으나 사회주의 국가로서 시장에 대한 강력한 통제력을 행사하고 있다. 따라서 중국정부의 제도적 규제 요인은 한국 텔레비전 프로그램의 중국 내 유통에 대해서도 결정적인 영향을 줄 수 있는 요인이라고 할 수 있다. 따라서 본 절에서는 텔레비전 프로그램의 중국 내 유통에서 중국정부의 규제요인이 미치는 영향을 중심으로 논의한다.

## 1. 중국정부의 텔레비전 규제

일반적으로 규제(regulation)란 무질서한 상태에 일정한 질서를 부여하는 것을 의미한다. 경제적 측면에서 규제란 자유로운 시장경쟁 질서 속에서 개인이나 기업의 행위가 경제적 효율성을 발휘하지 못하는 방향으로 나아가고 있을 경우 국가가 일정한 질서를 부여하기 위해 수행하는 것이 규제라고 할 수 있다(최병선, 1994). 따라서 텔레비전 규제란 사회적으로 바람직한 질서를 부여하기 위해 방송자원을 분배하고 그에 따른 생산과 재생산의 과정에서 관련 행위주체들의 활동과 관계를 조정하고, 그 성과가 바람직한 방향으로 유도될 수 있도록 통제하거나 조정하는 행위라고 할 수 있다(백용대, 2001).

### 1) 텔레비전 규제모델

텔레비전 규제는 방송자원의 분배라는 측면의 규제와 방송활동을 통해 나타나는 성과 측면의 규제로 구분될 수 있다. 전자는 방송자원을 어떤 목적 아래 누구에게 분배할 것인가를 결정함으로써 방송의 소유구조 등 방송전반의 구조적인 틀을 규정한다는 점에서 이른바 방송에 대한 구조적 규제라고 할 수 있다. 후자는 방송자원의 분배에 따르는 방송활동의 결과인 방송편성과 프로그램 내용을 감독하고 통제하는 내용규제라고 할 수 있다. 특히 내용규제는 어떤 방송 내용이 사회적으로 바람직한지 또는 그렇지 않은지 판단함으로써 사회적으로 바람직하지 않다고 여겨지는 방송내용에 대해 어떠한 형태로든 사회적 제재를 가하는 것을 말한다. 그러나 문제는 어떤 프로그램이 사회적으로 유통되는 것이 바람직한 것인지 아닌지를 누가 판단할 것인가의 문제이며, 이러한 결정의 과정은 각국의 이념·제도·문화적 특성과 긴밀한 관계를 맺고 있다. 때문에 방송내용에 대한 규제를 책임지는 주체는 정부가 되기 쉽다(강의협, 2001, 20-22쪽).

방송에 대한 정부의 규제모델은 해당 국가가 추구하는 이념과 밀접한 연관을 갖고 있다. 예를 들어 자유민주주의와 시장경제를 추구하는 국가의 경우 방송에 대한 규제는 시청자의 권익과 시장원리에 입각한 운영을 강조하게 된다. 반면 사회주의를 추구하는 국가의 경우 방송은 정부의 직접적인 통제하에 놓이게 되며, 따라서 방송은 정부가 국민에게 필요하다고 판단되는 내용을 일방적으로 선전하는 역할을 담당하게 된다. 이처럼 정부의 방송규제 모델은 해당 국가가 추구하는 정치적·경제적 이념과 직접적으로 연계되어 있다.

| | | 국가의 시장개입 | |
|---|---|---|---|
| | | 국가주의<br>(위계적 강제) | 시장주의<br>(분산적 경쟁) |
| 시청자이익<br>표출방식 | 집단적 표출 | IV 조합주의 | III 다원주의 |
| | 개인적 표출 | I 권위주의 | II 자유주의 |

※ 출처: 현경보(2000), "방송내용 규제방식의 분류모델에 관한 연구", 〈방송연구〉, 여름호. 337쪽.

〈그림 3〉 방송규제방식 분류

　현경보(2000)는 방송규제 방식을 크게 국가의 시장개입 정도와 시청자 이익의 표출방식이라는 두 축을 중심으로 가부장주의, 자유주의, 다원주의 조합주의 등으로 분류하고 있다. 가부장주의는 방송에 대한 국가의 직접개입과 위계적 질서에 의존하면서 시청자들이 개별적으로 이익을 표출하는 규제질서를 말한다. 자유주의는 방송에 대한 시장질서를 강조하며 시청자들이 개별적으로 이익을 표출하는 규제질서를 말한다. 다원주의는 시장질서에 의존하면서 시청자들이 집단적으로 이익을 표출하는 규제질서를 말한다. 마지막으로 조합주의는 방송에 대한 시장질서보다는 직접개입에 따르는 위계적 강제질서에 의존하면서도 시청자들이 집단적으로 이익을 표출하는 규제질서를 말한다.

　강의협(2001)도 이와 비슷한 맥락에서 방송규제 유형을 국가규제원리, 시장규제원리, 공동체규제원리 등의 세 가지 차원으로 정리하고 있다. 첫째, 국가규제원리는 선거 등의 절차를 거쳐 정당성을 확보한 국가기구가 위계적 통제에 기초하여 방송내용에 개입하는 방식으로, 홉스(Thomas Hobbes)에서 비롯되었다. 이러한 국가규제원리를 언론에 접목시켜 국가와 언론의 관계를 설명하는 것이 언론에서의 권위주의 이론이다. 권위주의 언론이론에 따르면, 국가는 구성원들의 표현의 자유를 제약하며, 표현의 자유는 국가의 지배하에서 국가가 허용하는 범위 내에서 비로소 가능하게 된다. 때문에 언론은 국가나 정부를 지지해야 하며, 그럼으로써 국가가 사회적 목표를 달성할 수 있고, 사회도 발전할 수 있다는 것이다. 권위주의 언론이론에서 언론은 사회구성원을 위해 국가가 규정하는 교육적이고 지도적인 언론의 역할을 수행해야 하는 책임을 부여받는다.

둘째, 시장규제원리는 시장에 참여하는 소비자와 언론사가 자신의 이익에 부합되는 선택을 하는 과정에서 자연스럽게 규제가 이루어지는 방식을 말한다. 시장규제원리의 이론적 전통은 아담 스미스(Adam Smith)에서 찾을 수 있다. 아담 스미스는 1776년에 저술한 '국부론(The Wealth of Nations)'에서 시장에 기초한 새로운 경제 질서[30]가 생겨나고 있는 상황을 종합적으로 정리하였다 그는 '보이지 않는 손'

---

30) 아담 스미스는 시장경제 체제의 운용은 다음과 같은 주요 원리에 기초한다고 주장했다. 첫째, 시장체제의 핵심적 요소는 생산자들 사이의 상호경쟁과 소비자들 사이의 상호경쟁이다. 둘째, 생산자들과 소비자들은 시장에서 대등한 힘을 가진다. 셋째, 생산자들과 소비자들은 자신의 경제적 이익을 기준으로 생산과 소비에 관계되는 모든 결정을 내린다. 넷째, 시장은 스스로를 규제하는 역할을 하며, 질서 정연하게 운영되어 나간다. 따라서 소비자들이 지불할 용의가 있는 값으로, 동시에 생산자들이 제품을 판매할 용의가 있는 값으로, 그리고 소비자들이 수요로 하는 양만큼, 생산자들은 소비자들이 원하는 것을 생산해 낸다. 시장은 지속적으로 바뀌는 소비자들의 필요와 욕구, 제품에 대한 소비자들의 수요를 충족시키기 위해 끊임없이 적응한다(정회경·김지운 편저, 1999, 34쪽).

이라는 시장의 힘이 자유로운 경쟁과 거래를 통해 형성되는 시장상황에서 사람들의 다양한 욕구의 상충을 조정하여 무질서한 상태에 균형이라는 질서를 부여함으로써 개인과 공공의 이익은 균형을 이루게 된다고 생각했다. 이 같은 맥락에서 시장중심의 언론규제 원리는 사상의 자유시장 논리와 맞닿아 있다. 또한 언론의 자유시장 이론하에서 국민은 국가나 정부를 견제하고 부패하지 않도록 감시하는 감시견(watch dog)의 역할을 중요시하였다. 따라서 국민들은 정부의 각 기관들이 무엇을 하고 있는지 알아야 할 권리를 갖고 있다는 것이다.

셋째, 공동체규제원리는 시청자들이 자발적 연대와 도덕적 의무감에 기초하여 공동체 또는 결사체를 통해 방송사에 직접 또는 간접적으로 영향력을 행사하는 사회적 통제의 규제방식이라고 할 수 있다. 그러나 이러한 공동체 규제원리는 자본주의에 기초한 근대 산업사회로 접어들면서 이타적인 의무감의 문화가 약화되고, 구성원 간의 유기적인 연대가 와해됨에 따라 쇠퇴하는 경향을 보여 왔다. 그럼에도 불구하고 공동체 규제원리는 개인적 측면에서 자기규율방식으로 가족단위 또는 집단적 측면에서 자발적 연대에 기초한 규제방식으로 나타나고 있다.

OECD(1992)는 텔레비전을 포함한 미디어 규제에 관한 이론적 모델로 출판모델, 방송모델, 통신모델 등을 제시하였다. 첫째, 출판모델은 정치적 다원주의를 보장하기 위하여 정부가 사업자에게 최대한의 발행 및 편집상의 자유를 보장하는 모델이라고 할 수 있다. 출판업자들은 정부의 보조를 받지 않고, 면허세와 같은 특별한 세금도 내지 않는다. 또한 규제자가 부과하는 어떤 종류의 공익적 서비스 제공 의무를 갖지 않는다. 이러한 종류의 의무는 표현의 자유를 억압하는 내용통제로 이어질 수 있다고 생각되기 때문이다. 둘째, 방송모델은 전통적으로 전파자원의 희소성으로 인해 주파수 사용면허를 부여받은 사업자는 시장에서 독점적 사업권을 인정받는 대신 공익적인 내용을 전달할 것을 요구받는 것이다. 다시 말해 주파수를 이용할 수 있는 면허를 받은 사업자는 공익에 봉사할 의무를 지고 있으며, 규제기구는 사업자가 공익적 책무를 준수하고 있는지 감시하는 역할을 담당한다. 셋째, 통신모델은 모든 국민이 저렴한 가격에 통신서비스를 이용할 수 있어야 한다는 보편적 서비스를 실현하기 위해, 시장에서의 독점사업자를 정당화하는 대신 독점사업자에게는 수익과 관계없이 보편적 서비스 제공의무를 부여하는 모델이다.

이 외에도 미디어에 대한 규제모델로 시장모델(Marketplace Model), 민주주의 모델(Democratic Model), 터너모델(Turner Model)이 제시되고 있다(김영주, 2004). 시장모델은 시장에서 정보가 자유롭게 유통될 수 있도록 보장하고, 시장에서의 합리적인 선택과정에 따라 궁극적으로 진리가 승리한다는 점을 강조한다. 그러나 시장모델의 문제점은 시장에서 발생하는 독과점 문제를 해결하지 못하고, 정보의 불균등한 배분이라는 의도되지 않은 결과를 초래할 수 있다는 것이다. 민주주의 모델은 모든 주권은 국민으로부터 나온다는 민주주의 기본원칙하에 국민들이 주권을 올바르게 행사하기 위해서는 정부가 수행하는 업무에 대한 정보를 바탕으로 국민이 자유롭게 의견을 제시할 수 있도록 보장해야 한다는 것이다. 때문에 이 모델에서 표현의 자유는 민주주의의 핵심을 이루는 중요한 가치로 강조되며, 제도적 차원에서 보호가 되어야 한다고 강조된다. 또한 민주주의 모델은 올바른 정보를 접한 사람들의 정치적 평등을 통해 민주주의가 달성된다고 보기 때문에 정부에 의한 규제가 정당화될 수 있다고 주장한다. 터너모델은 종합유선방송사업자의 채널선택권을 제약하는 의무전송 규정(must-carry rule)이 편성권을 침해하는지 여부를 판단하는 데 있어서, 종합유선방송이라는 매체가 갖는 사업적 특수성을 감안하여 미국 연방대법원이 관련법 규정을 합헌이라고 판시한 것에서 비롯되었다. 이 모델은 매체의 특성에 따른 정부의 차별적 규제가 가능하며, 따라서 정부의 역할이 강조되는 모델이라고 할 수 있다.

## 2) 중국정부의 텔레비전 규제

중국 방송은 경제적으로 시장원리를 수용하고 있으나, 정치적으로 여전히 중국정부의 강력한 규제하에 놓여 있다. 중국 정부가 방송을 강력히 규제할 수 있었던 근본적인 원인은 중국이 사회주의 국가체제를 채택하고 있다는 점에서 기인한다. 사회주의 국가체제에서 방송은 자유민주주의 국가체제의 그것과 성격이 판이하게 다르다. 자유민주주의 사회에서 권력이나 자본으로부터 독립하여 사회를 감시하는 저널리즘의 역할과 더불어 시청자들에게 다양한 볼거리를 제공하고 경제적 이윤을 획득하는 기능을 수행한다. 그러나 사회주의 체제에서 방송은 정부에 종속되어 사회주의 이념이나 정부정책의 선전수단으로 이용된다. 또한 경제적으로는 정부예산으로 운영되는 것이 일반적이다.

그러나 중국 방송은 경제적 차원에서 정부지원에서 벗어나 시장원리에 입각해 활동하면서도 방송운영은 정부 행정체계에 의해 강력한 통제를 받고 있다. 때문에 중국 방송은 경제적으로 시청자의 욕구에 부응하는 프로그램을 제작하는 한편 정치적으로는 서구의 자본주의 이데올로기로 인해 사회주의 이념이 훼손되는 것을 방지하고 국가정책을 선전하는 기능을 수행하는 독특한 역할을 담당하고 있다고 할 수 있다.

## (1) 이념적 차원의 규제

서구의 정치학 이론에 의하면 "중국의 정치체계는 사회주의 정치체계에 속한다."고 할 수 있다(주봉의, 1994, 56쪽). 사회주의 정치체계의 특징은 정부에 의해 이데올로기가 결정되며, 정치지도자에 의해 지도되는 인민성을 가진 유일 정당이 존재한다. 또한 정치경찰에 의해 통제가 이루어지며, 당에 의해 언론이 독점되어 있다. 이 밖에 지도자와 당이 군사력을 독점하며, 경제에 대한 집중적인 통제가 이루어진다.

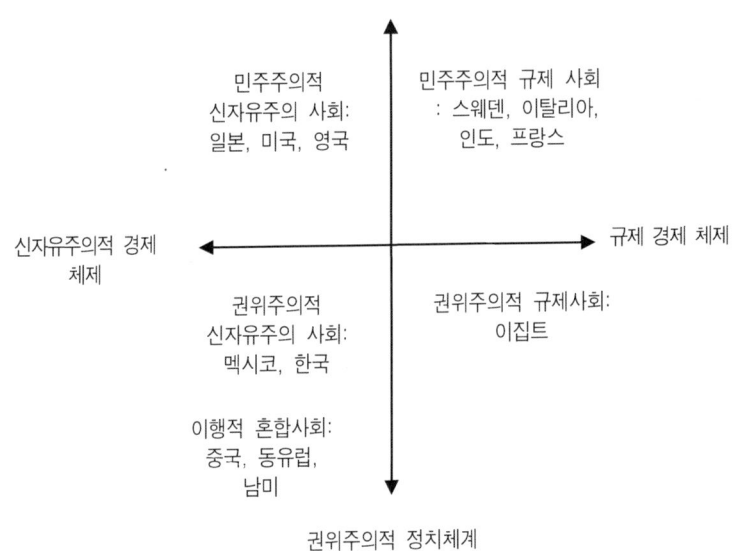

민주주의적 정치체계

| | |
|---|---|
| 민주주의적<br>신자유주의 사회:<br>일본, 미국, 영국 | 민주주의적 규제 사회<br>: 스웨덴, 이탈리아,<br>인도, 프랑스 |

신자유주의적 경제                                   규제 경제 체제
체제

| | |
|---|---|
| 권위주의적<br>신자유주의 사회:<br>멕시코, 한국 | 권위주의적 규제사회:<br>이집트 |

이행적 혼합사회:
중국, 동유럽,
남미

권위주의적 정치체계

※ 출처: 제임스 커런, 박명진 편저(2002), 『세계화와 미디어연구: 탈서구적 패러다임을 찾아서』(41쪽). 서울: 커뮤니케이션북스.

〈그림 4〉 국가체제의 분류

이 같은 특징은 중국에도 그대로 적용될 수 있다. 다만 중국은 개혁·개방 정책을 통해 경제적으로 시장원리를 수용하고 있다. 때문에 커런(Curren)은 중국의 정치체계를 권위주의 체계와 신자유주의 경제체계가 결합된 이행적 혼합사회라고 규정한 바 있다.

현재 중국 정치체제는 공산당의 일당독재와 중앙집권을 통해, 당이 모든 분야를 관리한다. 또한 지도자가 독재를 하며, 관료 제도를 실행하고, 등급과 계급의 구분이 매우 엄격하다는 등의 특징을 갖고 있다. 특히 중국은 독특한 역사와 사회적 배경을 바탕으로 다른 사회주의 국가보다 이를 더욱 철저하게 실행해 왔다. 중국공산당의 규약과 중국의 헌법은 모두 중국공산당에게 정치, 사상, 조직의 유일한 지도자라는 위상을 부여함으로써, 중국공산당이 중국의 유일한 합법적 정당으로 만들었다. 또한 실제 운영과정에서도 공산당은 엄밀한 통제체계를 통해 모든 정치자원을 독점하고 각종 사회조직을 통제하며, 모든 정치권력을 장악하며, 국가·사회·인민의 유일하고 전능하고 절대적인 지배자로 자리잡고 있다.

이 같은 정치체제하에서 중국 텔레비전은 기존 사회체제를 유지하기 위한 일종의 사회제도로서 기능하게 된다. 사회제도로서 중국 텔레비전의 기본적인 규범과 기능은 소비에트-공산주의 모델로 설명될 수 있다. 소비에트-공산주의 모델은 프레드 S. 시버트(Fred S. Siebert), 데오도르 A. 피터슨(Theode A. Peterson), 윌버 슈람(Wilbur Schramm)의 <언론의 4이론(Four Theories of the Press)>의 연구에서 비롯되었다(Siebert, F. S. & T. A. Peterson, W. Schramm, 1956).[31] 이들은 매스미디어의 존재형태가 국가에 따라 차이를 나타내는 기본적이고

---

31) <언론의 4이론>을 관통하는 핵심적 주장은 언론이란 그것에 속해 있는 사회 내의 정치적·사회적 구조에 부합되는 색채와 형태를 따르며, 특히 개인과 정부의 관계를 규정하고 있는 사회적 통제제도를 반영한다는 것이다. 따라서 언론과 국가 간의 관계를 파악하기 위해서는 언론이 작동하고 있는 사회체제를 주시하지 않으면 안 된다고 강조하고 있다. 이 같은 시각에서, 이들은 정부와 언론의 관계를 크게 권위주의 모델, 자유주의 모델, 사회책임 모델, 소비에트-공산주의 모델로 구분하였다.

중요한 원인을 매스미디어가 기능하는 사회체제에서 찾고 있다. 사회가 추구하는 인간의 본질, 사회 및 국가의 본질, 인간과 국가에 대한 관계, 지식과 진리의 본질 등의 차이에 따라 매스미디어도 상이한 모습을 나타낸다는 것이다. 특히 소비에트-공산주의 모델에 입각한 공산국가의 신문·방송·영화 등과 같은 매스미디어는 무엇보다 대중에게 공산주의 이론과 정책을 전달하고 당과 정부에 대한 지지를 규합하고 인민의 전반적인 문화수준을 향상시키는 데 헌신해야 한다. 당과 정부는 이러한 목적을 달성하기 위해 매스미디어의 운영방식을 철저하게 통제한다(Charles R. Wright, 김지운 역, 1986 / 1988, 58 – 59쪽). 같은 맥락에서 알철(Altschull)도 국가의 선전도구로서 언론을 이해하는 시각은 장구한 지적 조류의 하나였으며, 1818년 마르크스에 이르러 사회주의 사상이 급격히 발전하면서 이른바 마르크스주의 언론관이 견고하게 자리잡게 되었다고 지적했다.[32]

이 같은 맥락에서 중국의 텔레비전은 사회제도의 일부로서 중국공

---

32) 마르크스는 자본주의를 혁파하고 인간의 참된 주체성을 회복하여, 언어와 행동이 일치되도록 하기 위해서는 무엇보다도 언론이 가장 중요한 임무를 수행해야 한다고 강조했다. 구체적으로 노동자를 기만하려는 자본가들의 음모를 분쇄하고, 노동자들로 하여금 그들이 착취당하고 소외된 존재라는 실상을 자각하도록 일깨우는 것이다. 이러한 마르크스주의 언론관은 소비에트 체계의 기본 원리로서, 언론이 정부와 자연스러운 적대관계에 있는 것을 당연한 것으로 받아들이는 미국 사회의 정치적 통념과 마찬가지로 소련을 비롯한 공산주의 사회에서는 당연한 것으로 받아들여졌다. 한편 마르크스주의 이론을 변형시킨 레닌은 언론의 역할을 집단적 선전자, 집단적 선동가, 집단적 조직자로 인식하고 노동계급의 계급의식을 고취시키는 동시에 지도요원을 교육시키는 데 힘썼다고 지적했다(Altschull, 강상현·윤영철 역, 1984 / 1991).

산당과 정부의 정책을 공표하고 설명함으로써 사회에 긍정적인 역할을 수행하고, 마르크스-레닌주의, 모택동주의에 기초한 사회적·윤리적 기준을 제공하며, 모든 인민의 계몽과 사회주의 문화를 창조함으로써 물질과 문화 모두를 풍요롭게 하는 데 그 목적이 있다. 나아가 중국의 텔레비전은 공산당과 정부의 국정운영 원활화와 기존 사회질서의 안정을 유지하고, 당과 정부의 지침을 준수하며, 공산당과 정부에 반대하는 세력의 보도를 금지하는 역할을 수행하고 있다 (Peng, 1987; Pashupati, K. & Hua Lin Sun, S. D. Mcdowell, 2003). 이처럼 중국에서 텔레비전을 비롯한 매스미디어는 일종의 정부기관으로서 운영되며, 공산당과 정부가 내세우는 목표를 달성하기 위해 조직·운영·통제된다. 또한 매스미디어 종사자들은 당 관료로부터 직책을 부여받고, 그들의 행정은 당의 심의대상이 된다(Wright, 김지운 역, 1986 / 1988).

결과적으로 중국의 텔레비전은 소비에트-공산주의 모델에 입각하여 공산당의 엄격한 통제하에 사회주의 이데올로기[33]를 중국 국민들

---

33) 오늘날 이데올로기는 사회의 기존 질서를 유지하는 지배적인 의식으로 규정되면서, 당파성·집단성·은폐성·합리성 등을 토대로 권력의 행사를 정당화하는 기능을 수행한다(김왕석, 1989). 이데올로기는 권력의 행사를 정당화하고 그것의 존재를 정당화하는 기능을 지니고 있다. 또한 텔레비전은 지배세력의 입장을 자연스럽게 반영함으로써 이데올로기 효과를 유지시켜 준다. 텔레비전은 현실을 창조하고 구성하며, 사람들은 텔레비전이 창조하고 구성한 현실을 객관적인 현실로 받아들인다. 그런데 텔레비전의 현실인식은 대부분 지배계층의 현실인식을 반영하기 마련이다. 이로써 텔레비전은 기존 지배구조의 재생산과 현실유지에 기여하게 된다(이효성, 1989).

에게 유포시키는 기능을 수행한다. 비록 중국 정부가 개혁·개방 정책을 추진한 이후 텔레비전 산업에도 많은 변화가 일어났으나, 그것이 중국 정부가 텔레비전에 대한 통제와 이용을 포기했다는 것을 의미하는 것은 아니다. 오늘날에도 중국에서 텔레비전은 여전히 국가의 이데올로기적 기구이며, 권력구조의 확장을 위해 봉사하고, 정보와 선동정치를 추구하기 위한 도구로 활용되고 있다(강만석, 2001).

### (2) 산업적 차원의 규제

#### ① 텔레비전 산업규제 논리

1978년 이후 중국의 급격한 경제발전과 중국정부의 방송 산업에 대한 육성정책은 방송국의 증가를 가져왔다. 그러나 시장경제 원리의 도입에 따라 중국 정부는 방송국에 대한 지원을 점차 감소시켰으며, 이로 인해 방송국들은 광고를 비롯한 다양한 수익원을 창출해야 할 필요성에 직면하게 되었다(柴葆靑, 2003). 이처럼 중국에서 방송 산업에 대한 규제원리는 정부 중심의 사회적 목표를 강조하던 차원에서 시장경제의 차원으로 이동하고 있다. 그럼에도 불구하고 정치적 또는 이념적 차원에서는 중국은 여전히 사회주의를 고수하면서 문화적 정체성과 자국산업의 보호를 위해 방송에 엄격한 규제를 가하고 있다.

이 같은 맥락에서 텔레비전 프로그램의 국제유통에 대한 정부규제의 가장 강력한 근거는 자국의 국가이념과 문화적 정체성 보호 논리라고 할 수 있다. 일반적으로 방송은 경제적·산업적 측면보다는 방송이 갖는 사회적 영향력으로 인해 문화적 측면이 강조되어 왔다. 때문에 민주주의를 채택하고 있는 국가에서 방송규제는 방송의 공공성 또는 공익성에 의해 정당화되어 왔고, 이들은 절대성을 지닌 개념으로 인식되기도 한다.[34] 물론 공공성과 공익성은 그 당위성과 중요성에 관한 인식의 일치와 달리, 개념적으로 매우 다양하게 해석되어 왔다. 그럼에도 불구하고 방송은 국민의 재산인 전파를 신탁·관리한다는 점, 방송의 사회적 영향력이 지대하다는 점, 방송이 공공의 이익을 추구해야 한다는 점에서 이견이 존재하지 않는다. 때문에 공공성과 공익성은 방송의 기술적·산업적 환경변화, 그리고 다매체·다채널 시대의 도래에도 불구하고, 여전히 당위적이고 중요한 봉사원칙 혹은 적극적으로 추구해야 할 이념으로 여겨지고 있다.[35] 이

---

34) 특히 전파의 공공성은 전파가 국가의 소유이므로 전파의 사용은 규제 및 통제의 대상이 된다는 근거를 제공한다. 전파의 공공성 개념은 미국의 경우 1927년 라디오법에서 채택된 이후 오늘날 통신법에 이르기까지 그 이면에 전제되어 있는 개념이라고 할 수 있다.

35) 방송규제의 근거로 사용되는 전파의 공공성에 대해 다음과 같은 비판도 제기된 바 있다. 첫째, 소유와 내용규제의 관계에 있어서 논리적 필연성이 반드시 존재하는 것은 아니라는 것이다. 예컨대, 공원을 정부가 소유하고 있다고 해서 정부가 공원에서 연설하는 사람의 내용에 대해 강제할 수 없다. 따라서 전파에 대한 정부의 소유는 혼선이 발생하지 않도록 하는 것 이상의 규제를 정당화할 수 없다는 주장이다. 둘째, 공공재의 논리는 부당하게 확대 적용될 수 있다는 것이다. 역사적으로 볼 때 전파에 대한 정부의 소유는 입법적 결정의 산물이다. 예컨대 정부가 하늘을 공공재로 규정하게 될 경우, 공공재 논리에 따르면 공중을 이용하는 일반적인 표현도 규제의 대상이 된다. 이것은 매우 불합리한 결과를 낳는다. 그러나 공공재로서 전파개념은 주파수 희소성과 함께 거의 모든 나라에서 방송규제의 근거로 활용되어 왔다(Krattenmaker, T. G. & L. A. Powe Jr, 1994).

같은 맥락에서 텔레비전 프로그램을 포함한 정보의 국제유통과 관련하여 자국의 국가적, 문화적 정체성 보호는 정부의 내용규제를 정당화하는 근거가 되어 왔다.

그러나 글로벌 미디어기업의 성장과 세계적인 탈규제 흐름은 자국산업과 자국문화 보호의 필요성과 불가피하게 상충될 수밖에 없다. 더욱이 오늘날 각국의 규제완화 추세와 글로벌 미디어기업의 활동이 전 세계로 확산되고 있다. 많은 연구자들은 이처럼 방송을 비롯한 커뮤니케이션 영역의 확장을 이른바 세계화로 요약한다(송경희, 2003).36) 1990년대 중반부터 형성되기 시작한 세계화의 흐름은 글로벌 미디어그룹을 중심으로 한 새로운 정보질서37)를 유도하고 있다.

---

36) 커뮤니케이션의 세계화는 다양한 의미로 해석될 수 있으나, 일반적으로 글로벌 미디어기업의 활동이 활발해지면서 미디어상품의 국제적인 유통이 일반화되는 현상을 지칭한다. 세계화에 따른 텔레비전 프로그램의 국제유통 방식은 공급자와 소비자의 행위가 발생하는 지리적 위치에 따라 세 가지 유형으로 분류될 수 있다(신홍균, 1996; 안민호, 1998, 87 - 88쪽). 첫째, 국경 밖에 존재하는 공급사가 국경 내의 소비자에게 직접적으로 서비스를 제공하는 경우이다. 외국의 위성방송 채널을 자국에서 수신하는 경우가 여기에 해당된다고 볼 수 있다. 이때 외국 위성방송사업자는 국경 내의 종합유선방송사업자, 위성방송사업자 등에게 서비스제공에 따른 전송료를 요구하거나 직접 유료가입자를 확보하려고 나서는 형태가 나타날 수 있다. 둘째, 국경 밖의 공급사가 소비가 이루어지는 국가에 파견한 자연인을 통해 서비스를 제공하는 방식이다. 즉 외국 방송사업자가 외국에 지사를 설립하여 직접 유료가입자를 확보하여 서비스를 제공하는 형태이다. 셋째, 국경 밖의 공급사가 직접 자본을 투자하여 서비스를 제공하는 것이다. 예를 들어, 국경 밖의 공급자가 국경 안의 프로그램 제작사에 자본참여를 하여 자사의 프로그램을 직접 편성, 제공하는 형태를 들 수 있다.

37) 커뮤니케이션 연구 분야에서 정보란 어떤 상황과 관련하여 불확실성을 줄여주는 내용 또는 어떤 상황에서 그 상황에 있을 법한 결과를 예측

특히 디지털 기술의 발전으로 매체와 채널이 증가하고, 나아가 방송과 통신의 융합이 이루어지고 있는 상황에서, 오늘날 미디어 기업들은 글로벌 전략하에 경영활동을 벌이는 글로벌 미디어기업으로 도약을 추진하고 있다.[38]

---

하는 데 이용 가능한 선택이나 대안들의 수라고 개념규정이 되어 왔다. 이는 정보를 입수한 결과 정보입수자가 당면하고 있는 특정 상황의 제반 불확실성을 줄여주는 데 도움이 되는 것이라고 할 수 있다. 한편 매클럽(Macchlup)은 정보입수의 활동결과로서 대상은 무엇이든 상관없이 어떤 대상에 대한 유의적인 평가, 인지, 인식 또는 의식을 변화시키거나 재확인하게 된다고 보고, 정보활동에는 지식의 창조, 지식의 저장 그리고 지식의 전달이 포함된다고 지적했다(방정배 편, 1997, 460쪽).

38) 이처럼 세계정보질서의 주체로서 글로벌 미디어기업이 성장할 수 있던 배경에는 다음과 같은 요인이 작용한 것으로 거론되고 있다. 첫째, 글로벌 미디어기업은 해외시장 진입이 용이하다는 점이다. 글로벌 미디어기업은 전 세계 수용자에게 공통으로 소구될 수 있는 프로그램과 콘텐츠를 개발하는 데 집중하고 있다. 또한 글로벌 미디어 기업은 세계 곳곳에 계열회사를 설립하여 해외투자를 확대함으로써 새로운 해외시장 진입에 유리한 환경을 조성하는데 역점을 두고 있다. 둘째, 거대한 자본력이다. 글로벌 미디어기업은 충분한 재정능력을 바탕으로 다양한 매체를 동시에 소유하는 교차소유(cross-owership)와 사업다각화로 자본확대를 더욱 강화하고 있다(홍호표, 2001, 28쪽). 이들 글로벌 미디어기업들은 북미, 서유럽, 일본 등에 본부를 두고 제3세계 국가를 시장으로 삼아 상품과 서비스를 판매한다. 때문에 이들은 정보의 생산과 유통, 커뮤니케이션 시스템 측면에서 중요한 위상을 차지한다. 셋째, 규제의 측면에서 커뮤니케이션 현상의 특징은 탈규제(deregulation) 흐름이다. 특히 디지털기술의 급격한 발전으로 매체와 채널이 증가하면서 방송에 대한 규제근거로 작용해 왔던 전파의 희소성, 공익성의 논리가 점차 설득력을 잃어가고 있다. 때문에 세계 각 국은 규제완화를 통해 산업발전을 도모하고 있다. 예를 들어 미국은 1996년 통신법을 통해 방송과 통신간의 진입규제를 철폐함으로써 시장경쟁을 통해 소비자가 저렴한 가격에 통신서비스를 이용하는 동시에 방송과 통신이 융합된 서비스의 발전을 도모하고 있다.

이 같은 상황에서 중국은 자국이 지향하는 이념 그리고 자국의 산업과 문화 정체성 보호를 위하여, 자국에 적합한 규제모델과 제도적 규제장치를 마련하고 있다. 그리고 이 같은 국가적 차원의 이념과 제도적 규제장치는 궁극적으로 텔레비전 프로그램 국제유통을 제한하는 요인으로 작용하고 있다고 할 수 있다.

② 텔레비전 산업규제 유형

텔레비전 프로그램에 대한 중국공산당의 정치적 통제 목적에서 비롯된 개인 또는 독립제작사의 설립에 대한 제한조치는 텔레비전이 국가의 운영구조 내에서 발전되는 결과를 가져왔다. 이들 텔레비전 방송사업자들은 서로 다른 행정수준에 있고, 재정이 넉넉하며, 우수한 제작 장비를 갖추었더라도, 시장 중심적인 제작 및 유통시스템이 결여된 상황에서 질이 낮은 제작물을 양산할 뿐이었다.

또한 광전총국은 CCTV 프라임타임 그리고 성 수준의 방송국에서 '주류의 목소리'가 방송되도록 보장하기 위한 다양한 조치를 채택하였는데, 이것은 텔레비전 콘텐츠가 중앙선전부의 이데올로기적 가이드라인을 지키도록 하는 것이었다. 이는 명백한 '내용규제'로 보일 수 있다. 이러한 텔레비전 프로그램들이 대중들에게 환영을 받을 가능성은 희박하다. 사회적 변화와 경제발전은 현대성이 반영된 고품질의 텔레비전 프로그램에 대한 욕구를 창출했다.

1980년대 이후, 비록 텔레비전 프로그램 제작에 대한 자금지원이 일반기업, 심지어 홍콩기업 등의 비정부기관으로부터 제공되었음에도 불구하고, 텔레비전산업의 가치사슬은 광전총국의 행정구조에 종속되었다. 텔레비전 프로그램에 대한 유통과 방송에 관한 권한은 그것이 제작된 텔레비전 채널에 부여되었다. 다시 말해 텔레비전 방송국의 제작팀은 독립 또는 '외주' 제작사에게 초기 방송권(intial broadcast rights)을 제공해야 한다는 것이다. 이러한 제작과 유통을 통합하는, 그리고 종종 독립제작사에 대해 방송국 그리고 해당 방송국의 제작팀에게 부여하는 직접적인 특권은 제작 영역에서 혁신과 창의성을 저해하는 것으로 간주되었다.

1998년에 광전총국은 제작과 유통의 분리를 시작하였다. 이 같은 계획하에 제작자원은 시장으로 나오게 되며, 텔레비전 방송국은 오직 프로그램과 유통에만 초점을 맞추게 되었다. 이 같은 분리 정책은 일반적으로 뉴스장르에는 해당되지 않는다. 국영방송 CCTV는 1999년 4월부터 위성으로 전송되는 CCTV-5(스포츠), CCTV-8(영화)을 분리시켰으며, "제작자 시스템"은 보편적인 모델이 되었다. 이들 두 채널 프로그램의 대부분은 독립 제작자들에 의해 만들어졌으며, 많은 새로운 프로그램이 인기를 누렸다. 다른 텔레비전 방송국도 재빨리 CCTV의 성공으로부터 교훈을 얻었다. BTV(Beijing Television Station)은 외부에서 프로그램을 구입하기 시작하였으며, 반면 방송편성은 시청률에 따라 조정되었다. 독립제작, 특히 텔레비전 드라마에서 독립제작은 지난 몇 년 동안 엄청난 속도로 발전하였다.

그러나 텔레비전 프로그램 제작은 여전히 정부의 광범위한 통제에 놓여 있다. 가장 큰 문제는 이들 독립제작사들이 규제기구와 방송사업자 간의 독특한 관계가 면허, 편성, 광고주를 보장하는 핵심적인 요소로 작동하는 상황에서 사업을 발전시켜야 한다는 것이다. 많은 경우, 독립제작 기업들은 사실상 직접 혹은 간접적으로 국가와 관련을 맺고 있다.

## 가. 외국 드라마 방송시간 규제

중국에서 미디어정책은 공익(public interest) 또는 공공선(public good)의 개념에 의해 틀 지워진다. 또한 중국의 미디어 정책은 국민들의 윤리적, 지적 수준을 높여 궁극적으로 중국인에게 도움을 주는 데 목표를 두고 있다. 따라서 정부는 비록 정치적, 경제적 이해관계에서 비롯된 것이긴 하지만 국가문화(national culture)를 보전하는 데 초점을 맞추어 이 같은 논쟁에 능동적으로 참여해 왔다. 이 같은 생각은 중국에서 공식적으로 인정된 문화를 촉진시키는 것과 별개로, 수입된 드라마의 양을 감소시키는 것과 관련된다.

1990년 광전총국은 외국 드라마가 모든 채널에 할당된 전체 드라마 방송시간의 20%를 넘지 못하도록 규제하기 시작했다. 또한 프라임타임(18:00~22:00)에는 수입 드라마가 전체 드라마 방송시간의 15%를 넘지 못하도록 하였다. 2000년에 광전총국은 규제를 더욱 강화하였다. 1월부터 6월 사이에, 하나의 부처규정과 4개의 관련 문서가 배포되었다. 여기에는 국민의 절반이 텔레비전을 시청하고 있는 오후 7시부터 9시 30분까지는 수입 드라마 방송을 배제시키는 내용이 포함되어 있다(Zhang, 2001).

이 같은 변화에는 두 가지 요인이 영향을 미쳤다. 첫째, 보다 폭넓은 관점에서 중국의 WTO 가입과 맞물려 1999년 이후 방송부문에 대한 개혁의 일환이었다. 둘째, 국내 드라마의 공급을 증가시킴으로써 수입 콘텐츠를 감소시킨다는 것이다. 중국 정부의 발표에 따르면 1980년부터 1989년까지 중국의 국내 드라마 생산량이 연간 약 52배나 증가했다고 한다(Lu, 2002).

이 같은 정책은 특히 대만, 한국, 일본 등에서 수입되는 프로그램에 상당한 영향을 미쳤다. 왜냐하면 이들 국가의 프로그램은 문화적 친밀성으로 인해, 미국 프로그램보다 더 많은 인기를 누려왔기 때문이다(Jian Qian, 2003). 이들 국가의 프로그램은 프라임타임 시간대를 차지했던 반면, 미국 프로그램은 심야 또는 이른 아침에 방송시간을 메우는 데 사용되어 왔다. 또한 이들 드라마는 프라임타임 시간대나 3개 지역 이상을 대상으로 하는 위성방송 채널에 방송되지 못했다. 최근에 이 같은 쿼터 정책은 수입 만화에도 확대되었다. 한편 정부는 프로그램 수입원을 다양화하려는 목적으로 전체 수입량에서 특정 국가의 프로그램이 차지하는 비중이 최대 25%를 넘지 못하도록 하는 상한선을 설정하려 하고 있다.

나. 외국 텔레비전 프로그램 수입 심의제도

텔레비전 프로그램 수입에 대한 중국의 규제가 세계 어느 나라보다 엄격하며, 쿼터제는 방송채널 단위로 준수되고 있다. 그러나 케이블방송국에 대해서는 그렇게 엄격하게 강제되지 않는다. 통상 케이블방송국은 지상파방송국보다 제작능력이 열악하며, 따라서 그들은 가능한 한 많은 외국 프로그램을 수입하려고 한다(Chan, 1994).

중국공산당과 광전총국은 오직 수입되는 프로그램의 내용에 대한 일반적인 가이드라인만 제공할 뿐이다. "기본적으로 프로그램이 반공산주의적이거나 반사회주의적인 것이 아닌 한 대체로 수용된다." (Hong, 1998, p.63). 또 하나의 기본적 원칙은 수입된 프로그램이 음란물이 아니어야 한다는 것이다. 성적 표현은 비록 특정한 제약이나 적용 가능한 원칙과 정책이 항상 모호하더라도, 텔레비전 화면에서는 허용되지 않는다. 아이러니한 것은 제한적으로 수입된 프로그램이 중국 수용자들에게 언제나 높은 시청률을 기록하면서 인기를 얻고 있다는 것이다. 이는 부분적으로 엄격한 쿼터제 적용으로 높은 품질의 프로그램만이 수입되었기 때문으로 해석될 수도 있으며, 외국 프로그램이 일반적으로 우수한 품질을 갖고 있기 때문이라는 설명도 가능하다.

한편 중국 정부는 국내외 텔레비전 드라마에 대해 초기부터 심의(censorship)제도를 적용하고 있다(MRFT Decree No.5, 1991; MRFT Decree No.10, 1994). 중국에서 모든 텔레비전 방송국은 자신들의 채널을 임대해 주거나 소유권을 변경하는 것이 금지되어 있다. 이 같은 국가소유 시스템은 정부의 엄격한 심의제도 운영을 가능케 하고 있다(Jian Qian, 2003). 특히 텔레비전 드라마는 시청자들의 일상생활과 문화적 감수성에 직접적인 영향을 미친다는 점에서 중국 정부는 외국 드라마 수입에 대해 특별한 관리를 가하고 있다. 중국은 2002년 3월 22일 廣發編字 215호에 실린 '드라마 관리방법을 조정하는 통지'를 통해 드라마에 대한 특별관리 방식을 발표한 바 있다. 즉 드라마 관리를 강화하기 위해 광전총국(SARFT) 총편집실에 하위 부서인 드라마 관리처를 신설하고, 여기서 드라마 관리를 실행하기로 하였다. 관련 규정에 따라 각 지역, 각 단위는 광전총국에 심사를 받아야 할 국산 드라마, 협동촬영드라마, 수입 드라마(만화영화, 만화드라마 포함)를 제출하고, 이들에 대한 심사는 광전총국은 총편집실에서 일괄적으로 수행된다(강만석, 2002).

한편 2002년 7월 5일에 광전총국은 드라마 심사 작업 강화에 대한 통지문을 배포한 바 있다. 여기서는 각 성급 방송국의 심사기구와 업무 주관부서가 반드시 정치의식과 거시적인 사고방식을 가지고, 정치성, 정책성, 사회지도성, 예술성 등의 각 분야에 있어서 효과적인 관리를 수행함으로써 관중들이 사상성, 예술성, 감상성을 겸비한 우수드라마를 시청할 수 있도록 하는 것을 강조하고 있다.

광전총국은 심의절차를 제도화하기 위하여 SARFT Decree No.1(1999)라는 특별 부처규정을 발표하였다. 이것은 텔레비전 드라마에 관한 규정이다. 규정에 따르면 수입된 드라마는 '이데올로기의 활성화, 문화적·예술적 가치의 향상(invigorating ideology, higher cultural and aesthetic values)'을 도모하며, 배급되기 전에 지방 정부와 광전총국에 의해 검토를 받아야 한다고 명시하고 있다. 광전총국에 의해 '텔레비전 드라마 배급 허가(television drama distribution permit)'를 받은 드라마만 방송될 수 있는 것이다. 2001년에 홍콩(3편), 일본(1편), 미국(1편)에서 수입된 5편의 드라마가 심의를 통과하지 못했다(SARFT, 2001).

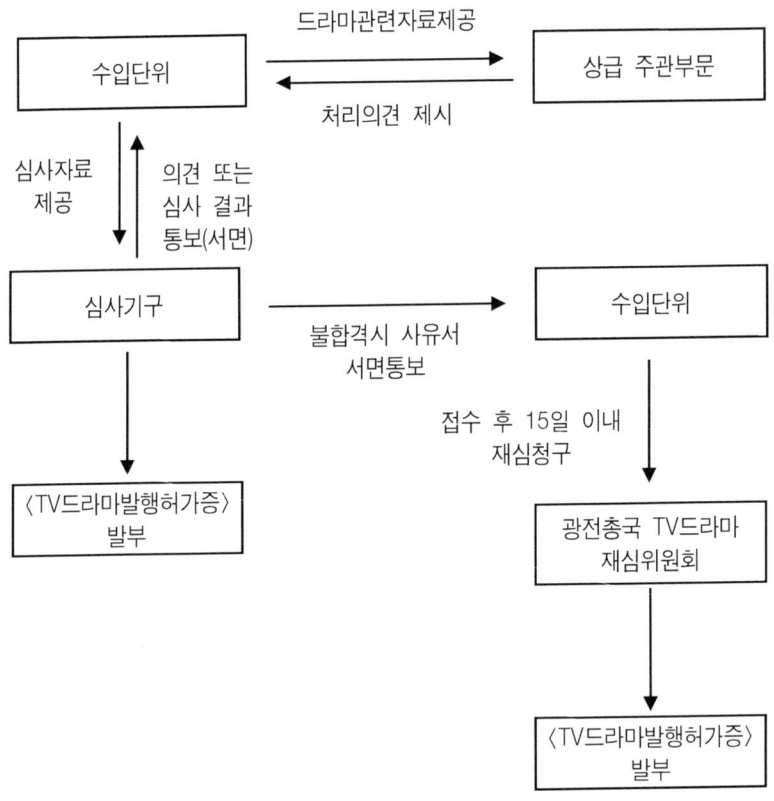

※ 출처: 한국문화콘텐츠진흥원(2003), 〈중국 문화산업〉, 151쪽.

〈그림 5〉 중국 내 수입 드라마 심사절차

한편, 외국 텔레비전 프로그램을 도입하는 단위는 광전총국이 지정한다. 합작 촬영한 프로그램의 도입과 방영은 도입단위가 성급 라디오·TV행정부문에 보고하여 심사를 거친 다음 광전총국에 보고하여 심사비준을 거쳐야 한다. 광전총국 사회관리사(社會管理司)는 해외 프로그램의 도입, 심사, 교류에 대한 관리기구로, 매년 초에 각 지역의 계획에 근거하여 전국적으로 해외 프로그램의 도입수량에 대한 분배와 계획을 수립한다. 각 방송국은 하루 방영시간 중 해외 프로그램의 방영은 전체의 25%를 초과할 수 없으며, 그중에서 프라임타임(18:00~22:00) 시간대에는 15%를 초과할 수 없다. 나아가 지난 2004년 7월부터는 외국 텔레비전 드라마의 프라임타임 시간대 방영 자체가 금지되었다(Jian Qian, 2003).

텔레비전 프로그램이 중국에 수입되기 위해서는 다음과 같은 기준을 위반할 경우 방송이 금지된다. 첫째, 광전총국의 심사비준을 거치지 않은 해외 프로그램, 둘째 대륙 방영권이 없는 합작촬영 프로그램, 셋째 방송국 방영권을 취득하지 않은 프로그램, 넷째 참고자료용으로 한정되어 있는 해외 프로그램, 다섯째 중국 헌법 및 법률에 위반되는 해외 프로그램 등이다.

한편 외국 텔레비전 프로그램을 도입할 때 구비해야 하는 서류에는 다음과 같다. 첫째, 내용이 완전한 비디오테이프, 둘째 현지 성급의 프로그램 심사기구의 상세한 1차 심사의견, 셋째 판권 증명서와 수권서 사본, 넷째 판권 무역계약 혹은 협의서, 다섯째 상세한 대본 소개 등이다.

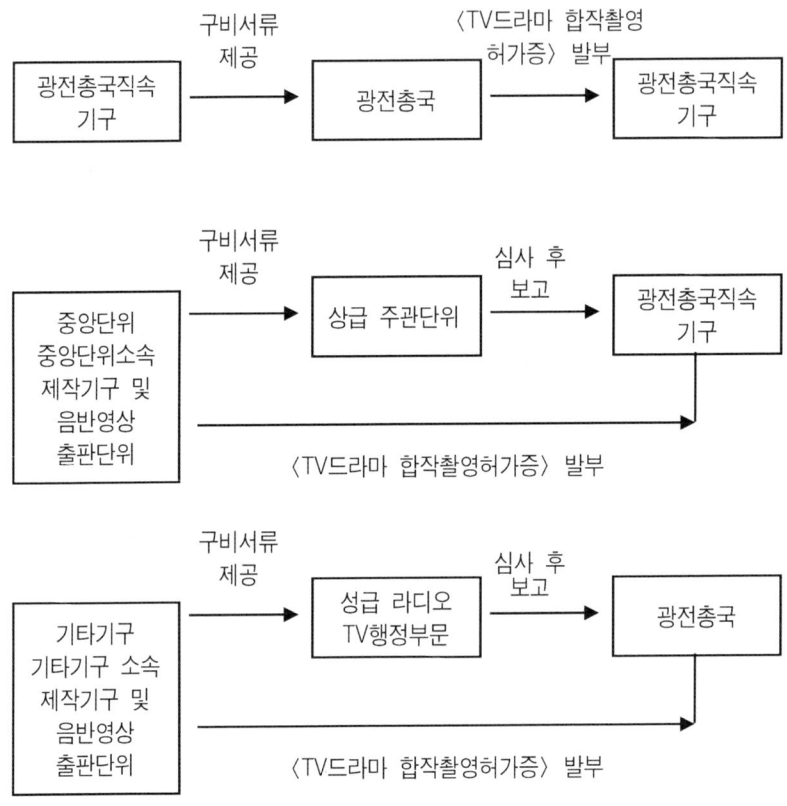

〈그림 6〉 텔레비전 드라마 합작촬영 절차

또한, 중국에서의 공동제작의 경우 먼저 공동제작이 이루어지기 위한 조건을 살펴보면, 첫째 중외 쌍방이 공동투자(인민폐 직접투자, 노무, 실물, 광고시간 등 포함), 둘째 극본은 쌍방이 공동 확정, 셋째, 창작인원과 기술인원을 공동 파견하여 전체 촬영을 진행(창작인원은 대본작가, 감독, 배우를 포함), 넷째, 이들 중 중국 측 인원이 1/3 을 초과해야 한다, 다섯째, 합작 촬영한 프로그램은 쌍방의 공동소유 등이다.

공동제작을 위한 구비서류에는, 첫째 신청서, 둘째 중국어 대본 혹은 매회 1,500자 이상의 극중 줄거리, 셋째 제작자, 감독, 편집자의 이력 및 배우 명단, 넷째 합작의향서, 다섯째 텔레비전 드라마 제작허가증 사본, 여섯째, 해외 측 법인등기 증명(투자자 이력 제공), 자산신용증명, 필요시 제3자의 담보서 제공 등이다. 촬영협조 구비서류로는, 첫째 신청서, 둘째 매회 1,000자 이상의 줄거리, 셋째 극본에 언급되어 있는 중국 관련 내용 및 장소의 각본, 넷째 대본 작가, 감독, 배우 명단, 다섯째 국내 촬영지점 및 촬영계획, 여섯째 합작의향서, 일곱째 필요시 해외 측의 자산신용증명 등을 갖추어야 한다.

## 다. 프로그램 제작 및 수신 규제

중국은 외국 텔레비전 프로그램(공동제작 포함)을 수입·방송할 때 광전총국의 심사 및 비준을 받아야 한다는 규정이 있다. 방송국 설립의 경우 기본적으로 외국자본투자가 불가능하지만, 프로그램 제작의 경우 조건부 시장진입을 가능케 하고 있다. 외국 제작사와 공동제작을 할 경우 중국 제작사는 반드시 국내 제작물을 60편 제작하고 나서 20편 1부의 중외 공동제작 프로그램을 제작할 수 있도록 한다. 공동 제작하는 텔레비전 극의 매 부 길이는 20여 편 정도이며 매 편의 길이는 45분으로 통제된다. 개별적으로 편수를 늘여야 할 분명한 이유가 있을 경우 30여 편으로 늘릴 수 있다. 그러나 외자독자, 중외합자, 중외합작은 엄격히 제한된다.

　외국 위성서비스에 대한 규제조치들은 주기적으로 1990년대에 이루어졌다. 위성기술이 계속 발전되고 많은 위성수신 장비가 군사기술을 배경으로 공장에서 제조되었다. 많은 공장, 회사, 지역 케이블 TV 시스템, 그리고 개인들도 위성수신기를 소유하고 있다. 1990년에 MRFT, 공공보안부, 국방부는 합동으로 위성수신을 제한하는 규제를 만들었다. 위성수신기를 소유한 사람은 누구나 시급 방송과 텔레비전 사무소에서 허가를 받아야 한다. 1993년과 1994년 국무원, MFRT, 정부는 시골에서 국내 채널을 수신하는 경우를 제외하곤, 공식적으로 위성수신기의 사적 소유를 금지했다. 외국 텔레비전 신호는 SMATV 케이블 네트워크를 통해 이용할 수 있으나 이들 신호는 암호화되어 있어, 셋톱박스를 거쳐야 하며, DTH위성서비스에 대해서도 동일한 제약이 부과되었다(Harrison, 2002).

　현실적인 어려움에도 불구하고 정부는 이러한 규칙을 외국 위성 콘텐츠에도 강제하였다. 1999년 정부는 불법적 외국 텔레비전의 수신을 막기 위한 캠페인을 벌였는데, 여기에는 불법 위성수신기 압수 그리고 케이블시스템을 통해 중계되는 프로그램 신호를 볼 수 있는 셋톱박스가 내장된 디코더 압수 등이 포함되었다. 그러나 특히 동부 및 남부해안 지역에서 내려진 이 같은 일시적인 조치는 규제 프로그램을 받는 데 필요한 장비의 이용 가능성을 통제하는 데 별다른 통제효과를 거두지 못했다.

〈표 1〉 중국의 외국 텔레비전 드라마 규제유형

| 구분 | 규제형태 | 내용 |
|------|----------|------|
| 내용규제 | 사전 심의제 | • 수입한 외국 드라마의 중국 내 유통 허용 여부 사전 심사(이념성, 선정성, 폭력성 등) |
| 편성규제 | 방송량 규제 | • 전체 드라마 방송시간 중에서 외국 드라마 방송량 규제 |
| | 방송시간 규제 | • 외국 드라마의 프라임타임 시간대 편성 금지 |
| 제작규제 | 드라마 제작 허가제 | • 모든 드라마는 제작에 앞서 사전 심의와 허가 필요<br>• 외자독자, 중외합자, 중외합작은 엄격히 제한 |
| 수용자규제 | 위성수신기 소유규제 | • 위성수신기 사적 소유 금지 |

　지금까지 외국 텔레비전 드라마에 대한 중국 정부의 규제유형을 정리하면 다음과 같이 정리될 수 있다. 첫째, 중국 정부는 외국 텔레비전 드라마를 수입하는 과정에서 수입허가 제도를 실시하고 있으며, 이 과정에서 내용규제로서 사전 심의를 실시하고 있다. 사전 심의에서는 수입하는 텔레비전 드라마가 사회주의 이념에 위배되거나, 선정성 또는 폭력성이 허용범위를 넘어서는지에 대해 심의하게 된다.

　한편, 수입허가를 받은 외국 텔레비전 드라마가 방송되기 위해서는 각 방송국에서 편성과정을 거쳐야 한다. 그러나 편성과정에서도 중국정부는 전체 드라마 방송시간 중에서 외국 드라마의 방송량 비율을 규제하거나, 프라임 시간대에는 외국 드라마가 방송되지 못하도록 하는 등의 편성규제를 하고 있다. 이 밖에 외국 사업자와 드라마를 공동 제작할 경우 정부의 허가를 받도록 하고 있으며, 수용자에 대해서는 외국 위성방송 프로그램 수신을 제한하기 위한 수신기 소유를 제한하고 있다.

## 2. 중국 텔레비전 프로그램 유통시장의 특성

텔레비전 프로그램의 국제유통은 그것을 가능케 하는 개별 국가의 기술적 토대의 확충이 전제되어야 한다. 예를 들어 각국의 방송수상기 보급 확대는 텔레비전의 세계화에 강력한 추진력을 제공한다. 1970년대 후반 위성방송의 등장은 자국 외부로부터 전송되는 텔레비전 전파를 효과적으로 방지하지 못하게 만들어, 결과적으로 방송영역에서 개별 국가의 주권이 위협받는 수준에 이르는 상황을 야기하기도 했다. 한편 기술발전과 더불어 텔레비전의 글로벌화를 직접적이고 지속적으로 추동하는 힘은 경제적 요인이다. 새로운 프로그램을 제작하여 방송을 하는 데 소요되는 비용은 막대하다. 때문에 양질의 텔레비전 프로그램을 대량으로 생산할 수 있는 국가는 많지 않다. 결과적으로 텔레비전 기술의 발전과 텔레비전 산업규모는 프로그램의 국제유통이 이루어질 수 있는 토대를 제공한다고 할 수 있다. 이 같은 맥락에서 1990년대 후반 한국 텔레비전 프로그램의 중국 내 유통증가는 기술적 차원에서 중국정부 주도하에 방송시설 기반이 확대되었음에도 불구하고 텔레비전 프로그램을 자체적으로 제작할 수 있는 능력이 미비했다는 점, 그리고 경제적 차원에서 시청자의 소득향상과 광고시장 확대 등에 따라 양질의 텔레비전 프로그램 수요가 증가했음에도 불구하고 적절한 문화적 뒷받침이 부족했다는 점에서 찾을 수 있다.

## 1) 정부주도하의 방송시설 확충

중국은 러시아, 캐나다에 이어 3번째로 큰 국토면적을 갖고 있다. 그러나 국토의 약 70%가 산이나 사막으로 이루어져 있어 그것의 활용도는 높지 못했다. 또한 중국은 사회주의 국가로서 정치적 통합의 필요성이 강력히 요청되었다. 때문에 중국정부는 보다 많은 사람들이 텔레비전 프로그램을 시청할 수 있도록 하기 위한 방송시설 확충에 수년 간 막대한 재원을 투자하였다. 그 결과 2002년 기준으로 4세 이상 11억 7,800만 명의 텔레비전 시청자를 확보하고 있는 것으로 알려져 있다(강만석·강익희·송종길, 2003).

중국 방송 산업의 가장 큰 특징은 정치권력의 강력한 통제하에 놓여 있다는 점이다. 1978년 덩샤오핑의 개혁·개방 정책에 따라 점차 시장원리가 도입되고 있지만, 그럼에도 불구하고 방송 산업은 중국정부의 강력한 통제하에 양적 성장을 거듭해 왔다. 1923년 처음 시작된 라디오방송[39]은 1949년 1월 국민당 정부가 타이완으로 철수

---

39) 중국 최초의 라디오방송국은 1923년 1월 미국 신문기자 오스본(E. G. Osborn)에 의해 설립된 중국라디오공사(Radio Corporation of China)로, 뉴스와 음악을 중심으로 방송했다(Yu Huang, Xu Yu, 1997). 이 방송국은 비록 북양군벌(Northern Warlords' government)에 의해 폐쇄되었지만 이후 미국인·영국인·프랑스인·이탈리아인 등에 의해 동부 해안 지역을 중심으로 라디오방송국이 계속 설립되었다.

하고, 1949년 10월 1일 마오쩌둥(毛澤東)이 중화인민공화국을 수립한 이후에도 방송의 국가통합 기능을 고려한 중국정부에 의해 지속적으로 통제되었다.[40]

한편 1958년 베이징텔레비전방송(北京電視台)[41]의 개국으로 시작된 텔레비전 방송은 대약진운동[42]과 문화대혁명[43] 기간 동안 정치적

---

40) 마오쩌둥 정부는 중국대륙의 통일에 따라 방송관장기구를 확대개편하고, 민영상태로 있던 지방 33개 방송국의 국영화 작업을 추진했다. 이로써 1956 중국 중앙방송의 총 수신능력은 1,935킬로와트로 1952년에 비해 5.66배의 성장세를 보였고, 전국의 유선방송국 수는 1,458개로, 1952년에 비해 3.4배 증가한 것으로 나타났다. 또한 문화대혁명을 겪으면서 중국 방송은 급격한 성장을 맞게 된다. 1957년 중국공산당중앙위원회는 라디오방송에서 중앙과 지방의 동시발전이라는 당의 입장을 밝히고 방송에 대한 통제 강화와 방송내용에 대한 당의 엄격한 지도를 받도록 했다. 이로써 지방방송이 급격한 확장을 겪게 되어 중소도시, 광산지구, 소수민족 자치구 등에도 30여 개 방송기관이 신설되는 등 1960년을 기준으로 전국에 135개 방송기관이 신설되었고, 송신출력이 3,797킬로와트에 이른 것으로 제시되었다(심재주, 1998).

41) 베이징텔레비전방송은 1968년 중앙텔레비전방송(中央電視台, Central China Television)으로 명칭을 변경했다.

42) 대약진운동은 1958~1960년 초까지 중국 공산주의자들이 추진한 군중운동이다. 대약진운동은 군중을 대규모 농촌인민공사(農村人民公社)로 조직하여, 기계보다는 인력에 의존하는 노동집약적인 산업화 방법을 개발하고, 순차적으로 중기계를 도입하여 완만하지만 전형적인 산업화를 추진하는 것을 목표로 했다. 대약진운동은 농업생산량 증가와 강철생산량 증가에 중점을 두고, 모든 마을에 소형 용광로를 개발하여 새로운 대형공장 건설의 필요성을 대체하려 했다. 그러나 대약진의 과정에서 당 간부들이 소형 용광로에 농기구 등을 녹여 강철을 만드는 일마저 종종 일어나자 불만을 품은 농민들이 수많은 가축들을 도살하는 등의 부작용이 발생하기도 했으며, 연속적인 자연재해로 인한 농업생산량 급감과 국민들의 아사, 소련과의 관계악화에 따른 기술고문의 철수 등으로 상황이 악화되어 결국 실패로 막을 내렸다. 대약진운동의 실패는 공

선전도구로서 기능하는 암흑기를 거쳤다.


**〈표 2〉 중국 텔레비전 산업의 변화**

| 연도 | 내 용 |
|---|---|
| 1978 | '개방정책'을 통해 경제발전이 이루어지기 시작했으나 '사회주의 경제'라는 명분하에 엄격한 정치적 통제를 유지시켰음. |
| 1979 | 중국 텔레비전에서 최초로 광고가 방송되었음 |
| 1980 | 외국 텔레비전 프로그램이 최초로 방송되었음(일본 만화) |
| 1982 | 최초의 미국 프로그램 거래가 성사됨<br>CETV가 중국정부와 긴밀한 관계를 유지할 수 있는 기반을 마련함 |
| 1984 | CBS가 프로그램과 340시간의 광고시간을 상호 교환함 |
| 1986 | AC닐슨이 TV시청자 조사를 수행함 |
| 1989 | 천안문 사태 |
| 1992 | 텔레비전 광고가 97% 성장함<br>중국정부가 최초로 텔레비전 산업구조에 경쟁을 도입함 |

---

산당 내부에서 대중주의와 실용주의로 대별되는 분열을 초래했으며, 대
중주의를 추구하는 마오쩌둥의 문화대혁명으로 이어졌다
(http://www.britannica.co.kr).

43) 문화대혁명은 중국에서 1966년 5월부터 1976년 10월까지 모택동에 의
해 계획, 추진된 대규모적인 상층구조의 이념투쟁 및 권력쟁탈 운동이
다. 문화대혁명은 1956년경부터 사회주의 건설에 있어 대중노선과 공업
우선 전문가 우선노선 간에 뚜렷한 대립이 나타나기 시작하면서 시작
되었다. 1958년에는 대중노선을 중심으로 추진되었으나 그 후 복잡한
경로를 거쳐 1962년 과도기 투쟁이론으로 정식화되기에 이르렀다. 과도
기 투쟁이론이란 사회주의가 자본주의로부터 공산주의에 이르는 과도
기라는 것이다. 또한 과도기에는 계급투쟁이 존속하고 있다는 생각에
따라 1963년부터 농촌의 인민공사에서는 사회주의 교육운동이라는 대
중투쟁이 전개되고, 중공군 내에서는 마오쩌둥 사상 학습운동이, 예술
분야에서는 갖가지 혁신이 때맞춰 일어났다
(http://www.chinainkorea.co.kr).

| 연도 | 내 용 |
|---|---|
| 1993 | 뉴스코퍼레이션 머독 회장이 '위성방송은 전 세계의 전체주의 정권을 위협한다.'고 말함으로써 중국 정부의 반발을 샀으며, 위성수신 안테나 판매금지와 STAR TV의 중국 본토진입금지조치가 취해짐 |
| 1994 | CETV가 중국정부의 승인하에 중국에서 방송을 시작함 |
| 1995 | 중국 정부는 국영방송인 CCTV에 경쟁구조를 확대하는 한편 5개 채널을 신설했음.<br>상해 텔레비전은 상업방송국 OTV 개국 TV광고가 제1의 수입원으로 부각되었음.<br>중국정부가 광고내용을 통제하기 위한 광고법을 제정함.<br>뉴스코퍼레이션은 Tianjin Golden Mainland Development사를 설립하고, 대영박물관에서 처음으로 대규모 중국 문화유물전을 개최함. |
| 1996 | 텔레비전이 전체 광고비에서 1/4에 도달함(400억 위안).<br>중국 지도자 장저민은 '정신의 문명화(spiritual civilization)'를 표방하며 사회발전정책을 공식화함.<br>MTV는 중국 음악 텔레비전에 6시간 동안 프로그램을 공급하는 계약을 체결함 |
| 1997 | X&L China, CVSC-Sofres-Media 등으로 시청자 조사회사가 확대되었음.<br>광고회사 J. W. 톰슨은 광고산업자료의 신뢰성과 정확성에 대한 문제를 제기하고, 산업의 표준화를 요구하였음 |
| 1998 | AC닐슨은 2년 내에 9개 도시를 추가하겠다는 계획을 발표하였음.<br>뉴스코퍼레이션은 Tianjin Golden Mainland Development사의 사업을 광고디자인에 포스트 프로덕션으로 확장하는 동시에 대영박물관에서 두 번째 중국유물전 개최를 후원하였음 |
| 2000 | MTV는 중국의 문화적 민감성을 깨닫고, 약 70%를 로컬뮤직콘텐츠로 변경했음. |
| 2001 | 중국이 WTO가입하였으나 뉴스 미디어 영역에 대한 시장자유와는 이루어지지 않았음.<br>AOL타임워너는 중국시장에서의 로컬화 전략의 일환으로 CETV를 매입했음(2월). |

| 연도 | 내 용 |
|------|------|
| 2001 | AOL타임워너는 미국에 CCTV-9를 전송하는 대신 CETV가 중국남부의 케이블TV 네트워크 일원이 되는 조건에 합의하였음(10월) |
| 2002 | MTV는 중국정부와 로컬콘텐츠 뮤직텔레비전 서비스의 확대를 위한 긴밀한 관계 구축함.<br>뉴스코퍼레이션은 미국에 CCTV 영어프로그램 방송을 조건으로 광동지역에 피닉스 위성텔레비전을 방송하기로 합의함(10월)<br>뉴스코퍼레이션은 후난방송사(Hunan Broadcasting Corp.)와 영화 및 텔레비전 제작협력 관련 협정에 서명함(10월) |

※ 출처: Weber, I.(2003). Localizing the Global-Successful Strategies for selling Television Programmes to China, *The International Journal for Communication Studies*, Vol.65(3), pp.279-280.


그러나 1976년 마오쩌둥의 사망과 실용주의 노선의 부각에 힘입어 재도약의 발판이 마련되었고, 나아가 1978년 덩샤오핑의 집권과 더불어 중국정부의 개혁·개방정책이 선언되면서 중국정부의 엄격한 통제하에 급격한 성장을 이루게 되었다.

특히 중국에서 지상파방송은 정부투자의 공익사업이므로, 인민의 소비수준에 영향을 받는 것이 아니라 국가 재정상황에 의해 좌우되었다. 중국 정부는 방송망을 구축하는 데 많은 경비를 지출하였다. 이로써 1980년대 초반까지만 하더라도 북경, 상해 등 대도시의 경우 2~3개의 채널이, 그 외의 지역에서는 1개 정도의 채널이 운영되었다(Jian Qian, 2003).

한편 1983년은 중국 방송체계에 급격한 변화가 일어난 해였다. 1983년 이전까지 중국의 방송국 건설은 중앙과 성을 중심으로 이루어져 왔다. 따라서 라디오방송은 중앙, 성(직할시 포함), 시, 현 등의

4급 행정구에서, 텔레비전 방송은 중앙과 성(직할시) 등 두 개의 행정구에서만 할 수 있었다. 그리고 각급 행정구의 방송국은 전송시설의 미비로 인해 방송범위도 해당 방송국이 위치한 행정구역에만 제한되었다. 이에 중국정부는 1983년 제11차 방송실무회의에서 방송사업의 건설방침에 대한 조정과 개혁을 결정했다. 즉 과거 중앙과 성을 중심으로 이루어진 방송체계를 4급 행정체계로 확대했다. 4급 행정체계(중앙, 성(직할시), 시, 현)가 방송을 공동으로 추진하는 목적은 지방정부와 사회 각 단체의 힘을 통해 중국의 방송사업을 보다 적극적이고 효율적으로 건설하는 데 있었으며, 그 배경에는 정치적 목적이 크게 작용했다. 즉 중국은 국토가 매우 넓고 지형이 복잡하기 때문에 텔레비전 방송의 난시청이 매우 심각했다. 그러나 이러한 문제를 해결하기에는 중앙정부의 재정이 부족하기 때문에 지방재력을 흡수하여 방송망을 건설하는 것이 유효하다고 판단한 것이다.

〈표 3〉 중국 지상파 텔레비전 방송국 수의 변화

| 연도 | 1979 | 1980 | 1981 | 1982 | 1983 | 1984 | 1985 | 1986 |
|------|------|------|------|------|------|------|------|------|
| 방송국 수 | 38 | 38 | 42 | 47 | 52 | 93 | 172 | 292 |
| 보급률(%) | – | – | – | – | – | – | 56 | – |
| 연도 | 1987 | 1988 | 1989 | 1990 | 1991 | 1992 | 1993 | 1994 |
| 방송국 수 | 492 | 469 | 506 | 543 | 676 | 684 | 766 | 837 |
| 보급률(%) | – | 75.4 | – | 79.4 | 80.5 | 81.5 | 82.3 | 83.4 |
| 연도 | 1995 | 1996 | 1997 | 1998 | 1999 | 2000 | – | – |
| 방송국 수 | 837 | 880 | 923 | 347 | 352 | 354 | – | – |
| 보급률(%) | 84.5 | 86.2 | 87.6 | 89.01 | 91.56 | 93.65 | – | – |

※ 출처: Jian Qian(2003), *The Global Business of Television: A Case of China*, Pennsylvania State University, p.118.

이 같은 방침에 따라 중앙과 성 이외에도 텔레비전 방송국을 신설할 수 있는 조건을 구비하면 시, 현도 방송국을 설립할 수 있었다.[44] 이들 지방 방송국의 주요 임무는 중앙과 성의 방송 프로그램을 중계하는 것이며, 자체 프로그램을 제작할 수 있고, 인근 시와 현의 방송국에게 공급할 수도 있다. 만약 프로그램의 질이 우수하면 중앙급 방송국에 선정되어 전국적으로 방송될 수도 있었다(주봉의, 1994).

이로써 1980년대 중반부터 중국의 방송국 수는 급격히 증가했다. 1985년 중국에는 172개의 지상파 텔레비전 방송국이 존재했으며, 시청자는 약 6억 명으로 전체 인구의 약 56%를 차지하였다. 게다가 방송 산업이 외국자본에 완전 개방되는 것을 꺼려한 중국정부는, 지역정부로 하여금 지상파 텔레비전 방송국 구축에 적극적으로 투자하도록 유도하였다. 예를 들어 중국의 지상파텔레비전 방송국 수의 변화추이를 살펴보면, 1979년부터 1984년까지는 완만한 증가추세를 보였다. 그러나 1985년부터 방송국 수가 급격히 증가하여 1997년에는 무려 923개에 이르렀던 것으로 나타났다. 더욱이 1997년 당시 케이블TV 방송국 약 1,300개, 교육방송국 약 1,000개를 포함할 경우 중

---

44) 중국 정부의 이 같은 방송정책에 따라 중앙, 지역, 자치구 등에는 텔레비전 방송을 위한 인프라가 확충되었으며, 방송국의 관리는 1983년 제11차 전국방송산업회의에서 선언되었던 4급 행정체제가 적극 추진되었다. 그 결과 1991년 중국에는 총 676개의 방송국(국영방송 1개, 성급 방송국 30개, 시급 방송국 295개, 현급 방송국 350개)이 설립됨으로써 양적으로 급격히 팽창하게 되었으며, 전체 인구의 약 80%가 텔레비전 방송에 대한 접근이 가능해졌고, 일일 시청자도 약 9억 명에 이르는 것으로 파악되었다(Chan, 1993).

국에서는 약 3,270개의 방송국이 운영되었던 것으로 나타나고 있다 (Jian Qian, 2003).[45]

한편, 중국정부는 라디오방송과 텔레비전 방송 이외에 뉴미디어 분야에 대해서도 정부주도하에 산업발전을 추구해 왔다. 케이블TV 의 경우 1964년 중앙라디오방송사업국(中央播事業局) TV서비스부 (電視服務部)에서 공용안테나 TV실험시스템을 설계·구축함으로써 그 서막을 열었으며, 이후 1980년대 들어 급격히 발전하기 시작했 다. 이에 중국정부는 1990년 11월 2일 '케이블TV 관리 잠정방안'을 발표하고, 1994년 2월 3일에는 '케이블TV 관리규정'[46]을 발표하였 다. 이로써 케이블TV는 제도적 틀에서 급격한 성장을 겪게 되었다

---

45) 그러나 방송국의 수가 지나치게 증가함에 따라, 방송국 간의 방송권역 중복 및 예산낭비 등 방송 산업 정책에서 4급 행정체계에 대한 비판의 목소리가 점차 높아졌다. 이에 따라 중국정부는 1998년부터 방송국 간 합병을 추진함으로써 그 숫자가 다소 감소하기도 했다.

46) 중국 케이블TV 관리규정은 '케이블TV에 대한 관리를 강화하고 사회주 의 물질문명과 정신문명 건설을 추진하기 위한 것'으로, 사실상 이념적 인 부분의 거의 모든 내용을 담고 있다. 케이블TV 관리규정에 따르면 중국의 케이블TV방송국은 정부나 기관, 부대, 단체, 기업·사업체 등에 서 설립하며, 개인·외국기구·외국기구와 개인의 합자 및 공동출자 등 으로 케이블TV방송국이나 망을 운영하지 못한다. 채널운영은 반드시 전용채널을 통해 CCTV, 성급 TV방송국과 현지 TV방송국의 프로그램 및 국가교육위원회에서 제작한 프로그램만 완전하게 직접 전송해야 한 다고 규정했다. 케이블TV방송국 자체로 제작한 프로그램으로는 자체 제작한 TV프로그램, 구입 또는 교환을 통한 영화·TV 드라마와 녹화 제품, 구입 또는 교환을 통한 기타 특집 프로, 문예 프로그램 등이 망 라되며, 모든 프로그램은 정부의 통제를 받는다. 이러한 측면에서 중국 의 케이블TV 법규가 중요시하는 것은 정치적 질서이며, 경제적 질서 혹은 시장 경쟁성 확보는 2차적인 문제라고 할 수 있다(이재민, 2003).

(Zhengrong Hu, 1999). 1995년까지 광전총국(國家廣播電影電視總局)의 허가를 받은 케이블TV 방송국의 수는 1,200여 곳인 것으로 나타났다. 대표적인 예로 1992년 개국한 북경 케이블TV방송국은 1996년 가입자가 180만 가구였으며, 1992년에 개국한 상해 케이블TV방송국은 1997년 가입자 수가 220만 가구로, 상해 전체 가구가 340만 가구인 점을 감안할 때, 약 65%가 가입자인 것으로 파악되고 있다. 케이블TV는 동부 해안 지역을 따라 높은 보급률을 나타내고 있다(한은영, 2004).[47]

위성방송의 경우 1985년 CCTV의 프로그램이 통신위성을 통해 방송되면서 시작했다. 현재 전국의 모든 성급 TV방송국은 위성을 통해 방송되고 있다. 1999년 촌촌통(村村通) 프로젝트[48]가 시행되면서 Sinosat-1 위성을 이용한 라디오 및 텔레비전의 위성 생방송 실험이 이루어졌다. 이것은 방송 프로그램의 신호를 위성을 통해 마을 단위의 CATV-Web 단말기로 전송하는 것으로 방송위성의 마이크로웨이브 중계전송방식에 해당한다. 결국 진정한 의미의 직접위성방송은 아니지만 사용자는 2,000만 가구에 도달하는 것으로 평가된다

---

47) 중국 케이블TV 가입자들은 보통 8~12개 사이의 채널을 수신하고 있다. 여기에는 국영방송사인 CCTV가 운영하는 4개 채널 패키지가 포함되어 있는데, 이 채널 패키지는 1995년부터 전 중국인을 대상으로 전체 케이블 네트워크에서 방송되어 왔다. 중국 내 케이블TV 사업자들은 그들이 제공하는 채널과 함께 CCTV 채널 패키지를 의무적으로 방송하도록 되어 있다. 일반적으로 CCTV 채널 패키지 외에 지역 케이블TV가 방송하는 채널에는 성, 현 단위 지역 프로그램들이 포함되어 있다 (김설화, 2002).

48) 마을마다 방송이 도달하도록 하기 위한 프로젝트를 가리킨다.

(한은영, 2004).

지금까지 살펴본 바와 같이 중국 방송 산업은 정부주도하에 방송시설 확충에 나서 방송매체 및 채널 수가 1980년대 중반 이후 급격히 증가해 왔다. 그러나 중국 방송 산업이 안고 있는 중대한 약점은 매체와 채널의 증가에 비례하여 방송프로그램 제작능력의 확충에는 소홀했다는 것이다.

예를 들어, "2001년의 경우 중국에는 2,194개의 텔레비전 채널이 있다. 이는 각 방송국이 평균 6개의 채널을 보유하고 있다는 것을 의미한다. 각 채널이 하루 12시간 방송을 한다면, 2001년 총 방송시간은 956만 2천 시간이 된다. 그런데 2001년 중국의 텔레비전 프로그램 제작분량은 210만 6천 시간이다. 이 중 158만 시간은 텔레비전 방송국이 자체(in-house) 제작한 것이고, 43만 6천 시간은 프로그램 제작사가 만든 것이다. 2001년 TV 시장조사에 따르면 텔레비전 방송사의 53.3%가 프로그램의 40~50%를 재방송했다. 프로그램 거래와 교환이 없이 자급자족과 프로그램 재방송에만 의존할 경우, 프로그램의 공급과 수요 간에는 커다란 격차가 발생하게 된다. 프로그램 방송 분량(956만 시간)과 제작 분량(202만 시간)을 비교하면, 2001년의 경우만 하더라도 프로그램 공급과 수요가 대단히 불균형적이라는 것이다."(강만석·강익희·송종길, 2003. 62쪽).[49]

---

49) 한편 중국 시청자들의 오락성으로 변화된 프로그램 기호에 중국 자체의 제작 프로그램으로는 양적, 질적인 면에서 부응하지 못하게 되었다. 뿐만 아니라 방송사의 운영도 국가 운영으로부터 벗어나 독자적인 광고 수입으로 수입구조를 전환하게 된 중국 방송사가 경영 위기에 직면하게 되면서 프로그램 수급의 확보 수단으로 한국을 비롯한 외국 프로

## 2) 시장원리 도입과 광고시장 확대

중국은 1978년 개혁과 개방정책을 추진한 이래, 방송 분야에 대해서도 정부의 주도로 지속적인 투자가 이루어져 왔다. 중국정부의 방송에 대한 투자는 주로 지상파방송, 케이블TV, 위성방송 등 전국적인 네트워크를 구축하는 데 집중해 왔다(Jian Qian, 2003). 이로써 1990년대 전체 광고시장 규모가 급격히 팽창했을 뿐만 아니라 그중에서 텔레비전이 차지하는 비중도 확대되어 왔다. 더욱이 1990년대 들어서서 중국에서 방송국 운영은 정부 보조금에 의존하기보다는 광고수입에 의존하는 비중이 높아졌다.

〈표 4〉매체별 광고점유율(1993년 – 1998년)

| 연도 | 총액<br>(10억 위안) | 신문 | 잡지 | TV | 라디오 | 옥외 |
|------|------|------|------|------|------|------|
| 1993 | 8.79 | 43 | 2 | 33 | 4 | 18 |
| 1994 | 12.97 | 39 | 3 | 34 | 4 | 20 |
| 1995 | 16.61 | 39 | 2 | 39 | 4 | 15 |
| 1996 | 20.99 | 37 | 3 | 43 | 4 | 13 |
| 1997 | 30.63 | 36 | 2 | 44 | 4 | 14 |
| 1998 | 34.49 | 37 | 2 | 44 | 4 | 12 |

※ 출처: World Association of Newspapers(1999). World press trends. Paris.

---

그램의 수입을 하게 되었다(문춘영, 2002).

중국에서 최초의 상업 텔레비전은 1979년 1월 28일에 등장했다. 이후 중국 텔레비전에 시장경제 메커니즘이 도입되면서, 스위스의 라도(Rado)시계가 외국광고로는 처음으로 상해 텔레비전을 통해 방송되었다. 당시 이 시계를 구매할 만한 사람이 얼마나 되는지는 명확하지 않다. 그러나 외국기업의 광고는 서구 물질주의와 상업주의가 사회주의 공산당이 지배하는 중국에 진입했다는 의미에서 상징성을 갖고 있다.

〈표 5〉 중국 지상파 텔레비전 방송국 광고비 변화

| 연도 | 1989 | 1992 | 1997 | 1998 | 1999 | 2000 | 2001 | 2002 |
|---|---|---|---|---|---|---|---|---|
| 텔레비전 광고 (단위: 10억 달러) | – | 0.25 | 1.38 | 1.67 | 1.9 | 2.03 | 2.16 | – |
| 전체 광고비 | 0.24 | 1.98 | 5.58 | 6.4 | 7.4 | 8.58 | 9.57 | 9.87 |

※ 출처: Jian Qian(2003), *The Global Business of Television: A Case of China*, Pennsylvania State University, p.121.

이후 텔레비전 방송국에서 광고수입이 차지하는 비중은 급격히 확대되었다. 1987년 CCTV의 광고수입은 2,700백만 위안(약 375만 달러)에 이르렀으며, 이는 정부가 할당하는 교부금의 약 2배에 해당되었다. 1992년 전체 광고수입은 162억 위안(약 20억 달러)이었으며, 이 중 텔레비전 광고수입은 20억 5천 위안으로 전체 광고수입의 30%가 넘는 수준이었다. 1999년에 텔레비전 광고비는 19억 달러로 전체 광고비의 29%를 차지하였다. 중국은 광고에 대해 엄격한 검열과 규제를 유지하고 있으며, 텔레비전 광고시간도 시간당 6분으로 제한되어 있다. 그럼에도 불구하고 중국은 미국의 GDP 대비 광고비가 차지하는 비중과 비교하면 여전히 규모가 작은 편이라고 할 수 있다.

### 3) 정부주도의 미디어그룹화

2001년 중국의 WTO 가입은 방송 산업의 급속한 구조개편을 일으켰다. 중국 방송계의 생존을 위한 체제 개혁 중에서 가장 중요한 내용은 중앙과 성급 방송그룹을 조직하는 것이라고 할 수 있다. 새로운 방송그룹은 방송·텔레비전·영화의 삼위일체와 무선·유선·교육방송국의 연합, 성·지역·현을 관통하며 자원과 인재를 공유하는 것을 주요 골자로 하고 있다(이동환, 2002).

1992년 국무원은 '3차 산업의 촉진과 개발을 위한 결정'이라는 지침을 통해 라디오방송, 텔레비전이 3차 산업 또는 서비스 산업으로 분류했으며, 1999년 국무원은 82호 문건(Proclamation No.82)을 통해 라디오, 텔레비전 그리고 전송망이 "중국 정보산업의 중요한 부분"으로 규정하였다. 2001년 1월에는 중국 선전부부장 회의에서 방송그룹 조직이라는 전략적인 결정안을 통해 주식제 개혁, 다매체 겸영, 탈지역 경영 등의 문제가 제시되었고, 이어 전국 국가방송총국장 회의에서는 방송·텔레비전·영화의 합병방안과 시간표가 제시되었다.

미디어 융합정책의 주요 내용은 라디오, 영화, 텔레비전 사업의 통합(텔레비전 사업에 우선권을 부여), 방송국의 통합(지상파텔레비전, 케이블, 교육방송) 그리고 성·시·현 차원의 텔레비전 인프라를 지방이라는 차원으로 통합하는 것이었다. 미디어 융합을 골자로 하는 새로운 정책은 기존 4급 방송체제의 폐기와, 지역 차원에 미디어 기업의 설치를 의미하는 것이라고 할 수 있다(강만석, 2003). 이에 따라 2000년 12월 27일 호남(湖南)에서 처음으로 광파영시집단의 설립과 동시에 6개 분리원칙이 천명되었다.[50] 광파영시집단은 5～10년 안에 총 자산을 초기 40억 위안에서 100억 위안으로 증가시키고, 드라마 제작도 매년 1천 편, 텔레비전 프로그램 제작 능력도 매년 1만 시간 실현을 목표로 잡고 있다. 2001년 4월 20일에는 3개 방송국, 4개 신문사, 16개 연출기구 등으로 구성된 상해 문화광파영시집단이 성립되었고 총 자산은 100억 위안을 넘고 있다. 2001년 12월 6일에는 중국 최대의 뉴스그룹인 중국광파영시집단이 성립되었다.[51] 중국 광파영시집단은 라디오·텔레비전·영화·네트워크전송·인터넷·출판·영화TV예술·기술개발·광고경영을 총괄하는 종합 미디어그룹

---

50) 6개 분리원칙은 행정과 기업의 분리, 선전과 경영의 점차적인 분리, 제작과 방송의 분리(뉴스광고 제외), 창작제작과 제작생산의 분리, 영업성 국유자산과 비영업성 국유자산의 분리, 유선 네트워크와 방송의 분리를 가리킨다(한국방송공사, 2003, 70쪽).

51) 중국광파영시집단(CRFTG)의 설립배경은 중국정부가 국내 미디어사의 종합 경쟁력을 크게 높여 해외 시장에서 외국 미디어사들과 경쟁할 수 있도록 하기 위한 것이다. 직원 2만여 명의 이 회사는 2007년까지 아시아의 대표적인 미디어사로 발돋움하여, 미국의 AOL 타임워너, 뉴스코퍼레이션, 디즈니 등과 경쟁하는 것을 목표로 하고 있다. 전체 인구 13억 중 11억의 시청자를 보유하고 있는 중국광파영시집단은, 그러나 전반적인 수입 구조가 아직 미국 업체들과 경쟁상대는 되지 못하며, 세계무역기구(WTO) 가입 역시 세계적인 미디어 기업으로 성장하는 데 위협을 주는 장애물이 될 것으로 판단하고 있다(황지연, 2002).

으로, 고정자산이 약 214억 위안에 이르는 대형 방송그룹이다(오현숙, 2002).

중국의 광파영시집단은 사업적 성격을 갖고 있는데, 기업관리를 실시하고 당의 선전업무와 경영업무를 담당하는 집단으로 인정받고 있다.[52] 중국 광파전영시집단의 주요 임무는 당의 주요 이론노선과 정부의 정책방침의 정확한 선전이며, 여론의 방향을 정확하게 파악해 방송예술을 번영시키는 것, 과학기술의 발전과 국가의 정보화 건설을 촉진하는 것, 방송의 제작·전송·방송기술 수준을 높여 국제적 방송경쟁력을 기르는 것이다. 중국공산당의 중앙선전부의 영도 아래 광전총국의 당조직이 대리 관리한다.

---

52) 방송업무를 담당하는 기구는 국가기구, 기업단위, 사업단위, 사회단체, 민간단위로 구분된다. 국가기구는 국가통치 및 사회관리 기능을 가진 국가예산에 의해 운영되는 '광전총국'과 같은 기구를 지칭한다. 기업단위는 영리를 목적으로 하는 단위로, '가화유선', '전광매체', '중시매체', '동방명주' 등의 유한주식회사이다. '사회단체등록관리조례'에 규정된 사회단체는 중국 인민이 자발적으로 조직한 비영리 사회조직으로, 예를 들면 '중국TV방송학회'를 지칭한다. '민간단위등록관리잠정조례'에 규정된 민간단위는 기업사업 단위, 사회단체와 기타 사회조직 및 인민이 국유자산을 이용하지 않고 비영리성을 가진 사회조직을 말한다. '사업단위등록관리잠정조례'에 규정된 사업단위는 국가가 사회공익의 목적을 위해서 국가가 국유자산을 이용해서 만들고 교육·과학·문화·위생 등의 사회복무 조직을 말하는데 주로 '라디오·TV방송국'을 말한다.

〈표 6〉 중국의 대표적인 방송매체그룹

| 명칭 | 설립 시기 | 자산(위엔) |
|---|---|---|
| 중국광파영시집단 | 2001년 12월 | 214억 |
| 호남광파영시집단 | 2000년 12월 | 7억 |
| 상해문화광파영시집단 | 2001년 4월 | 146억 |
| 북경광파영시집단 | 2001년 5월 | 50억 |
| 절강광파영시집단 | 2001년 12월 | 22억 |

※ 출처: 이동환(2003), "중국방송의 구조조정과 개혁" 해외방송정보 2003년 2월호.
http://www.kbs.co.kr/worldmedianews

성급(省級) 방송국들도 WTO 가입으로 외국의 방송국들이 중국시장에 진입하면서 경쟁체제가 확산되자, 이에 대비하여 방송국 간 제휴와 합병, 채널전문화 등의 조치들을 지속적으로 추진하고 있다. 예를 들어, 2001년 7월부터 항주광전국 소속의 항주 텔레비전방송국 11개 채널, 서호명주 채널, 항주 케이블TV 방송국의 종합예술 채널과 텔레비전 영화채널은 정식으로 항주 텔레비전방송국의 4개 채널로 합병하였다.

한편, 중국 32개 성에 흩어져 있는 케이블TV 사업자들은 통합과정을 지속하여 더 넓은 사업 영역을 확보할 것으로 전망되고 있다. 산동을 비롯하여 여러 성급 지역은 이미 지상파 텔레비전과 케이블 네트워크 통합을 완료하였다. 통합에 관련된 국무원의 최종적인 목표는 콘텐츠를 포괄하는 부문과 네트워크를 소유하는 부문으로 케이블 사업을 분리하는 것이다. 이와 동일한 과정이 성급 지상파 네트워크에서도 진행 중에 있으며, 국무원의 최종적인 목표는 케이블 네트워크와 지상파 네트워크를 하나로 통합하고 거대 콘텐츠 사업을 또 다른 하나로 묶는 것이다. 국무원의 통합 명령에 대해 큰 도시 사업자들이 저항하고 있으나, 국무원의 요구는 1,300개 공식 케이블 네트워크에 영향을 미치고 있다.

최근 텔레비전 산업에서 주요한 관심사는 주식시장에 상장을 통해 투자자금을 확보하는 것이다. 중국 정부는 State Council's Document No.82를 통해 라디오와 텔레비전 방송은 주식시장에 상장하지 못하도록 제한하고 있다. 그러나 주요 방송사업자는 합작회사 설립 등을 통해 주식시장 진입방안을 모색하고 있다. 1997년 CCTV는 Wuxi Production Base 주식의 일부를 상해 주식시장에 상장했다. 케이블 TV 운영자인 Oriental Pearl of Shanghai도 상해 주식시장에 상장했으며, Shanghai Pradise는 최초의 문화회사(cultural companies)를 만들어 주식시장에 상장시켰다. 후난 지역의 미디어 복합체인 후난방송사도 주식시장에 광고판매를 위한 회사를 상장시켰다. 이처럼 중국의 텔레비전 산업은 점차 치열한 경쟁상황에 진입하고 있으며, 모든 사업자들은 보다 복잡해진 시장에서 광고비를 획득하기 위해 서로 치열한 경쟁을 벌이고 있다. 아울러 중국 방송 산업의 이 같은 급격한 변화는 양질의 한국 텔레비전 드라마를 확보하기 위한 방송국 간의 경쟁을 촉발시켜, 한국 드라마의 중국 내 유통을 확산시키는 데 기여하고 있다. 특히 한국에서 이미 높은 인기를 얻었던 텔레비전 프로그램의 경우 광고시장에서 보다 높은 광고비를 얻을 수 있기 때문에 이를 선점하기 위한 노력도 강화되고 있다.

# 3. 한국 텔레비전 프로그램의 중국 내 유통과 한류

중국의 지상파 텔레비전, 케이블TV, 위성방송, 디지털화, 미디어기업의 그룹화, 광고시장의 확대 등과 같은 산업적 측면의 변화는 방송시장의 확대와 더불어 외국 텔레비전 프로그램의 유통 가능성을 높이는 계기로 작용하고 있다. 특히 중국 지상파 텔레비전은 1980년대 이후 양적 차원에서 급격히 팽창하고 그에 다른 보급률도 꾸준히 증가하는 것으로 나타났다. 이처럼 방송국 수가 급격히 증가할 수 있었던 것은 모든 미디어가 국가의 소유이기 때문이다. 반면 중국정부는 상대적으로 방송프로그램 제작기반에 대해서는 아직 명확한 체계를 갖추지 못하고 있다(김설화, 2002).

중국에서 방송프로그램의 제작은 주로 각급 방송국에서 이루어진다. 그러나 방송프로그램은 중국정부가 추구하는 이데올로기와 깊이 연관되어 있다. 때문에 중국정부는 사회주의 이데올로기 보호를 위해 각급 방송국의 프로그램 제작을 사전에 규제하고 있다. 이로 인해 중국 방송국의 양적 성장은 이루어졌으나 상대적으로 방송프로그램 제작산업의 발전은 지연될 수밖에 없었다(胡正榮, 2001). 특히 텔레비전 드라마의 경우 1979년 이후 텔레비전 수신기의 보급에 따라 영화관객이 급속히 감소하였고, 그 결과 영화제작의 감소는 방송국의 프로그램 부족이라는 상황을 야기하게 되었다. 이 같은 프로그램 부족은 전국 텔레비전 방송국으로 하여금 드라마 제작에 집중하는 동시에 홍콩 등으로부터 영화와 방송드라마를 수입하여 당면한 어려움을 타개하는 데 노력하였다. 이후 1986년부터 제작허가제를 통해 드라마에 대한 이데올로기적 제한을 강화하였다(허진, 2002). 이처럼 지상파 텔레비전의 경우, 방송국 수의 양적 증가 속도와 방송프로그램 제작 속도의 불일치, 그리고 텔레비전 프로그램에 대한 중국 정부의 이데올로기적 규제로 인하여 수요와 공급 사이에 간극이 발생하였고, 이로 인해 외국 텔레비전 프로그램의 중국 내 유통을 용이하게 하였다.

게다가 1980년대 이후 급속히 보급하기 시작한 케이블TV, 2000년대 들어서면서 본궤도에 진입한 위성방송, 그리고 디지털방송으로의 전환은 방송매체와 채널을 폭발적으로 증가시킬 수 있으며, 이는 결과적으로 프로그램의 수요가 그만큼 증가한다는 것을 의미한다. 특히 방송국 운영방식에서 광고를 도입함으로써 광고시장이 급격히 성장하고 있다. 광고시장의 확대는 중국 방송이 더 이상 중국정부의 주도하에 운영되기보다는 시장경제 원리의 영향을 더욱 많이 영향을 받게 될 것이라는 전망을 가능케 한다(Zang & Harwood, 2004). 중국은 1992년 방송시장에 처음으로 경쟁체제를 도입한 이래 제한적이나마 외국 미디어기업의 진출을 점차 허용하는 방향으로 나아가고 있다. 중국 내 광고시장의 규모도 급격히 성장하였으며, 광고시장 확대에 따른 텔레비전 시청률 조사수요 발생, 그리고 시청자 또는 가입자의 주목을 받기 위한 방송사업자 사이의 경쟁도 더욱 심화될 것으로 전망된다(허진, 2002). 결과적으로 중국 방송 산업의 발전과 시장경쟁 체제의 도입은 궁극적으로 인기 있는 텔레비전 프로그램에 대한 수요를 증가시켜 한국 텔레비전 드라마의 중국 내 유통을 촉진시키는 계기로 작용했다고 볼 수 있다.

## 1) 한류5의 개념

한류(韓流)는 다른 나라의 문화가 매섭게 파고든다는 뜻을 지닌 한류(寒流)와 동음이의(同音異義)어로, 한국의 음악·드라마·패션 등의 대중문화가 중국에 급속히 확산되어 가는 현상을 가리킨다(김 설화, 2002, 16쪽). 한류(韓流)라는 용어는 1999년 중반 중국 언론매 체가 처음 사용하기 시작한 것으로 알려져 있다. 2000년 2월 한국 댄스그룹 H.O.T가 북경공연을 성공리에 마친 후 중국의 한 신문이 "한류가 중국을 강타했다."는 기사로 한류라는 용어를 공식 사용하 면서 비롯되었다. 한국 대중음악에 열광하는 사람들을 하한주(哈韓 族) 또는 한미(韓迷)라고 부르는데, 이 말은 한국인들이 즐겨 사용하 는 마니아의 뜻을 갖고 있다. 또한 한국으로 유입된 한류란 표현은 더 이상 중국과 중화권에서만 한정적으로 사용되는 것이 아니라 타 이완, 홍콩, 싱가포르 등에서도 사용된다. 한류는 현재 대중음악을 넘어 드라마·영화·연극·공연·패션·음식·게임·애니메이션 등 한국문화 전반을 포괄하는 것으로 그 개념의 외연이 확장되었다. 결 국 한류라는 중국어 기원의 용어는 1990년대 후반 중국을 위시하여 대만·홍콩·베트남 등의 주민, 특히 청소년 사이에 번지고 있는 가 요·드라마·패션·관광·영화 등 한국 대중문화를 소비하는 현상이 라는 넓은 의미를 갖게 되었다.

<표 7> 베이징 거주 중국인의 한류에 대한 인식

| 구분 | 한류의 정의 | 핵심단어 |
|------|-----------|---------|
| 10대 | HOT에 열광하고 이들을 모방하는 것 | 모방, 유행, 한국음악 |
| 20대 | 한국문화를 포함한 한국기업과 전통문화가 보급되는 현상 | 한국문화, 정신적인 영향력 |
| 30대 | 중국 10대들에게 영향력을 행사하는 한국의 문화 | 10대의 전유물, 일시적 현상 |

※ 출처: 한국문화콘텐츠진흥원(2004), 『중국내 한류현상에 대한 소비자의 잠재적 니즈 파악 및 향후 접근 전략: 북경 현지 FGI를 통한 소비자 특성파악을 중심으로』 (15쪽). 서울: 한국문화콘텐츠진흥원.

그러나 중국에서 이해되고 있는 한류의 개념은 연령층에 따라 서로 다르게 이해되고 있는 것으로 파악된다. 문화콘텐츠진흥원이 최근 북경 거주 중국인을 대상으로 한류에 대한 인식을 조사한 자료에 따르면, 중국의 10대는 한류가 한국문화에서 파생된 것으로, 특히 한국음악을 듣고 즐기며 한국 가수를 모방하고 열광하는 행위로 인식하고 있었다. 20대의 경우는 한류를 한국의 다양한 문화가 중국에 보급되는 현상으로, 한국음악 중심의 10대에 비해 더욱 포괄적인 범주에서 이해하고 있는 것으로 나타났다. 반면 30대의 경우 한류를 10대에게 영향을 미치는 하나의 유행적 사고나 행동으로 생각하고 있어, 10대나 20대와는 확연한 차이를 보이고 있었다. 30대의 경우 한류가 중국문화 발전을 자극하는 계기가 될 수는 있으나 일시적인 유행에 지나지 않는다고 생각하는 것으로 조사되었다(한국문화콘텐츠진흥원, 2004).

결과적으로 중국에서 한류 개념은 대체로 한국음악 또는 한국문화와 동일한 의미로 사용되고 있으나 연령에 따라 10대, 20대의 경우 외국문화 가운데 하나로써 중국의 경제와 문화발전에 촉매제 역할을 수행하는 것으로 인식되는 반면 30대의 경우 10대에게 집중된, 자신들과는 무관한 일시적 현상이라고 받아들여지고 있다.

### 2) 한류와 한국 텔레비전 드라마 유통

한국의 텔레비전 프로그램이 중국에 처음으로 수출된 것은 양국이 수교를 맺은 1992년으로 거슬러 올라간다. 당시 KBS는 <옛날 옛적에>라는 만화영화를 5,200달러에 수출하였다. 이후 1993년에는 <은비와 까비>를 10,400달러에, <삼국기>를 25,000달러에 수출하였으며, 1994년에는 <날아라 슈퍼보드>를 14,000달러에 수출했다. 드라마의 경우, KBS는 1995년에 <느낌>, <백색미로>, <적색시대>, <당신이 그리워질 때> 등 4편을 총 92,600달러에 수출하여 5배 가까운 성장세를 나타냈다. 그러나 1997년에는 만화영화 <위제트> 등을 52,000달러에 수출하는 데 그쳤다.

한편 MBC는 1993년 만화영화 <펭킹 라이킹>과 드라마 <여명의 눈동자>, <질투>를 57,200달러에 수출한 것을 시작으로 1994년에는 드라마 <사랑이 뭐길래> 등을 81,250달러에 수출했다. 특히 <사랑이 뭐길래>는 <愛情是什么>라는 제목으로 1997년 6월 15일부터 12월 14일까지 매주 일요일 오전 9시부터 11시까지 CCTV－1 채널에서 방영되었다. 또한 중국 시청자들의 요청에 따라 1998년 7월 29일부터 10월 13일까지 매주 화요일부터 토요일까지 저녁 9시부터 10시까지 황금시간대에 CCTV-2에서 재방영되었으며, 평균시청률 4.2%를 기록하였다. 이는 중국의 역대 최고 시청률인 4.5%에 육박하는 것이며, CCTV 수입외화 방영 역사상 2위를 차지하는 기록으로서, 한류 돌풍을 일으키는 촉매제 역할을 하였다.

이어 "1999년 <별은 내 가슴에>가 <星夢情緣>이라는 제목으로 당시 중국 대륙과 대만·홍콩을 비롯한 아시아 전역으로 방송되던 중국어 방송 봉황(鳳凰)TV에서 방영되어 기대 이상의 호응을 얻었으며, 드라마 주인공이었던 안재욱은 중국 최고의 인기스타로 자리 잡았다. 그 후에도 <토마토>, <가을동화> 등의 드라마가 방영되면서 한류의 인기를 이어갔다."(김정수, 2002, 6쪽).

〈표 8〉 국내 방송프로그램의 대중국 수출현황

(단위: 천$)

| 구분 | | 2001년 | | 2002년 | | 2003년 | | 2004년 | |
|---|---|---|---|---|---|---|---|---|---|
| | | 편수 | 금액 | 편수 | 금액 | 편수 | 금액 | 편수 | 금액 |
| 드라마 | 지상파 | 1,139 | 2,695 | 1,495 | 1,270 | 3,051 | 4,520 | 1,772 | — |
| | 케이블TV | — | — | — | — | 46 | 27 | — | — |
| 다큐 | 지상파 | 3 | 5 | — | — | 74 | 30 | — | — |
| | 케이블TV | — | — | — | — | — | — | 13 | — |
| 만화 | 지상파 | — | — | — | — | 39 | 137 | 52 | — |
| | 케이블TV | — | — | — | — | — | — | — | — |
| 오락 | 지상파 | — | — | 75 | 53 | 102 | 69 | 52 | — |
| | 케이블TV | 21 | 21 | — | — | — | — | — | — |
| 음악 | 지상파 | — | — | 10 | 6 | — | — | — | — |
| | 케이블TV | — | — | 80 | 90 | — | — | — | — |

| 구분 | | 2001년 | | 2002년 | | 2003년 | | 2004년 | |
|---|---|---|---|---|---|---|---|---|---|
| | | 편수 | 금액 | 편수 | 금액 | 편수 | 금액 | 편수 | 금액 |
| 교육 | 지상파 | – | – | – | – | – | – | – | – |
| | 케이블TV | – | – | – | – | 38 | 9.3 | – | – |
| 소계 | 지상파 | 1,142 | 2,700 | 1,580 | 1,329 | 3,266 | 4,755 | 1,876 | – |
| | 케이블TV | 21 | 21 | 80 | 90 | 84 | 36.3 | 13 | – |
| 총계 | | 1,163 | 2,721 | 1,660 | 1,419 | 3,350 | 4,791.3 | 1,889 | – |

※ 출처: 방송위원회(2002, 2003, 2004), 〈방송산업실태조사보고서〉. 재구성; 유세경(2005).
동아시아 지역문화구축을 위한 국가 간 프로그램 교류 활성화방안: 동아시아 지역에서의
한국 프로그램의 교류와 수용현황 분석을 중심으로. 『2005 가을철 정기학술대회』(81쪽).
한국방송학회 발표논문.


2000년대에 들어서도 지상파 텔레비전의 드라마 장르를 중심으로
중국에 대한 수출이 꾸준히 증가하고 있으며, 2005년에는 <대장금>
이 중국을 비롯한 아시아 각국에 방영되면서 한류의 열기를 이어가
고 있다. 한편 한국 텔레비전 프로그램의 중국수출이 일정한 추세를
나타내지 못하고 있는 것은, 중국정부의 제도적 규제수단을 통한 시
장개입에 따라 한국 텔레비전 드라마의 수출이 크게 영향을 받기 때
문인 것으로 해석될 수 있다.

〈표 9〉 중국 방송프로그램의 국내 수입현황

(단위: 천$)

| 구분 | | 2001년 | | 2002년 | | 2003년 | | 2004년 | |
|---|---|---|---|---|---|---|---|---|---|
| | | 편수 | 금액 | 편수 | 금액 | 편수 | 금액 | 편수 | 금액 |
| 드라마 | 지상파 | – | – | 201 | 322 | 94 | 293 | – | – |
| | 케이블TV | 126 | 93 | 222 | 155 | 453 | 320 | 89 | – |
| 다큐 | 지상파 | – | – | 6 | 17 | – | – | 2 | |
| | 케이블TV | – | – | – | – | – | – | 83 | |
| 영화 | 지상파 | – | – | 3 | 380 | 11 | 512 | 2 | – |
| | 케이블TV | – | – | 101 | 456 | – | – | 44 | |
| 만화 | 지상파 | – | – | – | – | 39 | 16 | – | – |
| | 케이블TV | – | – | – | – | 26 | 5 | 26 | |
| 오락 | 지상파 | – | – | – | – | – | – | – | |
| | 케이블TV | – | – | – | – | 50 | 13 | 405 | |
| 교양 | 지상파 | – | – | – | – | – | – | – | |
| | 케이블TV | – | – | 30 | 21 | 80 | 41 | 20 | |
| 기타 | 지상파 | – | – | – | – | – | – | – | |
| | 케이블TV | – | – | – | – | – | – | 60 | |
| 소계 | 지상파 | – | – | 210 | 718 | 144 | 821 | 4 | |
| | 케이블TV | 126 | 93 | 353 | 632 | 609 | 379 | 727 | – |
| 총계 | | 126 | 93 | 563 | 1,350 | 753 | 1,200 | 731 | |

※ 출처: 방송위원회(2002, 2003, 2004), 〈방송산업실태조사보고서〉. 재구성; 유세경(2005).
동아시아 지역문화구축을 위한 국가 간 프로그램 교류 활성화방안: 동아시아 지역에서의
한국 프로그램의 교류와 수용현황 분석을 중심으로. 『2005 가을철 정기학술대회』(81쪽).
한국방송학회 발표논문.

한편 중국으로부터 드라마 수입현황을 살펴보면, 전체적으로 지상
파방송사보다는 케이블TV 분야에서 많이 수입한 것으로 나타났다.

지상파방송의 경우 2002년 201편(32만 2천 달러), 2003년에 94편(29만 3천 달러)을 수입했다. 케이블TV의 경우 2001년 126편(9만 3천 달러), 2002년에 222편(15만 5천 달러), 2003년에 453편(32만 달러)으로 나타났다.

그런데 중국으로 수출하는 텔레비전 프로그램의 양이나 금액이, 중국에서 수입되는 프로그램의 양이나 금액에 비해 훨씬 많은 것으로 나타나고 있다. 연도에 따라 차이는 있지만 적게는 5배에서 많게는 10배 정도 차이를 보이고 있다. 이 같은 현상은 중국 방송의 입장에서 볼 때 무조건 긍정적으로 받아들이기만은 어려운 것이라고 지적할 수 있다.

### 3) 한류의 양면성

1990년대 후반 한국 텔레비전 드라마의 국제유통이 급격하게 증가하게 된 것은 중국을 비롯한 아시아 국가에서 한국 프로그램에 대한 시장이 확대된 것에 기인한다. 그러나 중국에서 한국을 포함한 외국 텔레비전 프로그램의 중국 내 유통의 활성화는 중국 내부의 변화에서 비롯된 바가 크다. 다시 말해 시장원리 도입에 따른 중국 경제규모의 급격한 성장, 방송 산업 하부구조의 발전, 방송국 수와 채널에 비해 부족한 텔레비전 프로그램, 중국인들의 가치관 및 문화적 취향의 변화 등에서 찾을 필요가 있다(장영, 2004). 특히 중국에는 1970년대 이전까지만 하더라도 충분한 매체와 채널이 없었고, 또한 정부가 매체와 채널을 엄격히 통제하고 있었기 때문에, 중국의 시청자들은 오직 정부가 제공되는 프로그램을 그대로 수용할 수밖에 없었다. 그러나 1980년대 들어서면서 정부 주도하에 방송국과 채널이 급격히 증가하기 시작하고, 아울러 시장원리가 방송 산업에도 도입되면서 중국 시청자의 선택권이 급격히 확대되었다.

또한 1990년대 초부터 중국에서 진행된 텔레비전 네트워크의 탈집중화, 텔레비전을 통한 상업화는 텔레비전 방송국과 채널의 급증과 그에 따른 프로그램 수요의 확대를 야기했다. 1994년의 경우 10개 이상의 시(市) 케이블 방송국에서는 90% 이상을 홍콩, 대만 등에서 수입한 외국 프로그램이 차지할 정도였다(Zhao, 1998). 또한 1997년 지상파 텔레비전의 평균 프로그램 수요시간은 311만 4,384시간인 반면, 중국에서 자체제작으로 충당할 수 있는 시간은 61만 6,437시간에 불과했다(China Broadcasting Yearbook 1998). 따라서 중국에서 프로그램을 구하지 못한 텔레비전 방송국들은 매년 1~2만 시간의 프로그램을 수입할 수밖에 없는 처지였다는 것이다(World Radio and TV, 1995).

아울러 급격한 경제성장과 따라 중국이 점차 소비사회로 변모되어 가면서 텔레비전 드라마의 대중적인 취향이 더욱 강조되었다. 1990년 중국 최초의 텔레비전 시리즈 '예감(Expectations)'은 드라마를 텔레비전의 주요 장르로 편입시키는 데 기여했으며, 이와 더불어 외국 드라마의 수입도 급격히 증가하였다. 특히 미국, 일본, 홍콩 등으로부터 수입된 드라마는 중국 제작자와 수용자들에게 대안적인 모델로 각인되었다. 이는 드라마의 복잡한 기술적 제작과정뿐만 아니라 중국에서는 찾아볼 수 없는 높은 오락지향성에 힘입은 바가 크다(Jian Qian, 2003).

1990년대 후반 한류가 중국에서 등장한 이유도 이와 무관하지 않다. 중국 <북경청년보>가 2001년 8월 3일에 보도한 자료에서도 관련 설명이 제시되고 있다. 보도에 따르면, 중국에서 한류가 유행하게 된 이유로 첫째, 한·중 양국은 문화적으로 같은 방향으로 나가는 성질을 갖고 있으며, 아시아 지역은 역사적으로 중국문화의 배경하에 생활방식, 가치관이 서로 통하는 성격을 갖고 있다. 둘째, 한국문화는 일본문화에 비해 온화한 면이 많고, 한민족의 강인한 기개에 비해 표현해 내는 방식은 중국인의 전통적 가치관에 매우 가깝다. 셋째, 중국은 서구로부터 문화유행을 직접 받아들일 방법이 없으나, 한국의 문화는 서구문화의 융합을 거쳐 개조한 것으로 중국에 들어올 때 비교적 쉽게 받아들여졌다. 넷째, 한국은 서방문화를 받아들임과 동시에 동양적인 시각을 이용하여 다시 설계 포장했다. 이는 한국의 경제문화 발전과 밀접한 관계를 갖고 있으며, 중국에서는 창조성 상실이라는 커다란 문제로 이의 실현이 불가능하기 때문에 중국은 한동안 외래문화의 영향을 당연히 받게 될 것이라고 분석하고 있다.

이들 논의를 종합하면, 한류는 대체로 중국의 급속한 경제성장에 따른 소비사회로의 진입, 특히 청소년들을 중심으로 한국 문화상품에 대한 이용증가가 직접적인 계기가 되었다는 점에 의견이 일치되는 것으로 보인다. 실제로 이준웅(2003)의 연구에 따르면, 중국인들의 한국 드라마 시청·한국 음반소유·한국 영화관람 등이 한국 문화상품에 대한 평가, 한국에 대한 이해, 한국에 대한 태도 등에 대

체로 긍정적인 영향을 미치는 것으로 나타났다.[53]

하지만 한류에 대한 평가는 긍정적인 입장과 부정적인 입장이 엇갈리고 있다. 부정적인 입장에서의 지적을 살펴보면, 첫째 한류를 주도하고 있는 주체가 주로 10대와 20대에 한정되어 있고, 실질적으로 문화산업의 제도권을 주도하는 중년층 이후에게는 오히려 한류에 대한 부정적 시각이 자리잡아 가고 있다는 점, 둘째 한류가 중국의 일방적인 드라마 방송 형식으로 진행되었기 때문에, 한국에서는 주도권을 행사하기 어려운 상황이라는 점, 셋째 중국의 문화산업은 정부의 주도하에 진행되기 때문에 정부의 검열과 허가를 통해 방송이 이루어진다는 점, 넷째 중국정부가 자국의 문화산업을 보호하기 위하여 외국 문화산업의 자국 내 진입을 구조적으로 규제하고 있다는 점, 다섯째 한류가 주로 드라마, 영화, 콘서트 등 연예산업 부문에 치중되어 있기 때문에 아직까지 한류의 흐름이 특정 연예인에 대한 의존도가 높은 상황이며, 따라서 일부 연예인의 부정적 사건이 발생할 경우 그동안 쌓아온 한류의 긍정적 효과는 일순간 무너질 수 있

---

53) 이 연구에서 이준웅(2003, 30-32쪽)은 한국 드라마와 음악이용이 드라마와 음악에 대한 긍정적 평가로 이어지고, 이러한 평가는 한국에 대한 이해와 동경 그리고 한국이 선진적 사회라는 인식으로 연결된다고 밝히고 있다. 또한 중국인의 한국 문화상품 이용은 궁극적으로 한국에 대한 태도 및 한국 문화상품 이용의향에 긍정적인 영향을 미친다는 연구결과를 제시했다. 그러나 한국 드라마와 관련하여 흥미로운 사실은 소득수준이나 교육수준이 낮을수록 한국 드라마를 더 많이 시청한다는 것이다. 또한 한국 드라마 시청이 한국에 대한 이해를 확대시키는 것은 사실이지만, 한국이 선진사회가 아니라 후진사회라는 부정적 인식을 강화시킨다는 것이다. 아울러 중국 대중매체 이용이 많을수록 한국 드라마에 대해 부정적으로 평가하는 것으로 나타났다.

다는 점이다(이형호, 2002). 따라서 중국에서의 한류는 드라마, 음반 등 한국 문화상품의 국제적인 유통과 그것의 이용으로 나타난 하나의 문화적 현상이지만 모든 중국인들에게 동일한 의미로 인식되고 있지 않으며, 반드시 긍정적인 영향을 미치는 것만은 아니라는 점을 인식하는 것도 중요하다고 할 수 있다.

# 제3장

# 연구문제

텔레비전은 그것이 소속된 국가가 추구하는 이념체제에 영향을 받는 일종의 사회제도이다. 중국은 정치적으로 사회주의 이념체계를 추구하고 있다. 따라서 중국의 텔레비전은 사회주의 이념체제에 부합되는 형태를 유지해 왔다.[54] 즉 중국에서 텔레비전은 사회주의 이념체계와 국가정책을 선전하고, 국민들을 교화하는 등의 정치적 목적을 달성하기 위한 차원에서 발전되어 왔다.

---

54) 사회주의 국가에서 텔레비전은 국가이념에 반대하는 어떠한 자유도 허락되지 않는다. 사회주의 국가에서 텔레비전은 당 지도자들이 말하는 올바른 교훈이나 자애 깊은 국가에서 생활하는 것 또는 이러한 생활에 만족하는 것을 방해하는 모든 영향으로부터 자국민을 보호하는 것이 의무라고 인식한다. 특히 사회주의 국가에서 당은 텔레비전을 철저히 통제한다. 당은 텔레비전 방송사 내부의 중요한 지위에 신뢰할 수 있는 당원을 배치하거나, 텔레비전 프로그램에 대해 부단히 심사하거나, 지령이나 지시의 발표 등을 통해 통제한다. 더욱이 사회주의 국가에서 텔레비전 방송은 외국에서 제작된 프로그램이 자국으로 유통되는 것을 부단히 차단하고자 노력한다(Siebert, F. S. & T. A. Peterson, W. Schramm, 1956).

그러나 1978년 개혁·개방정책을 통해 중국은 경제적 차원에서 시장경제 원리를 수용하기 시작했다. 이에 따라 최근 텔레비전 산업에 대한 중국정부의 정책은 엄격한 통제보다는 경쟁을 부추기고, 보조금을 삭감하며, 조직구조를 합리화하는 방향으로 나아가고 있다. 그리고 이러한 정책변화는 텔레비전 프로그램의 제작과 배급과정의 탈중심화, 전문화, 복수화를 일으켜 결과적으로 이데올로기 통제가 약화되고 운영의 자율성이 증대되는 결과를 가져왔다(Eric, 2000 / 2002). 그럼에도 불구하고 중국정부는 텔레비전을 정치적 선전도구로 이용하려는 의도를 여전히 유지하고 있으며, 이를 위해 외국 텔레비전 프로그램의 자국 내 유통에 대해 엄격한 제약을 가하고 있다. 비록 중국정부의 텔레비전 규제가 시장경제 원리의 도입 이전에 비해 완화되었다고 하지만 서구 자본주의 국가의 그것과 비교할 때 상대적으로 훨씬 엄격하다(Jian Qian, 2003). 실제로 중국은 자국 산업보호, 체제안정, 사회통합을 위해 외국 텔레비전 프로그램의 자국 내 유통에 강력한 제도적 영향력을 행사하고 있다.[55)]

이 같은 맥락에서 한국 텔레비전 드라마를 포함한 외국 텔레비전 프로그램의 중국 내 유통에서 중국정부의 역할은 매우 중요하다. 더

---

55) 중국정부는 최근 경제적으로 시장경제 체제를 성공적으로 수용하면서도, 정치적 측면에서는 자신들의 영향력을 지속적으로 유지하기 위하여 외국에서 수입되는 문화상품에 대한 규제의 수위를 높여가고 있는 것으로 지적되고 있다(대한무역투자진흥공사, 2005). 특히 중국정부는 외국에서 제작된 텔레비전 프로그램의 수입이 경제적으로 자국 텔레비전 산업 육성에 도움이 되지 못할 뿐만 아니라 사회적·문화적으로 중국인들에게 부정적 영향을 미칠 것에 대해 우려를 갖고 있다(고정민·강신겸·이안재, 2005).

욱이 텔레비전 드라마는 사람들의 의식에 영향을 미치는 문화상품의 특성을 갖고 있다. 때문에 중국정부 입장에서 외국 문화상품의 자국 내 유통은 문화적 차원에서 중국문화에 대한 정체성을 훼손할 수 있으며, 나아가 사회주의 이념체제에 대한 국민적 거부감을 불러올 수도 있다. 이 같은 점에서 중국 정부는 비록 세계화의 추세에 따라 방송시장이 개방으로 향할 수밖에 없지만, 글로벌 미디어기업과 경쟁하기 위하여 자국 미디어 기업의 힘을 통합하는 동시에 제도적 규제를 통해 개방의 속도를 조절하는 데 깊이 관여하고 있다고 볼 수 있다.

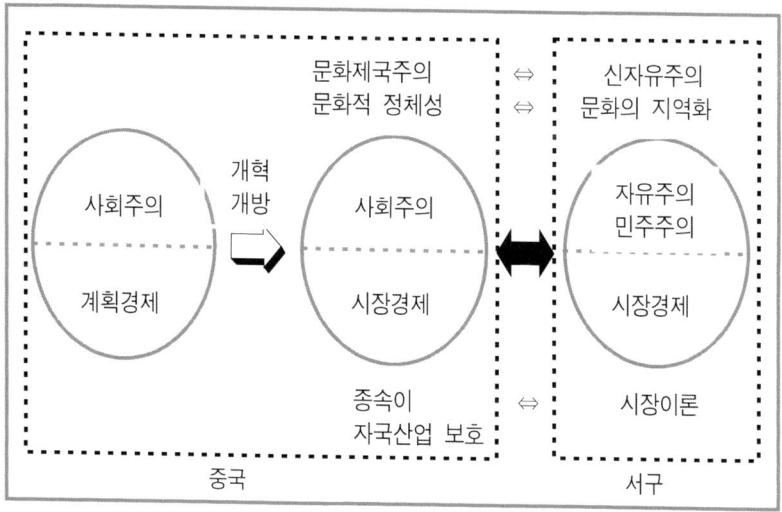

〈그림 7〉 중국의 시장경제 도입에 따른 이론적 대립구조

특히 1970년대 후반 개혁·개방 정책을 추진하기 시작한 중국은, 외국 텔레비전 프로그램의 자국 내 유통현상을 종속이론, 문화제국주의 등 주변국 이론의 시각에서 바라볼 수밖에 없는 위치였다. 더욱이 정신적 차원에서 소비가 이루어지는 문화상품의 특성을 감안할 때 외국 텔레비전 프로그램의 자유로운 유통은 자칫 중국 국가체제에 커다란 위협으로 작용할 수 있다. 때문에 정치적으로 사회주의를 고수하면서 시장경제 체제를 도입하려는 의도를 가진 중국은 외국 텔레비전 프로그램의 국제유통을 최대한 억제하는 가운데 자국의 방송시설과 텔레비전 프로그램 제작기반을 확충하여, 자국의 수요를 충족시키고 나아가 국제적인 경쟁력을 갖추도록 하는 데 초점을 맞추어 왔다.

이러한 와중에 한국 텔레비전 프로그램이 1990년대 후반 중국에 꾸준히 유통되기 시작하면서 이른바 한류가 등장하였다. 한류는 한국 텔레비전 프로그램을 비롯한 문화상품이 중국에 유통되기 시작하면서 촉발된 일종의 문화현상이라고 할 수 있다. 중국의 입장에서 볼 때, 한류는 비록 서구적인 시각이 개입된 것이지만 그것이 한국을 거치며 한층 완화되었을 뿐만 아니라 가족 중심적인 유교문화가 내포되어 있었다. 때문에 중국 정부는 한국 텔레비전 프로그램의 중국 내 유통과 한류현상이 사회주의 정치체제에 커다란 위협으로 작용하지만 않을 경우 한국과의 경제교류 확대과정에서 수반되는 일시적 유행으로 간주할 수 있다.

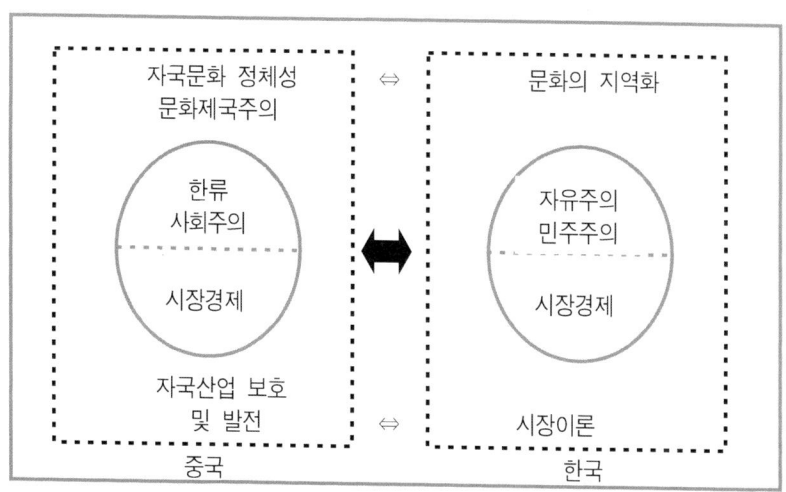

〈그림 8〉 한국 텔레비전 드라마의 중국 내 유통 논의구조

　그러나 한류가 중국에서 10년 가까이 지속되고, 더욱이 '대장금'이라는 드라마로 인해 중국인들 사이에 한류 열기가 더해가면서, 중국은 한류를 더 이상 일시적인 문화현상으로 받아들일 수 없는 상황이 되고 있다고 판단하고 있는 것으로 보인다. 왜냐하면, 한류의 장기화는 중국 입장에서 볼 때 단순한 문화교류 차원이 아니라 변형된 서구의 문화상품이 한류라는 이름으로 자국의 문화를 지배하는 일종의 문화제국주의로 간주할 수 있기 때문이다. 이 같은 시각은 한국이 중국을 경제적으로 지배하고 있지 않기 때문에, 문화제국주의가 설정하는 기본적인 가정과는 현실적으로 차이가 존재하며, 따라서 중국이 한류에 문화제국주의 시각을 덧씌우기는 이론적으로 무리가 따른다. 그럼에도 불구하고 중국인들이 한국 텔레비전 프로그램을 자

발적이고 적극적으로 수용하고 있다는 현실에서 중국 정부는 시장개입의 필요성을 강하게 느끼고 있다. 더욱이 중국경제와 방송 산업기반의 확충에 따라 외국 텔레비전 프로그램을 포함한 한국 텔레비전 프로그램이 지속적으로 유통될 가능성은 매우 높다고 할 수 있다.

일반적으로 텔레비전 드라마의 국제유통에 영향을 미치는 요인은 경제적 측면에서 방송사업자들의 규모의 경제 효과를 통한 이윤추구 동기, 국가 간 시장규모의 차이, 문화할인 등을 텔레비전 프로그램의 국가 간 유통에 영향을 미치는 요인 등이 지적되어 왔다. 또한 국가마다 서로 다른 역사적·언어적·문화적 배경, 텔레비전 프로그램 장르, 문화적 정체성 및 자국산업 보호를 위한 정부의 제도적 규제 등도 텔레비전 프로그램의 국가 간 유통에 영향을 미치는 요인으로 간주되어 왔다.

그러나 텔레비전 프로그램의 국가 간 유통에 영향을 미치는 것으로 간주되어 왔던 이들 요인이 한국 텔레비전 프로그램의 중국 내 유통현상에 획일적으로 적용하기는 어려울 것으로 판단된다. 왜냐하면 중국은 지난 20여 년 동안 경제적으로는 시장개방을 통해 급속한 경제발전을 거두었지만 정치적 측면에서는 사회주의 체제를 유지하고 있기 때문이다. 더욱이 한 나라의 정치체계는 방송체계와 밀접한 연관을 맺고 있다. 사회주의를 추구하는 중국에서 텔레비전 산업은, 비록 경제적으로 시장원리가 도입되었다고 하더라도, 여전히 정부의 엄격한 통제하에 놓여 있다. 때문에 한국 텔레비전 드라마의 중국 내 유통에 영향을 미치는 요인을 파악하는 데 있어서 경제적·문화적 차원과 더불어 제도적 규제 차원을 함께 고려해야 할 필요가 있다.

이 같은 맥락에서 본 연구는 텔레비전 프로그램의 국제유통에 관한 논의를 검토하고, 이들 논의가 한국 텔레비전 드라마의 중국 내 유통현상에 어떻게 적용될 수 있는가를 논의하며, 이들 논의에 대한 실질적인 논거제시를 위해 방송정책을 담당하는 중국 정부기관 및 방송국 담당자의 인식을 분석하고자 한다. 아울러 중국의 방송정책 담당자들의 인식과 우리나라에서 텔레비전 프로그램 유통을 담당하고 있는 전문가들의 인식을 비교 분석함으로써 중국 한류 활성화를 위한 이론적 준거 틀과 장기적 대안을 마련하고자 하는 목적에서 다음과 같은 연구문제를 설정하였다.

[연구문제 1] 중국의 텔레비전 프로그램 유통 전문가들은 중국 내 한국 드라마 유통의 특성을 어떻게 인식하는가?

[연구문제 1]은 중국 텔레비전 프로그램 유통 전문가들이 한국 텔레비전 드라마의 중국 내 유통현상을 어떻게 이해하고 있는가를 파악하기 위하여 설정하였다. 다시 말해 [연구문제 1]을 통하여 중국 텔레비전 프로그램 유통 전문가들은 한국 텔레비전 드라마가 중국에 유통된 배경과 영향요인, 한국 드라마 유통의 방향성, 한국 드라마의 유통이 중국 사회와 문화에 미친 영향, 한국 드라마의 중국 내 유통에 대한 중국 정부의 규제정책 등에 대한 특성을 파악하고자 한다.

[연구문제 2] 중국 텔레비전 프로그램 유통 전문가들의 한국 드라마의 중국 내 유통에 대한 인식유형과 그 특성은 무엇인가?

[연구문제 2]는 [연구문제 1]을 통해 밝혀진 한국 텔레비전 드라마의 중국 내 유통현상에 대한 중국 텔레비전 프로그램 유통 전문가의 인식은 어떤 유형으로 구분될 수 있으며, 그 특성은 무엇인지 파악하기 위하여 설정하였다. 앞서 지적한 바와 같이 중국은 시장경제 질서를 도입하면서도 사회주의를 배제하지 않고 있다. 때문에 한국 텔레비전 드라마의 중국 내 유통에 대한 정부의 규제를 강조하는 입장에서 경제적·문화적 차원의 종속과 보호를 강조하는 입장을 취하고 있을 것으로 가정되며, 이에 따른 중국 텔레비전 프로그램 유통 전문가의 인식유형과 특성을 분석하고자 한다.

[연구문제 3] 한국 텔레비전 프로그램 유통 전문가들은 중국 내 한국 드라마 유통의 특성을 어떻게 인식하는가?

[연구문제 3]은 한국 텔레비전 프로그램 유통 전문가들이 한국 텔레비전 드라마의 중국 내 유통현상을 어떻게 이해하고 있는가를 파악하기 위하여 설정하였다. 즉 [연구문제 3]을 통해 한국 텔레비전 드라마 중국 내 유통이 활성화될 수 있었던 배경과 요인, 한국 드라마의 중국 내 유통방향을 특성, 한국 드라마의 유통이 중국 사회와 문화에 미친 영향, 한국 드라마의 중국 내 유통에 대한 중국 정부의 규제정책 등에 대한 인식을 파악하고자 한다.

[연구문제 4] 한국 텔레비전 프로그램 유통 전문가들의 한국 드라마의 중국 내 유통에 대한 인식유형과 그 특성은 무엇인가?

[연구문제 4]는 [연구문제 3]을 통해 도출된 한국 텔레비전 드라마

의 중국 내 유통현상에 대한 한국 프로그램 유통 전문가의 인식 특성이 어떠한 유형으로 나타나고 그 특성은 무엇인지 분석하고자 설정하였다. 이는 한국의 프로그램 유통 전문가의 입장에서 중국의 입장을 어떻게 이해하고 있는지 파악함으로써 그 인식의 유형과 특성을 밝히고, 나아가 한국 텔레비전 드라마의 중국 내 유통이 갖고 있는 문제점을 분석하고 향후 발전 방향을 모색하기 위한 것이라고 할 수 있다.

# 제4장

# 연구방법

## 제1절 심층면접방법

본 연구의 연구방법으로는 심층면접방법을 채택하였다. 일반적으로 면접은 연구자가 알고자 하는 주제에 관하여 자료를 수집하기 위해 표준화된 또는 비표준화된 문항을 가지고 피면접자의 의사를 파악하는 방법이라고 할 수 있다. 면접의 특징은 다음과 같은 세 가지가 지적된다. 첫째, 면접은 새로운 분야의 개척도구(exploratory device)로 사용된다. 즉 면접을 통해 새로운 변수를 발견하고 변수 간의 관계를 밝히며, 가설을 정립해 볼 수 있다. 둘째, 연구의 주된 자료수집도구로 사용된다. 여기에는 진단적 성격을 가진 면접이 해당된다. 셋째, 주된 연구방법을 보완하는 보충적 방법으로 사용된다. 미리 예견하지 못했던 문제를 접했을 때, 다른 방법의 타당성 여부를 검토할 때, 또는 응답동기 등에 관하여 좀 더 알고 싶을 때 면접이 자주 사용된다(Babbie, 1973).

면접의 유형은 크게 표준화 면접, 비표준화 면접, 준표준화 면접으로 구분된다. 표준화 면접(standardized interview)은 면접에 앞서 사전에 준비된 질문지에 따라 내용과 순서를 지키면서 신축성의 여지가 없이 진행되는 면접을 말한다. 이러한 표준화 면접은 면접원의 행동에 일관성이 유지되고, 신뢰성이 높고, 활용도가 높으며, 면접결과의 비교 가능성이 높고, 면접결과의 분석에 공통성이 유지되는 등의 장점이 있다. 이 같은 맥락에서 표준화 면접방법을 구조화(structured) 또는 통제화(controlled) 면접이라고 부르기도 한다. 그러나 질문지를 통한 표준화 면접방법은 응답자의 상이한 특성을 반영하기 어렵고, 피면접자가 갖고 있는 심층적인 정보를 이끌어 내기에는 한계가 존재한다(Stempel & Westley, 1981).

한편 비표준화 면접(unstandardized interview)은 연구목적에 어긋나지 않으면 면접상황에 따라 사전에 정한 내용이나 순서에 구애받지 않고 진행되는 면접을 말한다. 이는 일정한 주제에 따라 피면접자에게 최대한 재량을 부여하는 것이다. 따라서 비표준화 면접은 기본적 성격상 개방형 질문을 중심으로 이루어지며, 새로운 사실과 가설의 발견에 초점을 맞추고 있다. 비표준화 면접의 장점은 면접과정에서의 융통성으로 인해 면접에 대한 피면접자의 적응도가 높고, 정확한 답변을 얻을 수 있기 때문에 면접결과에 대한 타당성이 높다. 또한 새로운 사실의 발견이 용이하다. 반면 비표준화 면접방법은 면접결과의 가변성으로 인해 신뢰도 저하의 우려가 있으며, 면접결과를 다른 연구결과와 비교가 어렵고, 면접결과의 처리가 용이하지 않다는 단점이 있다(김광웅, 2003).

준표준화 면접(semi-standardized interview)은 표준화와 비표준화 면접이 혼합된 면접방식을 말한다. 통상적으로 중요한 질문은 표준화되고 그 밖의 질문은 비표준화된다. 이처럼 표준화 면접과 비표준화 면접을 혼합하는 이유는 이들 방법이 가진 장점만을 취하기 위한 것이며, 따라서 이 방법은 사실과 가설의 정당화와 발견이 동시에 이루어질 수 있다.

본 연구에서 채택한 심층면접방법은 비표준화 면접의 일종으로, 비교적 적은 수의 표본을 대상으로 일대일 면접형태로 이루어지며, 응답자가 왜 그러한 답변을 했는가에 대한 이유까지 파악할 수 있는 방법이라고 할 수 있다(Warwick & Lininger, 1975). 심층면접방법은 표준화된 면접방법보다 응답자로부터 심도 있는 응답을 이끌어 낼 수 있다. 또한 개인을 대상으로 수행되므로 비언어적인 반응까지도 관찰할 수 있으며, 여러 차례 반복 실시될 수도 있다. 심층면접방법의 장점은 첫째, 응답자로부터 상세한 대답을 구할 수 있다는 점이다. 특히 면접원과 응답자 사이의 친밀감을 통해 다른 조사방법에서는 시도하지 못하는 내용까지 다룰 수 있다. 둘째, 어떤 집단은 심층면접을 통해서만 조사가 가능한 경우가 있다. 예컨대 국회의원들의 미디어 접촉습관을 관찰연구를 통해 파악한다는 것은 사실상 불가능하다. 또한 국회의원들을 표집하고 설문지를 돌려 응답을 얻는 방법도 비현실적이다. 그러나 심층면접방법을 사용할 경우 국회의원들이 면접에 순순히 응할 수 있다.

반면 심층면접방법의 단점은 첫째, 조사결과를 일반화시키기 어렵

다는 것이다. 표집이 무작위로 이루어지지 않고, 적은 수의 표본을
대상으로 조사하기 때문에 그 결과를 일반화하는 데 상당한 무리가
따른다. 둘째, 면접 자체가 표준화되어 있지 않다. 때문에 각 응답자
들은 서로 다른 질문을 받게 된다. 셋째, 면접원의 편견이 개입될
수 있다. 오랜 시간 동안 면접하다 보면 응답자가 면접원을 파악하
게 된다. 면접원은 행동이나 목소리 등을 통해 간접적으로 응답자의
응답에 대해 반응을 표시하게 된다. 면접원의 이러한 의견표시는 응
답자에게 영향을 미치게 되고, 결국 응답의 타당성에 대한 의문으로
이어질 수 있다. 셋째, 자료 분석의 어려움이다. 면접을 통해 얻어진
자료들은 연구자가 면접원과는 전혀 다른 측면의 분석으로 이끌어
갈 수 있는 위험을 안고 있다(Wimmer, R. D. & J. R. Dominck,
1994; 유재천·김동규 공역, 2005).

이 같은 단점에도 불구하고 본 연구에서 심층면접방법을 택한 이
유는 다음과 같다. 첫째, 면접대상자의 제한성이다. 현실적으로 중국
또는 한국과의 텔레비전 드라마의 국제유통을 담당하는 종사자가 풍
부하지 못하다. 때문에 모집단의 존재를 전제로 하여, 모집단으로부
터 일단의 표본을 추출하여 분석하는 표준화된 면접방법을 사용하기
어렵다. 둘째, 심층적 정보의 필요성이다. 한국 텔레비전 프로그램의
중국 내 유통현상을 이해하기 위해서는 그것의 유통과정에 존재하는
게이트키퍼(gatekeeper)가 어떤 인식과 판단을 갖고 있는가를 파악하
는 것이 중요하며, 이를 위해서는 좀 더 심층적인 정보를 이끌어 낼
수 있는 연구방법이 요청된다. 심층면접방법은 이 같은 요청에 부합
되는 연구방법으로 판단되었다. 셋째, 연구 환경의 비우호성이다. 한

국 텔레비전 프로그램의 중국 내 유통은 방송 분야에서 한국과 중국이 서로 주장을 달리할 수 있는 민감한 현안이다. 때문에 한국인의 입장에서 아무리 학술적인 목적이라고 하더라도 표준화된 면접방법을 이용하여 중국 현지에서 연구를 수행하기에는 많은 어려움이 존재하였다. 넷째, 연구여건의 한계이다. 한국 텔레비전 프로그램의 중국 내 유통현상을 파악하기 위해서는 한국뿐만 아니라 중국에서 면접을 진행해야 한다. 그러나 외국인으로서 중국 전문가를 대상으로 표준화 면접방법을 이용하기에는 지리적·언어적 제한과, 비용의 한계가 존재하였다. 다섯째, 심층면접조사방법은 일종의 현지조사방법으로서 한국 텔레비전 드라마의 중국 내 유통 현상에 관한 한국과 중국 전문가의 인식을 심도 있게 파악할 수 있다고 판단되었기 때문이다. 심층면접조사방법을 통해 한국 텔레비전의 중국 내 유통현상에 대해 보다 현장감 있는 주장을 청취하고, 이를 토대로 새로운 사실을 발견될 수 있을 것으로 판단했기 때문이다.

아울러 본 연구에서 포커스그룹인터뷰(Focus Group Interview)[56]

---

56) 포커스그룹인터뷰는 수용자나 소비자의 태도와 행위를 파악하기 위한 조사방법의 일종이다. 포커스그룹인터뷰는 6명에서 12명 사이의 응답자를 한 장소로 모이게 하고, 사회자가 응답자로 하여금 핵심 주제에 대해 상대적으로 자유로운 토론을 벌이게 한다. 포커스그룹인터뷰의 장점은 첫째, 어떤 주제나 현상에 대해 예비적인 정보를 수집할 수 있다는 것이다. 포커스그룹인터뷰는 다른 연구방법을 이용하는 조사를 발전시키기 위한 아이디어를 발견하는 차원에서 주로 사용된다. 둘째, 포커스그룹인터뷰는 다른 방법에 비해 빠른 시간에 수행될 수 있다는 장점이 있다. 조사목적에 적합한 응답자를 섭외하는데 대부분의 시간이 사용되며, 실제 포커스그룹인터뷰를 진행하는 데 소요되는 시간은 비교적 짧다. 셋째, 조사규모가 적기 때문에 상대적으로 비용이 적게 소요된다는

방법을 사용하지 않은 이유는 첫째, 여러 응답자들을 한꺼번에 모이 도록 하기가 어려울 뿐만 아니라, 둘째 포커스그룹인터뷰를 수행하 기 위해서는 방송 분야에 정통한 사회자와 포커스그룹인터뷰를 진행 할 수 있는 공간을 확보해야 하지만 이것이 쉽지 않으며, 셋째 포커

---

장점이 있다. 그러나 비용은 응답자로 어떤 지역의 어떤 사람을 선정하 느냐에 따라 달라지기 때문에 획일적으로 말하기는 어렵다. 넷째, 설문 설계가 용이하고, 사후추적조사도 가능하다. 구조화된 설문조사의 경우 면접자가 사전에 꽉 짜인 설문을 들고 융통성 없이 면접을 진행하도록 되어 있다. 그러나 포커스그룹인터뷰에서 사회자는 융통성 있게 질문할 수 있다. 때문에 집단 내에서 제기된 문제들을 계속해 추적하기가 용이 하며, 응답자들이 제시한 답변을 정확하게 정리하는 데도 도움이 된다. 다섯째, 포커스그룹인터뷰는 한 응답자가 언급한 것을 다른 응답자가 생각을 더 발전시켜 나갈 수 있다는 점에서 다른 연구방법에 비해 장 점을 갖는다고 할 수 있다. 사회자가 능력이 있다면 토론 과정에서 응 답자들로 하여금 핵심 주제나 다른 사람의 견해에 자기 의견을 덧붙여 나가는 일종의 눈덩이 효과(snowball effect)를 이끌어 낼 수 있다. 반면 포커스그룹인터뷰의 단점은 다음과 같다. 첫째, 경우에 따라 포커 스그룹인터뷰과정에서 한 사람이 대화를 독점하여 다른 참가자들에게 자신의 의견을 강요하려는 분위기가 지배하게 될 경우, 자연히 다른 응 답자들은 불쾌감을 갖기 쉬우며, 인터뷰 전반에 대해 거부감이 생기기 쉽다. 사회자는 이 같은 사태가 더 악화되지 않도록 하기 위해 이를 지혜롭게 통제해야 한다. 둘째, 사회자의 능력에 따라 포커스그룹인터 뷰의 성패가 의존하기 쉽다. 사회자는 어느 시점에서 더 상세한 정보를 탐색해야 하는지, 응답자들의 토론이 적절하지 않은 방향으로 전개될 경우 어떻게 멈춰야 하는지, 모든 응답자들이 대화에 참여할 수 있도록 하기 위해 어떻게 배려해야 하는지 등에 대해 전문성을 갖고 있어야 한다. 셋째, 양적 자료를 수집하는 데 적절하지 않다. 수량화가 중요한 연구에서 포커스그룹인터뷰는 보충적인 연구기법으로 활용하는 것이 바람직하다. 이 밖에 포커스그룹인터뷰는 응답자가 모두 자원자로 구성 되며, 여러 응답자가 동시에 모여야 하기 때문에 포커스그룹인터뷰를 할 수 있는 시간과 공간이 제한되며, 토론 내용이 연구주제에서 벗어날 경우 그 유용성이 없을지도 모른다는 등의 단점이 존재한다(채서일, 2003).

스그룹인터뷰를 수행하더라도 응답자 사이에 존재하는 직급 차이나, 문화적 차이로 인해 자유로운 의견교환이 이루어지지 않을 가능성이 높다고 판단했기 때문이다.

이 같은 맥락에서 본 연구는 중국 규제기관 담당자 및 중국의 한국 텔레비전 드라마 프로그램 수입회사 종사자, 한국 텔레비전 드라마를 중국으로 수출 및 수입하는 국내 방송사 유통종사자의 인식과, 이들의 인식에는 어떤 차이가 존재하고 있으며, 그러한 차이가 어떤 이론적 유형과 결부되어 논의될 수 있는지 탐색해 보고자 한다.

## 제2절 심층면접 대상

면접대상자 선정에서 중국의 경우 한국 텔레비전 드라마의 중국 내 유통에 영향력을 행사하는 정책담당자와 주요 방송국 종사자에 초점을 맞추었다. 그 이유는 중국은 사회주의 국가로서 정부 부처 및 정부기관에 정책결정 권한이 집중되어 있기 때문이다. 한편 우리나라의 경우 중국에 텔레비전 프로그램을 수출하는 지상파방송사 종사자에 중점을 두었다. 우리나라의 경우 텔레비전 프로그램의 국가 간 유통에 관해서는 정부기관이 규제하기보다는 방송사업자들의 자율적 판단에 따라 처리되는 것이 일반적인 상례이다. 따라서 이들 전문가를 대상으로 한국 텔레비전 드라마의 중국 내 유통에 영향을 미치는 요인에 대한 인식을 각각 파악해서 상호 교차 비교해 보는 것은 답보 상태에 있는 두 나라의 드라마 프로그램 유통에 대한 진단과 함께하고 향후 방향성도 예측해 볼 수 있는 점에 의의가 있다 하겠다.

## 1. 중국 프로그램 유통 전문가

한류열풍에 힘입어 한국 드라마의 중국 내 유통은 상당히 활발하게 전개되어 왔다. 그러나 21세기에 접어들면서 중국에서 한국 드라마의 유통이 점차 어려워지고 있다는 것이 국내 방송사 유통회사들의 공통된 인식이다. 본 연구에서는 그 원인을 심층적으로 파악하기 위하여 정부기관 소속 3명, 방송국 소속 3명, 유통사업자 소속 1명 등 총 7명을 중국 측 전문가 면접대상자로 선정하였다.

면접대상자 선정과정은 다음과 같다. 먼저 면접대상자의 범위는 중국 방송 산업 정책을 담당하는 정부기관, 방송국, 광전총국, 한국과 텔레비전 드라마 유통 업무를 수행하는 회사의 종사자로 한정하였다. 정부기관 소속 전문가는 해당 기관 직원[57]과의 사전 접촉을 통해, 면접대상자를 파악하였으며, 한국과 중국의 텔레비전 프로그램 유통에서 정책결정권을 갖고 있는 담당자를 중심으로 면접대상자를 선정하였다. 방송국의 경우도 중국 정부기관 소속 직원과의 사전 협

---

57) 최성호. 36세. 조선족 광전부장(장관) 비서관의 추천.

의를 통해 선정하였으며, 주로 한국 텔레비전 프로그램 유통과 심의
업무 정책을 입안 및 실행하고 있는 담당자를 중심으로 선정하였다.

중국 면접대상자 현황은 다음과 같다. L. B는 정부기관 소속으로
약 25년 동안 중국과 외국과의 방송·광고·애니메이션 등 모든 프
로그램의 수출입, 허가 및 조정의 실무를 담당했다. C. Y.는 정부기
관 소속으로 수입된 방송프로그램의 심의, 방송 여부 결정, 지방 정
부기관과의 심의조직 관리 등의 업무를 수행하고 있다. Q. X.는 정
부기관 소속으로 외국에서 수입된 텔레비전 프로그램 심의정책과 중
국 내 방송 여부를 결정하는 실무를 담당하고 있다.

〈표 10〉 중국 면접대상자 현황

| 구분 | 이름 | 소속 | 직위 | 성별 | 연령 | 업무종사 기간(년) |
|------|------|------|------|------|------|------|
| C-A | L. B. | 정부기관 | 처장 | 남 | 50대 | 25 |
| C-B | C. Y. | 정부기관 | 국장 | 남 | 50대 | 23 |
| C-C | Q. X. | 정부기관 | 직원 | 여 | 30대 | 4 |
| C-D | Q. M. | 방송국 | 국장 | 남 | 40대 | 24 |
| C-E | G. L. | 방송국 | 차장 | 여 | 40대 | 15 |
| C-F | Q. P. | 방송국 | 차장 | 남 | 40대 | 18 |
| C-G | Y. S. | 유통사업자 | 사장 | 남 | 40대 | 11 |

Q. M.은 방송국 소속으로, 외국 텔레비전 프로그램 수입 및 방송
업무, 그리고 정부기관과의 협력업무를 담당하고 있다. G. L.은 방송
국에서 외국 프로그램 수입 실무를 담당하고 있다. Q. P.는 방송국

소속으로, 외국 프로그램 심의 및 조정업무를 맡고 있다. Y. S.는 텔레비전 프로그램 유통회사 사장으로 활동하면서, 한국 텔레비전 드라마를 중국에 독점 수입하기도 했다.


## 2. 한국 프로그램 유통 전문가

한국 측 전문가의 경우, 한국 텔레비전 프로그램을 중국에 수출하는 회사에 종사하는 전문가를 중심으로 선정하였다. 국내 방송업계 종사자를 대상으로 하는 심층면접조사는 지상파방송사의 자회사 각 1~2명, 한국 및 중국 드라마 수출입 배급망을 가진 유통사업자 대표 등 총 8명을 조사대상으로 선정했다.

면접대상자 선정과정은 주로 지상파방송 3사의 계열회사에서 주로 담당하는 국내 텔레비전 드라마의 수출 및 유통 담당자로 한정하였다. 그 이유는 현재 우리나라에서 중국 내 텔레비전 프로그램 유통 업무를 담당하는 전문가는 극소수에 불과하기 때문이다. 실제로 이들 회사에서 외국과의 프로그램 유통 업무를 담당하는 부서의 직원들은 평균 3명~10명 사이에 불과하다. 더욱이 이들은 중국 외에도 다른 여러 나라와의 텔레비전 프로그램 거래업무를 총괄적으로 담당하고 있다. 따라서 중국으로만 국한할 경우 국내 실무 담당자는 극소수(총 10명 이내 추정)에 불과한 것으로 추정된다. 또한 방송국 이외의 중국전문가 집단에서도 중국 방송에 대해 통찰력 있는 전문가를 찾기 어렵다는 점도 방송국 근무자를 면접대상자로 선정하게 된 원인으로 작용하였다.

〈표 11〉 한국 면접대상자 현황

| 구분 | 이름 | 소속 | 직위 | 성별 | 연령 | 업무종사<br>기간(년) |
|------|------|------|------|------|------|------|
| K-A | N. J. | 지상파방송<br>자회사 | 직원 | 남 | 30대 | 5 |
| K-B | P. J. | 지상파방송<br>자회사 | 팀장 | 남 | 40대 | 15 |
| K-C | J. H. | 지상파방송<br>자회사 | 차장 | 남 | 30대 | 8 |
| K-D | D. K. | 지상파방송<br>자회사 | 직원 | 남 | 30대 | 6 |
| K-E | K. Y. | 지상파방송<br>자회사 | 팀장 | 남 | 40대 | 13 |
| K-F | K. H. | 지상파방송<br>자회사 | 팀장 | 남 | 40대 | 9 |
| K-G | K. J. | 지상파방송사 | 팀장 | 여 | 30대 | 4 |
| K-H | P. J. | 유통사업자 | 대표 | 남 | 40대 | 11 |

면접대상자 현황을 구체적으로 살펴보면 다음과 같다. N. J.는 지상파방송국 자회사 소속으로 중국을 포함한 외국 텔레비전 프로그램 유통업무를 담당하고 있다. 당시 팀장급 직원을 조사대상자로 선정하였으나, 조사 기간 동안 외국에 장기 출장 중이었기 때문에 불가피하게 담당 직원으로 조사가 이루어졌다. P. J.는 지상파방송 자회사에서 해외프로그램 유통을 총괄하고 있으며, 관련 분야에 약 15년

간 종사하였다. J. H.는 지상파방송 자회사 소속으로 중국을 포함한 해외 프로그램 유통을 전담하고 있다. D. K.는 지상파방송 자회사에 근무하며, 중국 텔레비전 프로그램의 유통을 전담하고 있다. K. Y.는 지상파방송 자회사 소속 팀장으로 중국을 포함한 자사 프로그램의 해외유통을 총괄하고 있다. K. H.는 지상파방송 자회사 팀장으로 중국을 포함한 해외 프로그램 유통업무를 담당하고 있다. K. J.는 지상파방송 소속으로 자국 프로그램의 중국 유통을 담당했다. P. J.는 한국 텔레비전 프로그램의 중국 내 유통을 주로 수행하며, 중국 프로그램을 수입하기도 하는 유통회사 대표이다.


## 제3절 면접방법


### 1. 면접절차


#### 1) 중국 프로그램 유통 전문가

중국 전문가 대상 심층면접을 진행하기에 앞서, 2004년 6월에 질문의 요지를 사전에 전달하여 연구자의 연구목적을 주지시켰다. 이후 중국 전문가 심층면접은 2004년 7월 10일부터 17일까지 중국 현지에서 각각 2회씩 실시하였다. 심층면접 순서는 정부기관 대상자의 경우 연구자가 해당 기관 회의실에서 인터뷰를 주재하였으며, 인터 뷰 대상자는 사전에 할당된 인터뷰 순서대로 차례로 이루어졌다(1차 인터뷰: 2004년 7월 10일 14:00~17:00, 2차 인터뷰: 2004년 7월 13 일 14:00~17:00).

방송국 인터뷰 대상자도 이와 동일한 방식으로 진행되었다. 면접 대상 방송국 국제접견실에 연구자가 위치하고 있었으며, 면접대상자 는 사전에 할당된 인터뷰 순서에 따라 차례로 이루어졌다(1차 인터 뷰: 2004년 7월 12일 09:30~12:00, 2차 인터뷰: 2004년 7월 15일 13:00~14:30). 배급업자 인터뷰는 북경사범대학 회의실에서 2차에 걸쳐 이루어졌다(1차 인터뷰: 2004년 7월 15일 18:00~20:00, 2차 인 터뷰: 2004년 7월 17일 18:00~20:00). 심층면접에 따른 통역 및 번 역은 북경광파학원 일본어과 황미화 교수[58]를 통해 이루어졌다. 심 층면접에 따른 통역, 녹취 및 번역도 조사연구방법론에 따른 객관성 과 타당성 유지를 위해 노력했다.

---

58) 광전부와 CCTV 인터뷰 시 북경 방송대학 일본어과 황미화 교수(40세, 조선족)가 하였고 배급업자 인터뷰 시는 별도의 통역 없이 한국어로 이 루어졌다. 인터뷰 내용은 인터뷰 대상자의 양해 없이 고성능 녹음기를 사용해 녹취를 했고, 귀국해 중국어 부분은 신추월(한국국적 조선족, 동 아방송대학 중국어 강사)에게 의뢰해 녹취 번역을 하여 연구에 활용했다.

## 2) 한국 프로그램 유통 전문가

국내 방송업계 종사자를 대상으로 하는 심층면접조사는 중국과 드라마 수출입 업무를 담당하는 전문가를 대상으로 2004년 10월 11일부터 25일까지 각각 2회 실시하였다. 인터뷰는 조사대상자가 근무하는 회사에 연구자가 직접 방문하는 형태로 이루어졌다. 인터뷰는 조사대상자와 사전 접촉을 통해 인터뷰 일정을 결정하였으며, 사전에 준비된 문항 및 인터뷰 내용에 기초하여 추가적인 질문을 제시하는 형태로 진행하였다. 인터뷰 중에 녹취를 시도하였으나 대부분의 조사대상자가 녹취에 대해 부정적인 태도를 나타내 주로 기록에 의존하였다.

## 2. 면접내용

### 1) 사전 면접

심층면접에 사용할 조사항목은 국내 전문가를 대상으로 사전 면접을 통해 추출되었다. 사전 면접 대상은 지상파방송 자회사에 근무하는 프로그램 해외유통 전문가 3명이었다. 조사 기간은 2004년 5월 12일부터 14일까지 조사대상자들이 종사하는 회사의 회의실에서 수행했다. 사전 면접 내용은 국내 전문가들이 텔레비전 드라마를 중국에 유통시키는 과정에서 획득하게 된 방송시장의 환경변화와 한류가 미치는 영향, 중국 내 유통과정에서 이들이 마주치는 문제들을 중심으로 자유롭게 토론하는 형식으로 이루어졌다. 조사항목이 결정된 후에는 이메일을 이용하여 사전 면접 대상자들과 추가적으로 의견을 교환하였다.

## 2) 본 면접

사전 면접을 통해서 작성된 조사항목을 토대로 다음과 같은 주요 면접 항목을 추출하였다. 먼저 한국 텔레비전 프로그램의 중국 내 유통 촉진요인으로 경제적 측면에서 중국 방송 산업의 급격한 발전이 이루어진 배경에 대한 이론적 시각과, 이 같은 방송 산업의 발전이 한국 텔레비전 드라마의 중국 내 유통에 미친 영향 등이 구성되었다. 또한 문화적 측면에서는 중국에서 한류 및 드라마 유통이 등장한 배경과, 전문가 입장에서 한류 및 드라마에 대한 중국인들의 인식에 대한 이론적 평가, 그리고 한류가 한국 텔레비전 드라마의 중국 내 유통에 미친 영향에 대한 상관관계 등을 중심으로 구성하였다.

〈표 12〉 한·중 전문가 심층면접 항목

| 구분 | 주요 면접항목 |
|---|---|
| 자유-통제<br>시각 | 1. 한국 텔레비전 드라마의 중국 내 유통이 증가한 배경은 무엇인가?<br>2. 한국 텔레비전 드라마의 중국 내 유통증가와 한류의 등장이 중국사회에 미친 영향은 무엇인가?<br>3. 한국 텔레비전 드라마의 중국 내 유통은 시장경제 원리에 맡겨야 한다고 생각하는가?<br>4. 중국정부의 한국 텔레비전 드라마의 중국 내 유통 규제가 미친 영향은 무엇인가? |
| 발전-종속<br>시각 | 5. 한국 텔레비전 드라마의 중국 내 유통증가가 중국의 사회적·문화적 발전에 기여했다고 생각하는가?<br>6. 한국 텔레비전 드라마의 중국 내 유통이 중국 방송 산업의 발전에 기여한다고 생각하는가?<br>7. 한국 텔레비전 드라마의 중국 내 유통이 중국의 문화적 정체성을 훼손한다고 생각하는가?<br>8. 한국 텔레비전 드라마의 유통과 한류의 지속화를 위한 한국의 노력에 대한 중국정부의 입장은 무엇인가? |

아울러 한국 텔레비전 드라마의 중국 내 유통에서 정부의 제도적 규제요인에 관한 중국 및 한국 전문가의 인식을 살펴보는 문항으로 구성하였다. 특히 중국은 사회주의 국가로서 정부정책이나 규제가 다른 어떤 요인보다 커다란 영향을 미치는 것으로 추정되었다. 그리고 방송에 대한 정책결정은 중국 정책담당자들이 텔레비전 프로그램의 유통으로 나타난 사회적 영향을 어떻게 인식하느냐에 따라 달라진다는 점이 강조되었다. 때문에 중국정부의 외국 텔레비전 드라마 방송시간 제한 및 쿼터제, 외국 텔레비전 드라마 심의제도와 같은 제도적 규제요인이 한국 텔레비전 드라마의 중국 내 유통에 미친 영향에 관한 문항을 심층적으로 파악하는 데 집중하였다.

# 제5장

# 연구결과

## 제1절 중국 프로그램 유통 전문가 면접결과

중국은 약 15년간의 협상 끝에 2001년 12월 WTO에 가입하였다. 중국의 WTO 가입은 자본주의 국제질서에 본격 진입했다는 의미로 해석할 수 있다. WTO협정에 따라 중국정부는 외국 투자자들에게 시청각 시장을 개방했으나 텔레비전을 포함한 방송시장의 개방은 극히 제한하고 있다. 비록 WTO 협정이 텔레비전 영역에 직접적인 영향을 미치지는 않는다고 하더라도, 근본적이고 구조적인 산업개혁은 이미 1996년 이후 중국 텔레비전 시스템에 진행되어 왔다. 많은 미디어 학자, 교수, 정부 관료들은 외국자본에 대한 방송시장 개방이 장기적으로는 불가피하다고 예측하였다. 따라서 중국 텔레비전 산업은 글로벌 미디어 기업들로부터 심각한 도전에 직면할 것이라는 주장이 힘을 얻고 있다. 그러나 중국의 WTO 가입이 텔레비전 산업에 미치는 영향을 지나치게 과대평가하고 있다는 주장도 제기된다. 이 러한 주장은 텔레비전과 같이 민감한 영역은 중국정부가 문화적, 이 데올로기적 차원에서 강력한 통제를 가할 것이라는 데 근거한다(Liu, 2002). 이 같은 논쟁은 중국에서 아직도 지속되고 있다. 따라서 중요한 것은 텔레비전 산업의 개방과정에서 중국정부가 추구하는 전략은 무엇이며 실제로 무엇을 해 왔는가라는 점이다. 이 같은 맥락에서 중국 내 한국 텔레비전 드라마의 유통시장 성격에 대한 중국 측 전문가의 인식은 매우 중요하다고 볼 수 있다.

## 1. 한국 텔레비전 드라마 유통 특성에 대한 인식

중국 텔레비전 산업의 발전과정에서 중국정부는 결정적 요인이 되어 왔다. 역사적으로 중국정부는 1978년 덩샤오핑이 집권 이전에도 방송을 정치적 선전도구로 적극 활용해 왔으며, 그 후 시장경제 원리를 도입하는 과정에서도 정부정책의 홍보와 사회주의 이념보호라는 정치적 목적에서 방송 산업을 발전시켜 왔다. 그러나 21세기 들어서면서 방송 산업의 발전을 정부주도가 아니라 시장중심으로 구조변화를 모색하고 있는 실정이며, 이 과정에서 규제적 발전론 시각을 벗어나 규제적 보호론의 시각으로 옮겨가고 있다. 그러나 외국 텔레비전 프로그램의 중국 내 유통 증가 특히 한국 드라마의 유통과 그로 인한 한류의 확산은 중국정부의 시각을 규제적 보호론에서 규제적 발전론의 시각으로 회귀시킬 수 있다는 우려가 제기되고 있다.

## 1) 규제적 발전론

### (1) 정치적 목적의 유통시장 확대

중국정부 1980년대부터 지상파텔레비전을 비롯한 케이블TV, 위성방송 등의 매체를 발전시키는 데 많은 노력을 기울여 왔다. 실제로 중국에서 텔레비전 방송국의 수는 1990년대 들어 양적으로 급격히 팽창했다. 1990년대 초반 신설된 텔레비전 방송국 수는 1950년대부터 1980년대까지 생겨난 방송국 수에 맞먹는 것이었다(Hong, 2000).

그러나 응답자들은 중국정부가 방송국의 양적 팽창에 힘을 기울인 것은 자유주의와 시장경제 체제로 나아가기 위한 것이라기보다는 오히려 통제를 강화하기 위한 것으로 지적되었다. 이들은 중국정부가 텔레비전 산업에 대한 투자를 확대시킨 것은 중국인들에게 정부의 개혁·개방정책과 그에 따른 활동성과를 널리 인식시키고, 서구 자본주의 이데올로기로부터 사회주의 체제를 보호하여 사회 안정을 유지한다는 정치적 목적에 따른 것이라고 지적했다.

> "중국은 개혁·개방 이후 인민들에게 국가정책을 선전하기 위하여 중국정부는 성, 시, 현을 중심으로 3,000개가 넘는 방송국을 새로 만들었다. 그리고 이들 방송국을 통해 정부의 활동성과를 인민들에게 널리 알리려 하였다."(C-A)

"1980년대와 1990년대 중국의 텔레비전은 양적으로 급격히 팽창했다. 그러나 텔레비전의 보급은 이데올로기 선전을 목적으로 하는 영화와, 정부활동을 인민에게 알리기 위한 좌담 프로그램 등을 통해 사회주의 체제와 사회 안정을 더욱 확고하게 다지기 위한 성격이 강했다."(C-G)

이 같은 맥락에서 응답자들은 중국의 텔레비전 산업발전 과정을 서구의 시각에서 해석하는 것은 부적절하다고 지적했다. 민주주의와 시장경제를 추구하는 서구사회에서 텔레비전 등은 사회발전과 혁신을 일으킬 수 있는 동인으로 간주되지만, 중국에서 텔레비전은 정부정책 홍보, 사회주의 이데올로기 보호, 사회적 안정 도모 등 전혀 다른 맥락에서 기능하며, 이를 위해 중국 정부가 텔레비전 시설확충에 적극 나섰다는 것이다.

"중국정부가 텔레비전 산업에 투자한 것은 정부와 당의 정책을 텔레비전을 통해 인민들에게 널리 알려 국가의 안정을 도모하는 데 기여할 수 있을 것으로 판단했기 때문이다. 중국은 지리적으로 넓고 다양한 민족으로 구성되어 있다. 때문에 이들을 통합하기 위한 수단으로 텔레비전이 유력하게 부각된 것이다."(C-B)

결과적으로 중국 텔레비전 산업의 발전은 서구 선진국의 시각에서 시장경제 체제와 정보의 자유로운 유통을 통해 제3세계 국가의 발전을 도모한다는 개방적 발전론과 달리, 중국정부의 엄격한 규제 속에서 이루어져 왔으며, 더욱이 경제적 목적보다는 정치적 목적에서 이루어졌다고 할 수 있다.

## (2) 사회 안정 목적의 사전 심의 규제

1990년대 초반 다국적 미디어기업의 활동이 활성화되면서 중국 텔레비전 산업에는 외국 문화상품의 유입이 확산되기 시작했다(Chan Ma & Leung, 2000). 대만 텔레비전 프로그램의 중국 본토 진출에 이어 일본과 한국 텔레비전 드라마가 중국에 진출하면서 독자적인 시장을 형성하게 되었다. 이 같은 과정에서 중국은 무엇보다 국가통합과 사회주의 이념보호로 대변되는 사회 안정의 중요성을 강조하고, 이를 위한 사전 심의 규제를 강화하고 있다.

중국은 다양한 민족으로 구성되어 있는 국가이다. 또한 중국은 사회주의 국가체제를 유지하고 있다. 때문에 중국정부는 민족 간 갈등을 부추길 수 있는 내용이나 사회주의 이념에 훼손을 가할 수 있는 내용에 대해서는 사전 심의를 통해 엄격한 규제를 가하고 있으며, 여기에는 외국 텔레비전 프로그램도 예외가 아니다. 아울러 폭력물, 음란물 등과 같이 청소년들에게 해로운 영향을 미칠 수 있는 프로그램에 대해서도 규제를 가하고 있다.

중국의 방송정책과 규제를 담당하고 있는 정부기관 소속의 응답자들은 외국 텔레비전 프로그램 사전 심의 규제의 정당성을 첫째, 폭력이나 색정 등의 내용을 담고 있는 수입 프로그램이 중국사회에 유통되어 자칫 청소년 계층에 부정적 영향을 사전에 차단하기 위한 것이다. 둘째, 중국 사회의 안정을 해칠 수 있는 프로그램의 유통을 차

단하기 위한 것이다. 셋째, 사회주의 이념을 보호하기 위한 것이라고
주장하였다.

　　"청소년들에게 부정적인 영향을 미칠 수 있는 폭력, 색정 등의 내
용이 유포되지 않도록 사전에 차단해야 한다. 이 같은 문화적 보호를
위해 정부가 심의제를 운영하고 있는 것으로 이해해야 할 필요가 있
다."(C-C)

　　"몇 년 전에 중국정부가 제정한 법률에서 청소년 보호에 관한 내용
이 있다. 법에 입각하여 폭력과 색정을 반영하는 드라마의 방송을
CCTV는 막을 것이며, 정부도 이는 막을 것으로 생각한다."(C-D)

　　"한국 영화, 한국 드라마를 포함하여 외국 프로그램이 중국 내 유
통되기 위해서는 심의제도를 거쳐야 한다. 심의제는 중국을 포함한
어느 국가, 어느 정부에서도 운영하고 있는 제도이다. 심의제도는 중
국사회에 해가 될 수 있는 내용이 유포되는 것을 사전에 차단하기 위
한 목적이다. 따라서 프로그램 심의제가 한국 드라마의 유통량을 감
소시키는 주요 원인이라고 인식할 필요는 없을 것으로 생각된다."(C-A,
C-C)

　한편 응답자들은 중국이 외국 텔레비전 프로그램 유통에 대해 엄
격한 심의제도를 유지하는 이유는 사회적 안정을 유지하기 위한 목
적이라는 점을 강조하고 있다. 특히 중국은 나라가 크고 민족이 다
양하기 때문에 외국 드라마의 중국 내 유통에서 심사기준 원칙을 반
드시 지키는 것이 중요하다고 강조하였다.

"중국은 나라가 크고 민족이 많기 때문에 반드시 원칙을 지켜야 한다. 그 원칙이란 드라마 내용이 나라와 정부의 이익에 영향을 주는가의 여부라고 할 수 있다. 이 외에 세부 규정이 있지만 이들은 그다지 큰 영향을 준다고 생각하지는 않는다. 국산 드라마든 외국 드라마든 폭력, 색정, 도박 등에 관한 내용은 엄격하게 막고 있다."(C-C)

"중국은 56개 민족으로 이루어져 있으며 겨울철에는 북쪽과 남쪽의 온도 차가 크다. 또 중국은 도시는 발달되어 있으나 내륙은 그렇지 못하다. 그래서 국가가 하는 일을 국민들에게 알려서 국가적인 목적을 국민들이 잘 이해하고 받아들이게 해야 한다."(C-B)

아울러 중국의 국가체제나 이데올로기에 저해될 수 있는 프로그램에 대한 심의는 현재적 사실이든지 과거의 역사든지 단호하게 대처해 왔다(주봉의, 1994). 이는 최근 중국이 시장경제 원리를 도입함에 따라 서구의 자본주의와 소비문화가 더욱 확대될 것으로 전망되는 상황에서 일종의 국가체제 안정의 차원에서 규제가 더욱 엄격히 이루어지고 있다고 불 수 있다.

"2005년 4월 CCTV에서 24회(120회 예정)로 조기 방송되었던 한국 드라마 명성황후는 한국에서 말하는 것처럼 청나라시대를 부정적으로 제작했기 때문이라고 하기보다는 나중에 따로 방송할 계획이 있기 때문이다."(C-D)

외국 텔레비전 프로그램 수입에 대한 심의제도가 중국 전문가들이 제시한 근거와 달리 심의 기간 지연 등을 통해 외국 텔레비전 프로그램 유통을 차단하는 수단으로 작용하고 있다는 문제제기에 대해, 정부기관 소속 응답자들은 다음과 같은 입장을 제시하였다. 먼저 심의 기간이 지연되는 이유는 수입된 외국 드라마에 대한 심의가 1차와 2차에 걸쳐 이루어지기 때문에 이 과정에서 다소 시간이 걸릴 수 있다는 것이다. 또한 1차 심의는 프로그램을 수입하는 방송국 내부에서 수행되지만, 그 이후에는 광전총국에서 직접 수행하기 때문에 좀 더 시간이 걸릴 수 있다는 것이다.

"심의가 오래 걸리는 이유는 첫째, 방송국에서 외국 드라마를 받아들일 때 1차적으로 방송국 내부에서 통과한 이후 광전총국이 업무를 시작하기 때문이다. 중국에서는 2004년 7월 1일부터 행정호구법이라는 것을 만들었는데, 여기서는 대략 20일 동안 전문가들이 2차에 걸쳐 심의를 하도록 되어 있다. 특히 드라마에서 중국과 관련된 부분이 있을 경우 심의 기간이 더욱 지연되는 경우가 발생한다. 아울러 심의위원의 수가 적은 것도 수입 드라마에 대한 심의 기간이 지연되는 하나의 원인이 된다."(C-C)

"광전총국 심의위원은 국가 관계기관에 종사하는 전문가로 구성된다. 이들은 국가 정책 유관기관을 장악하고 있는 사람을 중심으로 구성되어 있으며, 장군, 교수, 제작자 등도 포함되어 있다. 드라마를 심의할 때, 민족이나 군사 등과 유관되는 부분은 군사처와 접촉해서 심의를 거친다. 심의개최는 거의 하루에 한 번씩 한다. 광전총국 전문가들이 매일 한다. 그렇지만 우리가 해결하지 못하면 군사처와 해결한다."(C-B)

광전총국의 이 같은 해명에 대해, 한국 텔레비전 드라마를 수입하는 중국 회사는 직접적인 피해를 입는 경우가 발생한다고 지적하였다. 다시 말해 텔레비전 프로그램 수입과정에서 반드시 거쳐야 하는 심의과정이 지나치게 오랜 시간이 걸리면서 방영 시기를 놓치는 경우가 발생하거나, 심지어 한국 텔레비전 드라마를 수입하고도 방송을 못 하는 사례까지 있는 것으로 나타났다.

"예전에도 쿼터제나 심의제가 있었다. 우리가 <신데렐라>라는 드라마(24회분)를 수입한 적이 있는데, 수입한 이후 방송까지 3년이 걸렸다. 수입해서 허가를 받기까지 3년을 기다리다 보니 드라마 방영의 시의성이 상실되었다."(C-G)

"허가가 들어가게 되면, 수출회사에 70% 정도 지불합니다. 허가를 받는 것은 한국의 수출회사와 전혀 상관이 없다. 계약한 돈은 다 줘야 한다. 예전에 우리가 북경방송국과 <아파트>라는 드라마를 수입한 적이 있다. 최진실, 채시라, 김지호, 김민종 등이 나오는 드라마였는데, 54회 분량을 편당 4천5백 불에 구입했다. 그러나 결국 방송을 못 해 손해를 보고 말았다."(C-G)

지금까지 살펴본 바와 같이 중국정부의 외국 텔레비전 프로그램 심의제 운영은 청소년 보호, 사회 안정과 사회주의 이념 보호에는 효율적으로 기능하지만, 지나치게 엄격한 심의기준을 적용함으로써 자국 드라마 소재 수준과 유사한 외국 프로그램만이 수입되고, 결과적으로 중국 방송의 전체적인 질적 수준의 다변화가 이루어지지 못하는 요인이 되고 있다고 지적되었다.

　　"중국의 수입 드라마 심의가 너무 엄격해 한국 프로그램도 거의 같
은 종류만 들어오니까, 중국의 젊은이들은 텔레비전 드라마를 보지
않고 조폭마누라 같은 심의에 탈락한 영화와 드라마를 불법테이프를
사서 보기 때문에 심의 탈락 테이프가 더 인기 있다. 이런 문제가 있
어 우리도 방향을 어떻게 잡아야 하나 고민한다."(C-F)

### (3) 산업보호 목적의 방영시간 규제

　　중국의 외국 텔레비전 드라마 방영시간 규제는 텔레비전 산업보호
를 위한 행정규제라고 할 수 있다. 텔레비전 산업보호 논리는 국가
간 무역에서 자주 거론되고 있는 산업보호론 또는 유치산업보호론에
입각해 있다고 볼 수 있다. 산업보호론의 핵심은 특정산업이 성장하
여 규모의 경제가 발생할 수 있을 때까지 일정 기간 동안 외국과
경쟁하지 않도록 보호되어야 한다는 것이다. 일정한 시간이 보장될
경우 대량생산의 경제와 기술적 효율성을 발휘될 수 있는 산업의 경
우 초기에는 비록 소비자 가격이 높아지더라도 일정 기간이 지나 해
당 산업이 충분히 효율성을 발휘할 경우 결과적으로 소비자들은 비
용과 가격이 저렴해진다는 것이다.

　　따라서 중국정부의 외국 텔레비전 프로그램 방영시간 규제는 경제
적 차원에서 중국 텔레비전 프로그램에 대한 수요를 보장함으로써
제작시장 활성화를 유지하는 정책이라고 할 수 있다. 특히 외국 텔
레비전 프로그램 방영시간 규제는 대자본이나 광고주의 영향력이 증

가하는 시기에 보다 높은 효과를 거둘 수 있다(송경희, 2003). 왜냐하면 다국적 미디어사업자의 자국시장 진출에 대한 보호막의 역할을 담당하기 때문이다.

중국의 방송정책 및 규제기관에 종사하는 응답자들은 최근 외국 드라마 방영시간 규제 강화에 대해 다음과 같은 입장을 제시하고 있다. 과거 중국에서는 자체제작 프로그램이 부족했기 때문에 외국 드라마에 대한 수요가 높았다. 그러나 최근에는 중국에서도 드라마가 많이 제작되고 있으며, 여기에 외국 드라마도 많이 수입되고 있기 때문에 중국정부는 텔레비전 산업을 보호하기 위해 외국 드라마 프로그램 방영시간을 제한할 수밖에 없다는 것이다.

한편 중국 방송규제와 정책을 담당하는 기관 소속의 응답자들은 한국 텔레비전 드라마의 중국 내 일방적 유통에 대해 상호 호혜적인 측면의 강화를 요구했다. 다시 말해 한국 드라마가 중국에 수출되는 양만큼, 한국에서도 중국 드라마를 수입해야 한다는 것이다. 또한 텔레비전 프로그램 유통의 불균형 해소를 위해, 중국 정부가 제도적 차원에서 적극 개입할 필요성을 인식하고 있다고 주장하며, 이 같은 제도적 개입은 중국의 경제와 문화를 보호하기 위한 정당한 조치라고 인식하고 있었다.

"한중수교 이후 문화교류가 증가하고 있다. 최근에도 1997년 이후 매년 광전총국, CCTV, KBS 사이에 문화교류가 빈번할 뿐만 아니라, 한국에 방문 시 변경된 제도를 설명하는 기회를 가지기도 했다. 1995년 이전엔 중국 촬영이 복잡해서 민간 교류는 엄두도 내지 못했다.

그 당시는 방송용 카메라를 가지고 북경 수도공항을 한국의 방송국 등이 통과하지 못했던 시기였지만 요즘은 민간에서의 교류도 빈번하다."(C-A)

"중국은 점차 성숙되는 과정에 있다. 그러한 과정에서 중국이 민족의 경제와 문화를 고려하는 것은 당연한 것이다. 한국에서도 경제나 문화방면에서 발전과정에 있는 산업에 대해서는 보호하고 있다고 알고 있다. (외국 드라마 수입에 대한 제도적 규제가) 중국에서는 큰 문제라고 생각하지 않는다. 우리는 정부로서 문화방면에 대한 제도개선은 당연한 것이다."(C-B)

"매년 교역량에는 변화가 있지만, 전반적으로 중국의 드라마가 한국에 방영되는 시간에 비해 한국 드라마가 중국에서 방송되는 시간이 훨씬 많다. 따라서 한국에서 중국 드라마가 더 많이 방영되는 것이 필요하다. 그렇지 않을 경우 중국은 교역의 균형을 위해 규제를 강화할 수 있다."(C-B)

그러나 중국 정부기관 소속 응답자는 외국 드라마 수입규제가 장기화되는 것이 아니라 상황에 따라 변화될 수 있다는 점도 제시했다. 중국에서 규제는 법규에 의존하지만 법규 자체가 명확하지 않기 때문에 상대적으로 정책담당자의 상황판단이 매우 중요한 변인으로 작용한다. 따라서 중국의 경제적·사회적 여건에 따라 규제정책은 언제든지 변화될 수 있다고 지적했다.

"(외국 드라마 수입쿼터제는) 계속 변화된다. 정책적으로 15%를 유지하고 있지만, 방송비율은 각 방송국에서 최종적으로 결정된다. 우리는 광전총국으로서 주요 제도를 설정하는 것이다. 어떤 유형의 드라마가 방영될 수 있는가 또는 방영될 수 없는가를 결정하는 것이다. 예를 들어 제16차 전국대표대회가 있을 경우 유관되는 영화, 드라마를 방영하도록 하고 있다."(C-A, C-C)

"중국에서 한국 드라마 프로그램에 대한 제도적 규제는 지금과 같은 규제강도가 계속 유지되는 것은 아니다. 중국의 정치적·사회적 변화에 따라 규제는 역동적으로 변화될 수 있다. 이는 한국을 포함한 다른 나라에도 동일하다."(C-B, C-C)

한국 드라마의 중국 내 유통을 담당하는 회사 소속의 응답자도, 중국에서 정부규제는 아직 서구와 같은 행정체계가 명확히 자리잡고 있지 못한 상황이기 때문에 정책담당자의 인식에 따라 규제가 급변한다고 지적했다. 또한 사회주의 국가의 특성상 최고 권력자가 추구하는 정책이 변화되면 다른 규제들은 연쇄적으로 변화되기 마련이기 때문에, 현재와 같은 규제가 언제까지 계속되는 것은 아니라고 지적하였다.

"중국은 아직 서구 자본주의 국가와 같이 정부규제 체계가 명확히 자리잡지 못한 상태이다. 때문에 법과 규정보다는 해당 업무 책임자의 판단이 매우 중요하다. 또한 중국의 정치적·경제적 여건변화, 최고 권력자의 방침에 따라 규제가 변동되는 폭이 넓기 때문에 지금과 같은 규제강도가 계속 유지된다고 보기는 어려우며, 언제든 변화될 가능성이 있다."(C-G)

최근 중국정부는 강력한 산업보호 정책으로, 외국 텔레비전 프로그램 방송시간은 전체 방송시간의 25%를 초과해서는 안 되며, 특히 외국 텔레비전 드라마는 전체 드라마 방송시간의 20% 이내로 규제되며, 프라임타임 시간대에 외국 드라마는 방영될 수 없도록 조치하였다. 이에 따라 성급 방송국에서 1년 동안 방송할 수 있는 외국 텔레비전 드라마의 방송시간은 총 20시간에 불과하다. 이 같은 방송시간 제한은 매우 강력한 규제 조치이며, 이러한 규제가 원칙대로 시행된다면 상당 기간 한국 드라마의 중국 내 유통은 제한을 받을 것으로 판단된다. 응답자들도 중국 정부의 강력한 규제조치가 한국 등에게 많은 어려움을 줄 수도 있지만, 중국 입장에서 볼 때는 불가피한 조치라는 입장을 표명했다.

"최근 중국에서는 국산 드라마가 매우 많이 제작되고 있다. 프라임 타임 시간에는 뉴스 등 다른 프로그램도 방송되어야 하기 때문에 상대적으로 드라마가 방영될 수 있는 시간은 제한되어 있다. 따라서 이 시간에는 국산 드라마가 방송될 수 있도록 함으로써 국내 방송 산업을 보호하는 역할을 정부가 하고 있는 것이라고 생각하면 된다."(C-D)

"프라임 타임에 드라마를 방송하지 못하게 하는 것은 멀리는 중국의 프로그램을 보호하는 측면이 되지만 우선은 배급과 유통회사가 망할 수밖에 없다. 중국에서 배급 유통회사는 대부분 외국을 상대로 중국과의 프로그램 유통을 해야 한다. 그래야 이익이 많이 남는다. 국내 유통은 제작사가 직접 방송사와 거래를 하고 배급을 하더라도 많은 이익을 남기지 못한다."(C-G)

"한국으로서는 더욱 문제가 되는 것은 전체 수입하는 드라마 중 한 국가로부터 수입하는 총량이 25%를 넘지 못하는 규정을 법으로 만들려 하고 있다. 그렇다면 현재 중국과 활발히 드라마를 유통하는 한국 드라마를 규제할 목적으로 해서 만든 법이 아닌가 생각된다."(C-G)

지금까지 살펴본 바와 같이 중국은 텔레비전 프로그램 장르에서 가장 큰 비중을 차지하는 분야인 드라마에서 한국 텔레비전 드라마에 대해 적극적인 규제를 가하고 있다. 이는 자국 방송 산업을 보호 및 육성하여 일차적으로 중화권 국가를 대상으로 수출을 확대하고 나아가 세계시장에서 주요 프로그램 수출국으로 부상하기 위한 중국 정부의 장기적인 전략의 일환에서 추진되고 있다고 볼 수 있다.

"중국은 앞으로 홍콩 영화산업 정도의 방송 제작 사업을 활성화시킬 예정이다. 우선 중국은 전 시대 영화산업의 장비와 기술력이 보존되어 있다. 또 중국은 급속한 경제적 성장을 바탕으로 자본력을 방송 산업 발전에 투자할 수 있으며, 현재 동남아시아의 말레이시아 등은 화교권의 국가이므로 중국이 좋은 프로그램만 만들면 수출 시장은 얼마든지 열려 있다."(C-A)

## 2) 개방적 발전론

### (1) 외국 프로그램에 대한 수요

중국 텔레비전 산업기반의 발전이 정치적 목적에서 이루어졌지만, 시장경제 원리가 텔레비전 산업에 제한적으로 적용되면서 한국 텔레비전 드라마를 비롯한 외국 텔레비전 프로그램의 유통이 점차 증가하기 시작했다. "2004년 현재 중국은 368개의 텔레비전 방송국, 2,124개의 텔레비전 채널, 98%의 텔레비전 보급률을 갖고 있다. 또한 텔레비전 시청가정이 3억 6천만 가구, 시청자 수는 10억 7천만 명에 이른다."(아시아문화산업교류재단, 2004, 238쪽). 이 같은 텔레비전 산업의 급격한 발전은 텔레비전 프로그램 수요증가를 유발하여 한국 텔레비전 드라마의 수입을 촉진하였다는 것이다.

"중국정부는 방송국 수의 급격한 증가라는 외형적 성장에 비하여 프로그램 제작시설, 경비, 인적 자원 등의 제작기반에 대한 관심은 소홀했다. 또한 자체적으로 제작하는 프로그램도 체제선전의 성격이 강한 것이었기 때문에 사실상 다양한 프로그램을 제작해야 할 필요성이 그다지 높지 않았다."(C-D)

"중국은 영화산업이 이미 발전되어 있었기 때문에 텔레비전에서 영화를 많이 방송해 왔다. 그러나 시장경제 원리가 도입되면서 영화산업도 수익을 고려하지 않을 수 없게 되었다. 때문에 영화가 텔레비전에서 점차 사라지게 되면서, 텔레비전의 프로그램 부족현상이 가중되었다."(C-A)

한편 중국 측 전문가들은 외국 텔레비전 프로그램의 중국 내 유통증가 원인으로, 중국정부의 불균형한 텔레비전 산업 발전정책을 지적했다. 중국정부가 방송국의 양적 성장에만 집중한 결과 상대적으로 프로그램 제작기반에 대한 관심을 소홀히 했다는 것이다. 이는 당시 텔레비전 프로그램이 주로 사회주의 체제의 선전을 위한 것이므로 다양한 프로그램을 제작해야 할 필요성이 적었다는 점에도 기인한다. 그러나 중국의 경제성장에 따라 새로운 문화상품에 대한 중국인들의 수요가 확대되면서 이에 걸맞은 프로그램 공급이 부족했다는 것이다. 실제로 중국은 2001년 이전까지만 하더라도 중국 텔레비전 방송사의 제작능력으로 방송내용을 채울 수 있었다. 그러나 2001년에 들어서면서 상황이 완전히 변화되었다. 프로그램 방송시간이 2000년 4,335,000시간에서 2001년에는 9,562,000시간으로 무려 120.7%나 증가했다. 따라서 텔레비전 프로그램 제작수준이 방송수요를 충족시키지 못하게 되었다(강만석·강익희·송종길, 2003).

"1990년대 후반 중국에서 한국 드라마 수입이 급증했다. 이는 중국인의 경제수준이 높아지면서 문화적 취향이 다양해졌다는 점에 기인하기도 하지만, 무엇보다 방송시설은 갖추었는데 프로그램이 부족했기 때문이다."(C-G)

"1980년대 후반부터 사람들은 텔레비전을 통해 오락을 얻으려는 경향이 강해졌다. 예를 들어 북경 사람들도 관영 CCTV에 비해 약간 재미있는 북경텔레비전을 주로 시청했다. 한편 미국 영화가 불법으로 유통되어 매우 비싸게 판매되고 있었다. 때문에 광전총국 회의에서 중국 사람들과 관계가 적은 미국영화부터 제한적으로 수입하기로 결정했다."(C-B)

한편, 중국 측 전문가들은 한국 텔레비전 드라마를 비롯한 외국 텔레비전 프로그램 유통량 증가 배경으로 중국 시청자의 생활수준 향상을 지적하였다. 개혁·개방 정책과 경제성장에 힘입어 중국 시청자의 소득수준은 급격히 향상되었고, 이에 따라 이데올로기 프로그램 대신에 질 높고 다양한 프로그램을 요구하게 되었다는 것이다. 더욱이 방송국의 입장에서도 광고를 통해 재원을 조달하는 비중이 높아지면서 시청자의 이 같은 요구에 부응하지 않을 수 없는 상황이라고 지적하였다.

### (2) 한국 드라마 판매방식의 영향

한국 텔레비전 드라마의 경우 중국시장 개척 차원에서 한국이 가격에 크게 구애받지 않는 저렴한 판매방식을 추구했다는 점도 언급되었다. 아울러 한국이 집계하고 있는 프로그램 수출액 규모는 실제 가격보다 과장되어 있다는 주장이 제기되기도 했다. 이 같은 주장은 한국 텔레비전 드라마의 중국 내 유통에 대해 아직까지 정확한 실태 파악이 이루어지지 못하였거나, 국내 방송사업자들이 프로그램 판매 실적을 과장하기 위한 측면이 존재했던 것이 아닌가라는 추론이 가능하다.

> "한국 드라마가 중국에 처음으로 많이 유통된 것은 미국, 일본 드라마보다 가격이 저렴해서 당시 방송 프로그램 구입여건이 원활하지 못한 중국 방송사들이 많이 구입했다. 민간에서도 불법CD 등이 10~20위엔(1600원~3200원)이기 때문에 더 많이 유통될 수도 있지만, 중국은 WTO가입 후 정부에서 대대적인 불법유통 방송물을 단속하고

있다."(C－B)

"드라마 유통에서 보면 한국에 있는 중국대사관 문화관으로부터 들은 얘긴데 한국 드라마의 중국 수출금액이 몇 배 부풀려져 있다고 합니다. 중국에 수출가격은 편당 $3000~5000 수준입니다. 중국에서 배급업자들이 거래질서를 어지럽히는 거래를 하면 당장 광전총국으로부터 면허취소가 됩니다."(C－G)

이 같은 논의를 종합하면, 한국 텔레비전 드라마를 비롯한 외국 텔레비전 프로그램의 중국 내 유통 증가는 텔레비전 프로그램 제작 기반 미비라는 중국 텔레비전 산업의 구조적 요인, 중국 시청자의 소득수준 향상에 따른 문화상품 수요확대와 방송국 수익구조에서 광고매출액 비중 증가에서 비롯된 것이라고 할 수 있다.

중국정부는 1980년대 이후 지상파텔레비전을 비롯한 케이블TV, 위성방송 등 새로운 서비스를 경제적 효율성이 아니라 정치적 목적에서 지속적으로 도입하였다(Zhang & Harwood, 2004). 그러나 방송국의 양적 증가에 따른 중국정부의 재정지원이 충분히 이루어지지 못하게 되었으며, 시장원리 도입에 따라 방송국 운영에서 광고가 방송국의 중요한 수익원으로 부각되었다.

〈표 13〉 중국 텔레비전 광고 매출액 추이

(단위: 1백만 위안)

| 연도 | 광고액수 | 성장률 |
|------|---------|--------|
| 1997 | 59,928.9 | |
| 1998 | 62,326.0 | 4.0 |
| 1999 | 66,065.6 | 6.0 |
| 2000 | 68,708.2 | 4.0 |
| 2001 | 72,143.6 | 5.0 |
| 2002 | 75,029.3 | 4.0 |
| 종합연간성장률[1997-2001] 4.7% | | |

※ 출처: Snapdata Research

이에 방송국들은 더 많은 광고수입을 얻기 위해 시청자의 욕구에 부합되는 프로그램을 확보하는 데 적극적으로 나서게 되었고, 방송국의 이 같은 상황은 소득수준의 향상으로 보다 다양하고 질 높은 프로그램 시청을 원하는 중국인들의 욕구와 맞아떨어지면서 텔레비전 프로그램의 국제유통이 급격히 증가한 것이라고 할 수 있다. 아울러 한국 텔레비전 드라마의 경우 방송사업자의 판매 전략이라는 특수한 요인이 결합되면서 시청자와의 접촉기회가 증가했던 것으로 판단된다.

## 3) 규제적 보호론

### (1) 산업보호 관점

중국에서 모든 텔레비전 방송국은 국가소유이다. 때문에 외국자본이 중국 텔레비전 방송국에 침투할 여지가 없었다. 그러나 1970년대 후반 경제개혁이 추진된 이후 텔레비전 방송국의 재원구조는 급격히 변화되었다. 1979년 이후 광고는 텔레비전 방송국 수입의 주요재원으로 등장하였으며, 1980년대 후반에는 상당수의 텔레비전 방송국이 재정의 40~70%를 광고나 상업적인 활동에 의존할 만큼 높아졌다. CCTV의 경우에도 25% 정도만 정부로부터 재정지원을 받는 것으로 알려져 있다(Wang Yi, 1999). 이처럼 텔레비전 방송국의 재정에서 광고나 상업 활동이 차지하는 비중이 높아지면서, 응답자들은 중국 텔레비전 산업의 개방수위가 높아질수록 서구 국가와 글로벌 미디어의 세계화 전략에 의해 경제적 종속의 가능성이 높아질 것이라는 우려의 목소리가 높아졌다.

> "중국은 개혁·개방 정책 이후 급격한 경제성장을 해 왔다. 방송도 나름대로 비약적인 발전을 했다. 이제는 시장개방에 대비해 중국 내 프로그램 제작기반을 마련하는 데 초점을 맞출 필요가 있다."(C-D)

실제로 광전총국은 지난 2004년 10월 18일 <중외합자/합작라디오TV프로그램 제작경영기업관리잠정규정>을 발표하고 11월 28일부터 시행하겠다고 발표했다. 이 규정의 골자는 외국기업은 중국 회사들과 반드시 합작법인 형태로 참여해야 하며, 주식의 49%까지 소유할 수 있다. 또한 외국 유명브랜드가 중국시장을 석권하는 것을 막기 위해 새로 설립된 기업은 별도의 로고만 사용할 수 있으며, 초기자본금으로 200만 달러, 애니메이션 회사의 경우 100만 달러 이상을 출자하도록 규정했다. 또한 외국자본은 고정자산 혹은 기술투자 형식이 아닌 현금투자만 가능하며, 드라마·오락물·애니메이션·기획 프로그램은 제작할 수 있지만 시사보도물은 제작하지 못하도록 하고 있다(SARFT, 2004). 이 같은 조치는 중국이 현실적으로 외국자본을 수용하면서도 시장개방에 따른 경제적 종속을 우려하여 다양한 규제조치를 마련한 것이라고 할 수 있다.

"시장개방이 가속될수록 한국을 포함한 외국 텔레비전 프로그램의 유통도 증가하게 될 것이다. 지금까지 중국정부는 프로그램 제작기반 확충을 위해 많은 노력을 기울여 왔지만 수출되는 프로그램보다 수입되는 프로그램이 많은 것이 현실이다. 때문에 프로그램 유통의 불균형 상태가 계속될 경우 중국이 경제적으로 서구 국가에 종속될 우려가 존재한다. 따라서 중국은 호혜적인 차원에서 중국에 수출하는 텔레비전 프로그램 양만큼 수출국도 중국 텔레비전 프로그램을 수입해야 한다고 생각한다."(C-A)

중국의 텔레비전 산업은 1980년대 이후 급격한 성장을 거듭하여 2003년에는 13억 인구 가운데 약 12억 명의 사람들이 텔레비전을 시청할 수 있는 수준으로 발전되었다. 또한 중국은 최근 텔레비전 프로그램 제작여건 미비로 상당 부분 수입에 의존하던 위치에서 벗어나고자 노력하고 있다. 2000년대 들어 중국 정부는 채널난립으로 인한 텔레비전 산업의 경쟁력 약화를 방지하기 위해 방송사 간 합병 및 기업복합화를 추진하였다.[59] 2001년 7월 케이블 라디오와 케이블 TV가 지상파 라디오 및 지상파TV가 융합되었다. 이러한 개혁조치는 드라마와 같은 방송 프로그램 수용에 영향을 미쳤다. 과거에는 주요 성급 방송국 및 시급 방송국의 프라임타임대에 방송되는 드라마가 높은 가격으로 거래될 수 있었다. 그러나 융합 이후에는 프라임타임의 드라마에 대한 수요가 30%가량 감소할 것으로 예측되었다. "현재 연간 평균 드라마 수요는 약 2,000~3,000편이다. 그러나 40,000편의 드라마가 제작되고 있으며, 이 중에서 약 20,000편만이 인정받을 수 있다. 따라서 드라마의 약 15%만이 이익을 얻을 것이며 75%는 텔레비전으로 방영되지 못할 것으로 전망된다. 텔레비전 방송국들은 케이블과 지상파텔레비전의 결합으로 프라임타임 드라마 수요가 감소했으며, 따라서 텔레비전 방송국은 질 높은 드라마만 방송할 수 있게 될 것으로 전망된다."(강만석·강익희·송종길, 2003, 88쪽).

나아가 중국정부는 텔레비전 드라마 제작을 중국에서 수행하고, 이를 다시 아시아 국가를 포함한 서구 국가로 수출함으로써, 서구 국가에 대한 경제적 종속 우려를 극복할 뿐만 아니라 오히려 텔레비전 프로그램 수출국가로서 국제 문화산업의 중심에 서려는 전략을

---

59) 지상파텔레비전의 경우 1,065개에서 300여 개로, 케이블TV는 663개에서 200여 개로 감소했다. 2000년과 2001년 사이에 이루어진 이러한 합병과정을 거쳐 중국에는 354개의 텔레비전 방송국만이 등록되었다. 아울러 텔레비전 방송의 도달률은 93.6%로 높아졌으며, 케이블TV 가입 가구도 약 9천만 가구로 증가했다(TBI Year Book, 2002).

적극 추진하고 있다고 응답자들은 밝혔다.

  "지금까지 중국은 프로그램 제작기반을 지속적으로 확대해 왔다. 이로써 최근에는 각종 제작시설부터 전문 인력 양성, 노하우 습득까지 다양한 분야에서 산업발전을 이루었다. 앞으로 중국은 프로그램을 수입하기보다는 영상제작의 중심지가 되어 향후 수출에 주력할 필요가 있다."(C-E, C-F)

또한 중국은 프로그램 제작기반 확충 전략의 일환으로 외국과의 공동제작 방식에 대해서도 적극적으로 협력할 의사가 있음을 응답자들은 밝혔다. 특히 중국과 공동으로 제작하여 이를 다시 외국에 유통시키려는 의사를 가진 한국의 방송사업자에 대해서는 적극적인 환영의사를 표시했다.

  "중국과 한국, 중국과 일본, 중국과 홍콩 등과 함께 만든 드라마가 있으나 아직까지 크게 성공을 거두지는 못한 것으로 알고 있다. 그렇지만 만약 중국에서 프로그램을 제작하여 외국으로 수출하려는 생각을 가진 회사가 중국에 온다면 이를 크게 지지할 것이다."(C-A)

이처럼 중국은 2000년대 초반 라디오, 지상파텔레비전, 케이블TV 등의 합병을 통한 규모의 경제 확보와 텔레비전 프로그램 제작기반 확충 등의 노력을 통해, 중국이 서구 국가에서 제작된 텔레비전 프로그램의 유통창구로 전락하여 경제적으로 종속될 것이라는 우려는 어느 정도 씻어낸 것으로 판단된다.

## (2) 문화정체성 보호 관점

한국 텔레비전 프로그램의 중국 내 유통 증가에 대한 중국정부의 가장 효과적인 대응논리는 문화정체성 보호라고 할 수 있다. 이 시각은 서구 선진국에서 제작된 문화상품의 유통으로 상업화된 대중소비 문화가 확산되면서 자국의 문화적 정체성에 손상을 입게 된다는 것이 핵심적인 주장이다.

현실적으로 1990년대 후반 한국 텔레비전 드라마가 본격적으로 부각되기에 앞서, 중국에서는 일본문화가, 일본문화 이전에는 홍콩문화가 오랫동안 자리를 지키고 있었다(허진, 2002). 그러나 한국 텔레비전 드라마의 중국 내 유통 증가는 중국인들에게 한국 드라마 선호 현상을 불러오는 계기로 작용하였다. 시보청(柴葆靑, 2003)은 중국인의 텔레비전 시청행태가 주로 정보와 오락적 동기에서 이루어지며, 특히 오락추구에서 자국 드라마를 선호하는 경향을 드러내 왔으며, 외국 드라마 시청에서는 자신들의 실생활이나 문화환경과 밀접한 관계가 있는 주제를 선호하는 경향이 있다고 밝히고 있다. 이처럼 중국인들은 전체적인 텔레비전 시청은 자국 드라마가 주류를 이루고 있지만, 그럼에도 불구하고 한국 텔레비전 드라마는 홍콩문화와 일본문화가 주도하던 중국사회에 새로운 활력을 불어넣은 것으로 평가되고 있다(권진희, 2004).

"시장개방으로 중국인들의 가치관에 혼란이 발생하자 이러한 문제를 해결하기 위해 1980년대부터 주로 일본의 대중문화, 특히 애니메이션 등을 많이 수입해 왔다. 미국은 지리적으로 너무 멀고 인종도 다르기 때문에 거부감이 있었으나 일본은 사람들의 생김새나 사고방식이 비슷하다고 생각해서 많이 수입되었다."(C-C)

"중국의 프로그램 제작수준은 이제 한국과 비슷하다고 생각한다. 그런데도 한국 프로그램을 수입하는 것은 중국 사람들 중 일본드라마 좋아하는 사람도 많지만 한국 드라마를 좋아하는 사람도 많기 때문이다."(C-D)

그럼에도 불구하고 한류의 확산과 장기화는 중국의 지식계층이나 문화산업 종사자를 중심으로 반발을 불러올 수 있다. 실제로 최근 많은 중국계 연예인이나 지식인들이 한국 텔레비전 드라마의 인기를 문화제국주의적 시각에서 접근하여 비판하는 움직임이 높아지고 있다는 지적이 제기되고 있다.

"한국 드라마가 중국인들에게 인기 있는 것은 사실이지만, 한국 수출업자들이 중국을 문화교류의 대상으로 보지 않고, 단순히 한국 문화상품의 소비자로 이해할 경우 중국인들의 반발이 거세지지 않을 것이라는 보장은 없다."(C-A)

이 같은 반한류 기류는 우리나라에서도 감지되고 있다. 2005년 7월 18일 국회 한류연구회와 한국방송영상산업진흥원이 개최한 '한류, 한때의 유행인가'라는 세미나에서, 성균관대 최현주 겸임교수는 공급자 시각으로만 한류를 바라봐서는 안 된다고 지적하고, 최근 한류 수용국에서 수용자를 단지 상품 소비자로만 보는 문화제국주의적 한류 확산에 반발기류가 감지되고 있으며, 구체적 사례로 대만은 한국 드라마 수입 시 20%의 수입관세를 부과키로 하였다는 사례를 제시하기도 했다. 열린우리당 윤원호 의원도 탤런트 배용준 혼자 발생시킨 경제효과가 삼성전자 연 단위 총 매출의 5%에 이를 정도로 한류는 고부가가치 산업이지만, 최근 아시아 각국에 반한류 분위기가 조성되고 있으며, 심지어 중국 신문에는 한류는 치욕이라는 내용의 사설이 등장하기도 했다는 점을 지적하였다(http://www.kbi.re.kr).

한국학 연구자로 널리 알려져 있는 노르웨이 오슬로국립대 박노자 교수도 한국 영상물에서 보이는 중산층의 소비생활, 해외여행, 호화로운 명품 같은 대목들이 자본주의적 욕망에 충만한 옛 공산권의 젊은이들에게 호소력이 높은 것으로 분석되지만, 한국을 비판적 지성과 반(反)자본주의적 운동의 나라로서의 코리아를 문화적 수단으로 알리는 것이야말로, 한류를 아류 제국주의의 수준에서 국제 민중의 연대 방법으로 끌어올리는 길이라고 충고하였다(한겨레신문, 2005년 6월 20일).


4) 개방적 보호론

(1) 한국 드라마에 대한 낮은 문화할인

한국 텔레비전 드라마의 중국 내 유통 활성화는 무엇보다도 중국의 방송 산업의 발전과정에서 방송사의 규모와 수의 증가에 비해 질적인 프로그램의 공급부족을 메우기 위한 대안으로 시작되었다. 그러나 한국 텔레비전 드라마의 유통증가는 단순히 경제적 차원만으로 이루어지지 않는다. 왜냐하면 한국 텔레비전 드라마는 중국 방송사들이 수입할 수 있는 여러 프로그램 가운데 하나이기 때문이다. 이 같은 맥락에서 응답자들은 한국 텔레비전 드라마의 유통량 증가에 대해 다양한 해석을 제시하고 있으나, 무엇보다 중국인들의 소득증가와 가치관 변화, 문화적 취향의 다양화 등의 요인을 우선적으로 지적하였다.

"현재 중국 사람들은 돈을 벌기 위해 산다고 해도 과언이 아니다. 그만큼 현재 중국은 돈이 목적이고 돈이 수단인 사회 환경이다. 개혁개방 이후 중국은 미국, 한국과 같이 돈으로 세상살이를 하는 시대에 산다. 평방(변두리 달동네)에 사는 사람들을 제외하고는, 사람들은 돈을 벌어 조금 더 좋은 것을 먹고 집을 사고 편안한 생활을 하고 싶어 한다. 중국인민도 양광위성(중국의 대표적 위성채널)을 통하여 세계의 좋은 방송프로그램을 다 본다. 그 정도로 경제능력이 좋아졌다. 따라서 외국과 비교해 떨어지지 않는 좋은 프로그램을 보기를 원한다. 현재 중국은 한국의 방송프로그램에 비해 프로그램의 질이 조금 뒤떨어져 있다. 그렇지만 중국 텔레비전을 통해 좋은 프로그램을 보지 못하면 '도판(盜版)CD(불법복제품)' 같은 것을 쉽게 구해 본다. 비싸지도 않다. 우리가 엄중히 단속을 하고 있지만 한국 드라마가 한 편에 10위엔(1600원) 정도 한다."(C-B)

또한, 응답자들은 중국인의 이 같은 변화가 한국 텔레비전 드라마에 낮은 문화할인(cultural discount)을 적용하는 계기가 되고 있다고 지적하였다. 문화할인이란 텔레비전 프로그램의 국가 간 유통에서 외국 텔레비전 프로그램에 대해 부여하는 상대적 가치의 크기를 의미한다(Hoskins & Mirus, 1988). 텔레비전 프로그램의 국제유통에서 프로그램 완성도가 높을수록, 기술적 수준이 뛰어날수록 낮은 문화할인을 적용받는다. 또한 가격이 동일하다면 언어, 인종, 국민정서의 동질성 등이 높을수록 낮은 문화할인이 적용된다. 반대로 수출국에 대해 높은 문화할인이 적용될 경우 텔레비전 프로그램의 국제유통이 어려워진다. 이런 점에서 한국 텔레비전 드라마는 홍콩, 대만 등에 비해서는 높지만 미국, 일본 드라마에 비해서는 상대적으로 낮은 문화할인이 적용된다고 지적되었다.

> "현재 중국에서 수입하는 외국 드라마의 가장 높은 비율은 홍콩 드라마이며, 미국 드라마도 많이 수입한다. 홍콩 드라마는 중국 사람들의 생활방식이 비슷해 별다른 거부감이 작용하지 않는다. 반면 미국이나 일본 드라마는 많이 방송되지만 드라마에 등장하는 사람들의 사고방식과 생활수준이 중국의 그것과는 차이가 크다. 때문에 미국과 일본드라마에 나타나는 생활수준을 중국인들이 따라 하기에는 너무 격차가 크다. 특히 일본에 대해서 중국인들은 역사적 이유로 부정적인 인식을 갖고 있다. 반면 한국 드라마에서는 중국 사람들이 따라갈 수 있는 비슷한 생활수준을 제시해 주기 때문에 좋아한다."(C-C, C-E)

한편, 중국에서 외국 텔레비전 프로그램의 유통이 증가한 배경에는 중국시장에 진출한 서구 기업들의 마케팅 전략도 중요한 원인으로 작용했다는 점이 새롭게 발견되었다. 서구 기업들은 중국의 제작기반 미비에 따른 외국 프로그램 수입을 중국시장에 참여할 수 있는 계기로 인식하고, 저렴한 가격이나 무료로 프로그램을 공급하였다. 이는 텔레비전 프로그램의 국제 간 유통의 경우 경제적 유통방향과 문화적 유통방향이 일치한다는 점을 다시 한 번 확인시키고 있다.

"미국 가전회사들이 중국과 무역을 하면서, 미국을 알린다는 차원에서 미국 영화를 무료로 제공해 주었다. 일본의 소니회사도 일본의 NHK 드라마를 무료로 북경 텔레비전 등에 공급해 줘서 중국에 방송되었다."(C-D, C-E)

"한국도 삼성, 대우, 엘지 등의 회사가 중국에 진출하면서 한국의 드라마를 중국 방송국에 무료로 제공했다. 그러나 한국 드라마는 앞서 일본 드라마와 미국 드라마에 비해 매우 빠른 시간에 중국인들에게 인기를 얻게 되었다."(C-E)

지금까지 살펴본 바와 같이, 중국 전문가들의 입장에서 볼 때 한국 텔레비전 드라마의 중국 내 유통을 촉진시킨 요인은 중국 방송산업의 구조적 측면에서 방송사의 양적 성장에 따른 프로그램 수요의 급증과 중국인들의 소득증가, 그리고 한국 텔레비전 드라마에 대한 낮은 문화할인율 적용과 한국 기업들의 중국시장 마케팅 전략의 일환으로 텔레비전 드라마의 공급 등으로 지적되었다.

## (2) 외국문화 수용에 대한 이질적인 정서구조

한편 응답자들은 중국문화와 한국문화의 문화적 유사성 또는 문화적 근접성이 존재함에도 불구하고 중국이 일방적으로 한국문화를 수용하는 것은 아니라는 점을 강조하였다. 다시 말해 서구문화를 비롯한 한국문화가 자국의 문화에 커다란 영향을 미쳤지만, 한국의 대중문화가 질적으로 뛰어나다고 받아들이지는 않는다는 것이다. 중국인들은 자국 문화에 대한 문화적 자부심이 강하고, 이 같은 맥락에서 중국 전문가들은 한국의 대중문화를 작품성이나 완성도로 평가받기보다는 중국인들의 정서에 부합되고 이해하기 쉽다는 점을 지적하였다. 또한 현실적으로 한국문화가 중국인들에게 많은 인기를 얻는 현상에 대해 경계하는 견해를 표출하였다. 즉 한국문화가 중국에서 인기를 얻는 것은 한국이 중국에 비해 경제적 차원에서 조금 더 질 높은 생활을 하고 있을 뿐이며, 문화적 차원에서는 근접성이 존재함에도 불구하고 중국이 훨씬 우위에 있다는 점을 지적하고 있다.

"중국 사람들은 여러 민족으로 구성되어 있고 문화도 다양하다. 그래서 외국문화를 받아들이는 데 쉽게 받아들인다. 대신 자기에게 맞는 새로운 문화가 나타나면 기존 문화를 쉽게 버리고 새로운 문화에 적응한다."(C-E)

"중국 젊은이들은 한류에 관심이 많고, 한국의 연예인과 한국 음식을 좋아한다. 그러나 중국 사람들은 한국 사람들에 비해 정신문화에서 앞서고, 한국 사람들은 중국 사람들에 비해 생활수준에서 앞선다

고 생각한다."(C-A, C-B, C-E)

특히, 응답자들은 한국 텔레비전 드라마를 비롯한 한류현상에 대해 일시적인 유행이나, 젊은층에 국한된 현상일 뿐 중년층에게 파고들지 못한 것이라는 등의 의견을 제시하였다. 또한 한국에서 아시아 지역에서 다른 국가에 비해 한국 문화가 매우 우수한 것처럼 인식하는 경향에 대해서도 부정적인 인식을 갖고 있는 것으로 지적하였다.

"일부 젊은층에서 한국을 좋아하는 것은 일시적인 현상이다. 한국 드라마 등 새로운 풍조를 좋아하는 것은 젊은 사람이면 누구나 그때는 새로운 것을 좋아하기 마련이다. 한때 유행이다. 중년 이상은 그렇게 생각하고 있다."(C-C)

"나는 젊은 시절 상해에서 대학을 다녔는데 그때 일본이 문화적인 나라로 젊은 사람들이 가보길 원하고, 일본잡지도 많이 사봤지만 막상 일본어를 본격적으로 배우려고 하는 사람은 많지 않았다. 내 딸도 고중(고등학교)에 다니는데 친척 이름보다 한국연예인 이름을 더 많이 알고 있지만 막상 내가 한국 가서 살라고 하면 싫다고 한다."(C-A)

"한국 드라마를 통해 한국문화가 중국에서 많이 유행하지만 이건 일시적일 수 있다. 중국 사람들은 역사와 전통을 가진 민족이다. 중국 정부는 국가가 문화의 다양성을 인정해 준다. 각 민족의 고유한 문화 정책도 잘 지원해 준다. 조선족도 연길 자치주에 가면 한국말로 간판을 달게 하고, 자치주 텔레비전도 조선말로 방송하게 한다. 장족이나 회족도 마 그냥 있지 않는다. 한국 드라마도 마찬가지로 중국의 다른 드라마처럼 같이 지내면 무난할 텐데 마치 한국 사람들이 한국 드라마가 중국 사람들을 맥 못 추게 했다고 생각하고 흥분하니까 중국의 지도층에서 그냥 두면 안 된다고 생각해서 요즘 많이 막는다."(C-G)

중국에 제기되고 있는 한류에 대한 비판적인 의견은 국내 연구에서도 여러 차례 지적된 바 있다(임기준, 2002). 특히 중국정부는 개혁·개방 이후 방송에 있어서 탈정치화를 핵심과제로 삼아 뉴스를 제외한 여타 프로그램의 세속화·오락화를 추진하고 있지만 문화적 전통에 대한 강한 자긍심과 자국문화에 대한 적극적인 보호정책으로 인해 외국의 위성방송과 수입 프로그램에 대해서는 정책적 제한을 가하고 있다. 특히 한국 방송프로그램은 현실적으로 수용자층이 사회적으로 지위가 낮은 다수의 사람들로, 중국사회의 주류가 아니며 수입도 낮아 구매력이 약한 계층이기 때문에 광고주의 관심을 끌지도 못하고 있다는 것이다.

"사실 중국 사람들은 일부를 제외하면 한류라는 단어를 잘 모르고 한국가수, 한국 배우 이렇게 부른다. 그리고 중국에서 공연을 할 때 3만 명 모이는 것은 큰 규모가 아니다. 중국에서는 동네 할아버지, 할머니들이 하는 양거(중국의 타악기와, 춤, 무희를 집단적으로 하는 전통 민속)에도 1만 명 이상 구경한다."(C-E)

이 같은 논의에서 나타난 바와 같이 한국 드라마의 중국 내 유통은 한국 문화에 대한 중국인들의 인식을 제고하는 계기가 된 것은 분명하다. 그러나 한류의 열기는 한국인이 생각하는 것만큼 그렇게 커다란 반향을 일으키고 있지는 않는 것으로 판단된다. 그럼에도 불구하고 중국인들은 한류에 관한 한국의 인식에 대해 경계하는 분위기가 형성되고 있다. 때문에 초기의 한류는 한국 텔레비전 드라마의 중국 내 유통을 촉진시키는 요인으로 작용하였으나 향후에는 오히려 한국 드라마의 유통을 저해하는 요인으로 변화될 가능성이 잠복되어 있다고 하겠다.

## 2. 중국 프로그램 유통 전문가의 한국 드라마 유통 인식특성

중국 측 전문가의 한국 드라마 유통시장에 대한 인식을 이론적 논의와 연관 지어 살펴보면 규제적 발전론과 규제적 보호론 입장에 서 있는 것으로 나타났다. 다시 말해, 한국 드라마의 중국 내 유통은 기본적으로 중국 정부의 규제하에서 이루어지고 있으며, 이에 대한 정부규제의 강도는 한국 드라마 나아가 한류가 중국사회에 미치는 영향에 대한 정책적 판단에 따라 변화될 수 있다는 것이다.

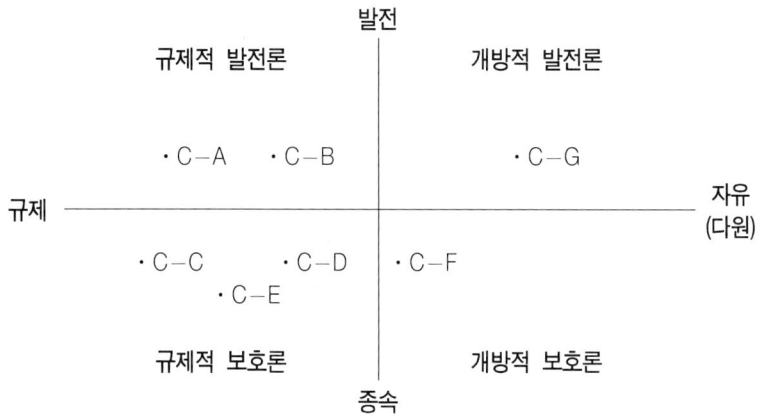

<그림 9> 중국 프로그램 유통 전문가의 한국 드라마 유통 인식유형

중국은 지난 1996년 이후 약 10년 간 고성장 저물가 상황에서 경제성장을 지속해 왔다. 이러한 안정적인 경제기조 속에서도 문화산업에서의 역동성은 아직 미진한 것으로 평가되고 있다(김휴종, 2000). 특히 텔레비전 산업에 대해서도 아직까지 서구 글로벌 미디어 기업과 경쟁할 수 있는 충분한 역량을 갖추지 못하고 있다. 중국정부는 관련 분야에 대한 엄청난 투자를 지속하고 있으며 그 성과는 조금 더 시간이 지나야 나타날 전망이다. 이 같은 상황에서 중국은 규제적 발전론 입장에서 한국 드라마의 중국 내 유통 확산에 대해 사회주의 이념의 보호, 사회 안정의 유지 등 이념적 규제와 경제적 종속, 문화적 종속을 주장하고 있다.

일부 중국 프로그램 유통 전문가는 최근 한국 드라마를 비롯한 한류현상이 중국에 장기화되면서, 이것이 중국에 미치는 경제적·문화적 파급효과를 경계하는 주장이 커지고 있다고 지적하였다. 한국 드라마의 중국 내 일방적 유통은 외국 드라마 수출국에 대한 중국의 경제적·문화적 종속을 우려하는 목소리를 높이고 있으며, 이에 대해 중국정부는 균형 있는 텔레비전 드라마 유통을 위한 한국의 노력이 필요하다는 점을 지적하기도 했다.

실제로 중국에서는 한류의 확산에 따른 반한류 경향이 강화되고 있다. 예컨대 2005년 9월 1일 "대장금(大長今)"이 후난(湖南)위성TV를 통해 중국에 방송되기 시작하면서 많은 사회적 반향을 일으키고 있다. 대장금은 과거 중국에서 방송된 트렌디 드라마나 가족드라마와 달리 역사 속 실제인물을 주인공으로 한국 전통문화의 색채와 유교적 윤리관을 잘 반영하고 있어 중국인들의 커다란 관심을 불러일으키고 있다. 베이징 한국식당은 대장금 열풍에 힘입어 매출이 급격히 증가하였으며, 일부 중국식당은 상호를 대장금으로 바꾸고 한국 요리를 선보이기도 한 것으로 알려지고 있다. 게다가 관광업계에서도 대장금 여행단이 구성될 정도로 한국 관광객 증가로 특수를 누리고 있다. 그러나 대장금의 인기는 중국 정부로 하여금 한류에 대한 경계심을 더욱 높이는 계기로 작용하기도 하고 있다. 중국 텔레비전·영화업계가 소재선택의 창의성이나 시나리오 등에 대해 언급하기보다는 실리에 집착하는 분위기가 팽배해 있어, 중국인들의 한국 드라마에 대한 지나친 숭배경향을 경계하는 동시에 자기반성을 통한 한국 드라마 극복을 시도하고 있다(Shenquing & Wang Jing, 2005). "여명의 눈동자"의 경우 중국정부의 수입심의 과정에서 시청자들에게 중국역사에 대한 잘못된 인식을 줄 수 있다는 우려로 수입이 허용되지 않기도 했으며, 드라마 "명성왕후"의 경우 중국인으로부터 높은 인기를 얻게 되자 문화적 정체성 훼손을 이유로 급작스러운 방영중단 결정이 내려지기도 했다. 그럼에도 불구하고 한국 드라마에 대한 인기가 식지 않자 한국 드라마 시청은 매국행위라는 비난이 높아지고, 전년 대비 50% 이상 수입량을 축소하겠다는 움직임이 가시화되고 있다(연합뉴스 2006. 1. 9).

이와 같은 움직임은 실제적으로는 자연발생적인 문화생산과 유통체계를 문화종속과 더불어 사회종속을 우려한 규제적 발전론의 입장에서 출발한다. 그러나 표면적으로는 자국문화의 위축을 해결하는 방향으로 자국 문화 보호란 명분을 제시하기 위해 제도적, 인위적 정당성을 획득하는 규제적 보호론을 주장하여 배타적인 규제적 발전론의 주장으로 인한 상대국과의 마찰의 소지를 줄이고, 자국 문화와 사회보호를 위한 정책적 발전의 명제에 대한 논리적 근거를 마련한다.

중국에서 전개되는 이 같은 반한류 움직임은 한국 드라마의 중국 내 유통을 크게 위축시킬 수 있는 요인이 될 수 있다. 그러나 장기적으로 중국이 문화산업의 경쟁력을 갖추게 될 경우에도 이 같은 입장을 유지하지는 않을 것으로 판단된다. 중국이 문화상품 생산의 중심지로 부각될 경우 중화권 국가들을 대상으로 자국 텔레비전 프로그램 유통을 확대시키고 나아가 미국 텔레비전 프로그램이 차지하던 위치를 대체하고자 시도할 것으로 전망된다. 따라서 미국 등 서구 국가에서는 개방적 발전론의 입장에서 중국의 텔레비전 산업에 초기부터 참여하고자 시도하는 것이라고 볼 수 있다. 아울러 한국의 경우도 개방적 발전론의 입장에서 텔레비전 드라마를 매개로 중국 시장의 일부를 확보한 상태라고 볼 수 있다. 따라서 중국은 당분간 제3세계 등 비서구 국가에서 주장하는 규제적 발전론 또는 규제적 보호론을 활용하여 외국 텔레비전 프로그램 유통을 최대한 규제하고, 자국 텔레비전 산업발전에 필요한 시간을 확보하는 데 주력할 것으로 전망된다.

이 같은 맥락에서 일부 중국 프로그램 유통 전문가는 급격한 경제성장에 따라 높아진 국민들의 문화적 욕구를 충족시키고, 장기적으로 볼 때 중국 텔레비전 산업의 개방이 불가피한 상황에서 프로그램 제작산업의 육성과 발전에 더욱 노력해야 할 필요가 있다는 입장을 전개하였으며, 이 과정에서 중국은 오랜 역사와 고유한 문화전통을 갖고 있기 때문에 비록 한국 드라마가 중국인들에게 많은 인기를 얻고 있다고 하더라도 이질적인 측면이 존재하며 한국 문화를 독자적으로 수용할 수 있는 능력이 있음을 강조하였다.

규제적 발전론 차원에서 중국 프로그램 유통 전문가들은 다민족으로 구성되어 있는 중국사회의 안정과 사회주의 이념 보호를 위해 1980년대부터 텔레비전 방송시설과 프로그램 유통시장을 발전시켰다는 점을 강조하고, 이 같은 정치적 목적에 위배되는 텔레비전 프로그램은 국내외를 막론하고 절대 방송되기 어렵다는 점이 강조되었다.

정치적 목적에서 방송 프로그램을 규제하는 것은 사회주의 국가인 중국의 입장을 고려할 때 충분히 공감할 수 있는 영역이다. 그러나 이념적, 정치적인 성격을 갖고 있지 않은 한국 드라마에 대해서도 획일적인 잣대로 판단하는 것은 바람직하지 않다. 따라서 중국 정부의 규제적 발전론 관련 주장이 정치적으로 이용되지 않도록 하기 위한 규제제도의 세분화 필요성이 제기된다고 할 수 있다.

한편 규제적 보호론 차원에서 중국 측 전문가들은 시장경제 도입에 따라 중국 텔레비전 산업의 개방이 불가피할 것으로 전망되고 있으며, 이 같은 상황에서 중국 텔레비전 산업이 빠른 시일 내에 국제경쟁력을 갖추지 못할 경우, 경제적 종속뿐만 아니라 문화적 종속도 발생할 수 있다는 우려가 존재한다. 때문에 중국정부는 외국 텔레비전 사업자와 프로그램 유통에 대한 규제를 통해 산업과 문화를 보호하는 논리를 전개하는 것으로 판단된다.

이러한 중국의 규제적 보호론 시각은 종속이론 또는 문화제국주의 관련 주장이 갖고 있는 한계를 동시에 안고 있다고 볼 수 있다. 즉 자본축적이라는 경제논리에 지나치게 의존함으로써 문화가 가진 자율성, 역동성의 측면을 경시하고 있다는 것이다. 아울러 경제적 종속관계가 문화관계에서도 그대로 나타나는가에 대한 질문에 명쾌한 해답을 제시하기 어렵다. 더욱이 중국이라는 국가는 경제적 측면에서 서구 국가에 종속되어 있다고 말하기 어렵다. 이러한 점에 비추어 볼 때 텔레비전 프로그램의 유통에 대한 규제적 보호론의 시각을 벗어나 문화교류라는 차원에서 이해하는 노력도 필요하다고 할 수 있다.

개방적 발전론 차원에서는, 중국은 정치적 목적으로 텔레비전 방송시설을 확충하였지만 정부재정으로 모든 방송국을 운영하기 어렵게 되었으며 이로써 광고시장을 통해 방송국 운영자금을 조달하게 되면서 외국 텔레비전 프로그램의 유통이 확대되었다고 지적하였다. 이처럼 중국의 텔레비전 프로그램 시장의 제한적인 개방은 중국정부로 하여금 텔레비전 프로그램 제작기반 확충의 필요성에 대한 인식을 높이고, 그에 따른 투자를 확대시켰다는 점에서 긍정적인 영향을 끼쳤다고 볼 수 있다. 그럼에도 불구하고 중국은 여전히 개방적 발전론보다는 규제적 발전론 또는 규제적 보호론을 강조하고 있으며, 결과적으로 어떤 입장이 텔레비전 산업의 발전이라는 목표를 효율적으로 달성할 수 있는가의 문제에 대해서는 시간을 두고 검증해야 할 필요가 있을 것으로 판단된다.

현실적으로 중국 프로그램 유통 전문가들의 드라마 유통에 대한 관점은 실제는 규제적 발전론에 비중을 가지고 있다 하겠다. 비록 상대국들과의 유통의 접점을 맞추기 위해 규제적 보호론을 주장하며 자국문화보호와 자국 산업의 한시적 보호를 위한 수단으로 명분을 축적하고 있으며, 민간 프로그램유통 전문가들은 개방적 발전론으로의 프로그램 유통구조의 다변화 방향 전환을 희망하고 있지만 실제와는 다를 수 있다 하겠다. 이와 같은 관점에 있어서 또 다른 하나의 문제는 다수 중국 시청자들이 드라마를 비롯한 문화유통구조에 대해 오랫동안 국가가 제시하는 정책적 틀에 개념이 고착화된 점이다. 즉 중국인들은 중국 내 유통되는 텔레비전 프로그램을 단순한 산업적, 경제적 차원으로 수용하는 것이 아니라 문화적 차원으로 인식하고 있는 점은 중국의 유통 전문가들의 인식과 일치하고 있다고 할 수 있다. 이와 같은 고정관념 형성은 중국의 시청자들이 중국 내 드라마를 비롯한 프로그램 유통이 단순한 경제적 산물이나, 여가를 즐기는 오락물이 아니라 중국의 문화체제와의 조화라는 차원으로 인식하고 있으며, 그로 인하여 자국 문화 보호정책인 규제적 발전론과 보호론에 적극 동의하는 인식으로 연결된다 하겠다.

이는 텔레비전 프로그램 유통을 시장경제 유통 차원에서 자유로운 경제와 정보 유통을 주장하는 한국을 비롯한 서구 전문가들의 개방적 발전론 관점과 비교해 그것을 수용하는 중국 시청자들의 의식과는 크게 차이가 있다 하겠다.

개방적 보호론 차원에서 중국 프로그램 유통전문가는 중국인들이 한국 드라마에 대해 낮은 문화할인을 적용하고 있다는 의견을 나타냈다. 그러나 텔레비전 프로그램은 문화적 특성이 크게 작용한다는 고정관념을 가진다. 따라서 중국 시청자들은 외국 드라마보다는 자국 드라마를 선호할 수밖에 없으며, 한국 드라마에 대해 문화적 이질성을 느낄 수밖에 없다.

실제로 2002년 초 베이징, 상하이, 광저우, 청두, 우한, 시안, 선양 등 7개 대도시와 중국 전역 21개 도시 지역을 대상으로 실시된 조사결과에 따르면, "텔레비전의 경우 국내뉴스 71%, 국제뉴스 58%, 스포츠뉴스 33%, 드라마 30%, 홍콩 / 대만 드라마 29%의 순으로 나타나 자국에 대한 관심이 우선한다는 것을 보여준다."(강만석·강익희·송종길, 2003, 282쪽).

〈표 14〉 중국의 미디어별 관심 영역 상위 5위 유형

| 텔레비전 | | 라디오 | | 인터넷 | | 신문 | |
|---|---|---|---|---|---|---|---|
| 유형 | 비율 | 유형 | 비율 | 유형 | 비율 | 유형 | 비율 |
| 국내뉴스 | 71% | 국내뉴스 | 62.1% | 시사 | 57.3% | 1면 뉴스 | 59.4% |
| 국제뉴스 | 58% | 국제뉴스 | 50.4% | 오락 / 정보 | 51.7% | 국내뉴스 | 58.5% |
| 스포츠뉴스 | 33% | 일기예보 | 39.2% | 컴퓨터 하드 / 소프트웨어 | 22.9% | 국제뉴스 | 58.0% |
| 드라마 | 30% | 홍콩 / 대만 대중음악 | 31.5% | 금융 / 주식 정보 | 19.2% | 스포츠 | 28.7% |
| 홍콩 / 대만 드라마 | 29% | 국내 대중음악 | 29.1% | 전자서적 | 13.2% | 법률 | 27.2% |

이 같은 사실은 한국 드라마의 중국 내 유통에서 중국의 입장을 고려하지 않은 채 한국의 입장에서만 판단하고, 정확하지 못한 자료로 과대평가하거나 오판하는 것은 경계해야 할 필요가 있다는 점을 시사한다.

# 제2절 한국 프로그램 유통 전문가 면접결과

본 절에서는 한국 프로그램 유통 전문가를 대상으로 한국 텔레비전 드라마의 중국 내 유통현상에 대한 인식의 특성을 분석하였다.

한국 텔레비전 유통 전문가는 한국 텔레비전 드라마의 중국 내 유통이 중국의 시장경제 전환에 따라 자연스럽게 이루어지는 현상이지만 이를 단순히 개방적 발전론 시각에서 접근할 것이 아니라 개방적 보호론 시각에서 중국과 장기적이고 호혜적인 관계를 형성해야 한다는 점을 강조하였다.

## 1. 한국 텔레비전 드라마 유통의 특성에 대한 인식

한국 텔레비전 프로그램의 중국 내 유통시장에 대한 한국 텔레비전 프로그램 유통전문가의 인식은 개방적 발전론을 희망하고, 한국의 시장원리에 따라 중국의 텔레비전 드라마 시장도 같은 한국적 관점과 같은 생각으로 유통의 방향을 이해하려 하지만, 현실적인 중국만의 특수성인 정부의 관여와 규제의 문제를 접하면서 차츰 개방적 보호론의 시각으로 전환하고 있다 하겠다. 한국 프로그램 전문가들은 중국이 시장경제를 채택한 이상 외국 텔레비전 프로그램의 유통은 불가피한 현실이 될 것이라는 점에서 문화상품의 교류를 통해 문화적 역량을 축적시키는 것이 바람직하다는 입장에 있다.

그러나 자유로운 시장경쟁 원리에 익숙한 한국의 유통 전문가들은 중국과의 텔레비전 드라마 유통의 초기에는 중국의 자국 산업의 급속한 발전정책을 위한 개방적 발전론 방향에 따라 자유로운 시장개척이 가능함에 따라 비약적인 텔레비전 드라마유통이 가능하였다. 그러나 차츰 중국이 취하고 있는 자국 문화와 산업 종속을 우려한 나머지 각종 산업 및 문화보호를 위한 정부차원의 규제적 발전론과 보호론 정책에 대한 부담으로 인해 중국과의 문제해결을 위한 적극적인 방향을 모색하기보다는 자유로운 시장경쟁논리가 가능한 지역으로 프로그램 유통의 대안적 선택을 하는 경향이 있다. 현재 중국의 까다로운 규제가 확대되는 시점에 완전히 자유시장 경쟁체제인 일본과 동남아 국가로의 텔레비전 드라마 유통의 방향 전환을 모색하고 있는 것이 그 예가 될 수 있다.

## 1) 규제적 발전론

### (1) 외국 드라마 사전 심의 규제

외국 드라마의 중국 내 유통에 영향을 미치는 중요한 제도적 요인으로 심의기준과 심의절차를 들 수 있다. 어느 나라든지 외국 드라마가 자국으로 유통되는 과정에서 그 내용에 대한 심의는 반드시 거치도록 되어 있다. 중국의 경우 외국 드라마 심의기준은 자국 정치체제 유지에 부합되지 않는 내용이 포함될 경우 수입자체를 금지하는 수단으로 이용되고 있으며, 심의절차는 자국의 방송 산업을 보호하기 위한 유통량 조절의 수단으로 사용되는 경향이 강하다고 할 수 있다. 또한 외국 드라마에 대한 중국의 심의기준에 대해 응답자들은 정치적·사상적 측면에서 엄격한 한계가 존재한다고 공통적으로 문제점으로 지적하였다.

"중국은 외국 프로그램에 관한 심의는 정책적으로 운영하고 있다. 특정 국가로부터 프로그램 수입량을 조절할 때도 심의라는 수단을 쓴다. 다시 말하면 직접적인 심의 규제가 아니라 시간을 지연시키면서 간접적으로 견제한다. 따라서 외국 드라마 유통에 있어 방송시간 규제가 직접적인 규제정책이라면 심의제도는 간접적인 규제방법이다."(K-G)

"중국은 경제적 측면에서는 한국보다 더 자본주의적이지만 정치적·사상적 측면에서는 공산당이 지배하는 구조를 유지하고 있기 때문에, 중국사회의 안정을 해치는 내용이나 민족분열을 조장하는 내용 등에 대해서는 철저하게 규제하고 있다. 드라마의 우수성 여부, 시청률의 고저를 막론하고 이 같은 기준을 저촉하는 내용이 포함된 드라마의 경우 거래 자체가 불가능하다는 것이다. 예를 들어 <여명의 눈동자>의 경우 1945년 이후의 부분은 한국전쟁 등 중국과 관련된 부분이 있기 때문에 편성된 후에 심의에서 탈락해 방송되지 못했다. 청나라 부분이 묘사되어 있는 <명성황후>도 이와 유사한 문제가 제기된 적이 있다."(K-B)

중국에서의 외국 드라마에 대한 심의기준 가운데 선정성, 폭력성 등과 같은 기준은 비교적 엄격하게 적용이 되고 있지만 시류에 따라 탄력성을 갖기도 한다.

"왜냐하면 중국 드라마나 영화에서도 폭력적이거나 선정적인 장면이 자주 등장하고 있으며, 한국 드라마의 경우 내용상 역사·정치적 문제와 관련되지 않는다면 이러한 기준에 저촉되는 경우가 많지 않기 때문에 크게 문제되지 않는다."(K-F)

하지만 광전총국의 심사기준이 강화될 경우에는 심의 부결이 많아
지고, 이 경우 수출자체를 포기해야 하므로, 심의기준과 그에 대한
해석이 한국 드라마의 수출에 결정짓는 요인으로 작용할 수 있다.
심의절차가 한국 드라마 수출에 미치는 영향에 대해 응답자들은, 심
의절차가 최소 3개월에서 1년까지 소요되기 때문에 드라마 수출 및
유통 시기에 큰 영향을 미친다고 말하였다.

　　"KBS의 경우 중국의 수입회사에 드라마를 판매하여 심의를 받기까
　　지 6개월에서 9개월까지 소요된다. 심의 기간을 중국정부는 한국 드
　　라마의 수입을 조절하기 위한 합법적인 수단으로 이용되고 있다. 이
　　로 인해 심의절차를 빨리 마치기 위해서 여러 가지 부정한 거래도 종
　　종 이루어지기도 한다."(K-A)

한류열풍을 타고 한국 드라마의 중국수출이 증가하는 한편, 중국
방송사업자 사이에 시청자 확보를 위한 경쟁이 치열해지면서 중국정
부가 자국 방송 산업을 보호하려는 의도에서 한국 드라마에 대한 심
의 기간을 지연시키고 있으며, 시장 확대의 걸림돌이 되고 있다고
지적되었다. 외국 드라마 수입절차와 심의를 마치는 기간이 지나치
게 오래 걸릴 경우, 중국의 수입업자는 복잡한 절차를 피하기 위해
아예 드라마 구매자체를 포기하기 때문에 결국 장기적으로 중국과
한국의 국제 프로그램 유통에 제한 요인으로 작용하는 원인이 된다.

　　"중국 수입회사들은 잔금을 심의절차 이후에 지급하기 때문에, 계
　　약은 비교적 빨리 이루어지나 대금입금이 늦으며, 심지어 입금되지

않는 경우도 있다."(K‒E)

"앞으로 중국 정부는 심의제도를 활용하여 자국의 문화정체성 확보를 위한 수단으로 활용할 것이 예상된다. 왜냐하면 수직적 사회인 중국은 2008년 베이징 올림픽을 앞두고 한국을 비롯한 외국문화에 젊은 사람을 비롯한 중국인들이 빠지는 것은 국가체제에 대한 위협이라고 생각하기 때문에 국가적인 차원의 중국문화보호 노력이 항상 국가 문화정책의 기본 노선이기 때문에 우회적인 심의제도 활용을 좀 더 적극적으로 할 것이 예상된다."(K‒G)

## (2) 외국 드라마 방송시간 규제

중국정부는 현재 한국 드라마를 포함한 외국 드라마의 방송시간에 대한 규제를 엄격하게 수행하고 있다. 각 방송국은 하루 방영시간 중 해외 프로그램의 방영은 전체 방영시간의 25%를 초과해서는 안 되며, 나아가 프라임타임 시간대에는 15%를 초과할 수 없도록 규제하던 것이 2004년 7월부터는 외국 프로그램의 방송을 전면적으로 금지하고 있다.

이 같은 규정에 따라 1개 성급 방송국에서 1년 동안 방송할 수 있는 외국 드라마 시간은 총 20시간이며, 드라마 편수로 계산하면 60분 20편이라고 할 수 있다. 따라서 중국의 32개 성급 방송국의 가용한 외국 드라마 방송시간을 모두 합하면 640시간이며, 드라마 편수로는 60분 640편이 가능하다. 이처럼 중국 정부의 외국 드라마 방송시간에 대한 제한규정은 결국 수입할 수 있는 외국 드라마의 분량을 제한함으로써 사실상 쿼터제의 기능을 수행한다고 볼 수 있다.

또한 프라임타임 시간대에 외국 드라마 방송금지 규정은 중국에서 한류열풍을 지속시키기 위한 한국 드라마 수출에 중요한 걸림돌로 작용하게 될 가능성이 높다. 물론 한류는 텔레비전 드라마뿐만 아니라 음반, 영화, 공연, 게임, 애니메이션 등 다양한 장르를 통해 형성된 것이지만, 텔레비전은 중국 시청자들의 일상생활과 밀접하게 연관되어 있는 중요한 매체이기 때문에 그것이 미치는 영향력은 매우 크다고 할 수 있다. 이 같은 중국정부의 외국 드라마 방송시간 규제와 프라임타임 시간대 방송금지 규정이 국내 수출회사에 미치는 가장 큰 영향은 다음과 같이 지적되고 있다.

"현실적으로 중국에 대한 프로그램 유통 출구가 막히고 있다. 그것도 우리가 정부, 방송사, 민간이 중국의 드라마 시장을 제압했다고 생각하고 있을 때 중국은 정부가 나서서 각종 규제정책을 마련하고 방송국은 정책에 적극 호응하고 있다. 우리가 기분에 들떠 있을 때 중국은 실리를 챙기고 있다."(K-F)

"프라임 타임에 외국 드라마 방송금지는 한국이 자국 드라마의 자신감에서 출발하지만 중국은 자국의 드라마의 자신감보다 인위적으로 자국민들에게 외국 문화에 물들지 않게 하겠다는 문화정책 통제의 시작으로 보는 것이 합당하다."(K-G)

"중국은 간단하다. 중국 정부가 한류의 확산을 막기 위한 의도만 가지면 행정지침으로 프로그램 수입이나 모든 대중문화 유통을 금지시킬 수 있다. 굳이 법률로 정하지 않아도 지침에 의해 국가의 프로그램 유통규제정책이 확실해질 수 있는 나라가 중국이다. 또 수입을 못 하게 해서 방송되는 작품보다는 암시장에서 VCD 형태로 유통되

고, 이를 정부도 엄격하게 단속하지 않는 나라가 중국이다."(K-F)

더욱이 중국정부의 이 같은 외국 텔레비전 프로그램에 대한 규제 강화는 중국 방송시장의 경쟁심화와 방송사의 수익성 악화와 관련을 맺고 있는 것으로 판단된다. 중국TV드라마 시장보고(2003~2004)에 따르면 중국의 2002년 드라마 시장은 공급과잉과 드라마 교역가격 과 수량의 하락현상이 나타났다. 이로 인해 2002년 80%가 넘는 방송사에서 드라마 방송으로 인한 수입이 해당 방송사 수입의 30%를 차지할 만큼 큰 비중을 차지했지만 전국 드라마 시장의 위축현상으로 채널 수와 방송시간이 감소했으며, 드라마 시청시간도 2001년보다 감소한 것으로 나타났다.

"외국 드라마 방송시간 규제와 프라임타임에서 외국 드라마 방송금지는 중국에서 한국 드라마가 방송될 수 있는 확률이 줄고, 프라임타임 때 방송되지 않고 주변 시간에 방송되니까 분명히 프로그램에 붙는 광고량과 광고수익이 준다. 이런 이유는 중국 수입회사의 구매가 인하 압력으로 작용하고 실제 계약이 성사되지 않고, 가격인하를 중국 수입업자가 공공연히 요구한다. 따라서 아무리 A급 한류스타가 출연하는 드라마라 할지라도 이제는 높은 가격에 판매되기 어렵다. 우리 정부도 이런 점을 인식하고 중국과의 무역협상을 할 때 중국 방송의 외국 드라마 방송시간 규제에 대한 대응 차원을 모색해야 한다."(K-B)

"중국의 한국 드라마를 겨냥한 듯한 일종의 외국 드라마 방송시간 축소, 프라임타임 시 방송금지 등 세계적으로 분위기가 맞지 않는 강력한 수입 프로그램 규제정책에 한국은 아무도 이의를 제기하지 않고 있다. 방송 정책기관과 방송 주무기관 아무도 심각하게 받아들이지 못하는 것 같다. 우리정부도 중국과 쌀 수입 협상과 같은 통상협상 때 프로그램 유통도 중국 정부를 상대로 협상으로 가야 한다.”(K-B)

이처럼 중국 드라마 시장에서 방송사업자 간 경쟁의 심화와 공급 과잉 현상이 나타나면서 한국 텔레비전 프로그램의 중국 내 유통이 점차 위축될 가능성도 높아지고 있다. 이에 국내 전문가들은 장기적인 전략마련이 필요하다는 의견을 제시하였다.

“사실 중국이 한국과의 관계에서 자기네 방송 프로그램 보호를 위해서 규제정책을 쓰는 것도 이해가 된다. 왜냐하면 유통구조가 너무 일방적으로 한국이 양적 우위의 구조다. 그러므로 현실적으로 중국 드라마가 한국 시청자 수준에 재미없어 받아들이지 않는 시장구조라도 어느 정도 호혜적 흐름이 되도록 정부와 방송사에서 의도적인 노력을 해야 한다. 중국은 장차 거대한 프로그램 수출시장의 잠재력을 지녔다는 것 하나만으로도 한국이 너무 일방적으로 또 단기적 관점에서 프로그램 일방적인 중국 유통의 전략은 소탐대실의 우를 범할 수 있는 여지가 있다.”(K-G)

“중국의 프로그램 수입 보호정책에 우리의 대응은 각 방송사 차원의 대응이다. 그러나 이건 대응이 아니라, 각 방송사가 서로 조금이라도 이익을 보자는 것이다. 중국이 어마어마한 프로그램 유통시장인 것을 감안하면 지금부터 우리도 장기적으로 중국 정부를 상대해서 규제정책을 푸는 국가 차원의 공식적 전략이 있어야 한다.”(K-A)

## 2) 개방적 발전론

### (1) 규모의 경제 극대화

2003년 우리나라 방송영상물 수출액은 2,134만 2천 달러로, 2001년의 1,235만 6천 달러에 비해 2배가량 늘어났다. 이 중에서 대만이 33.2%(708만 5천 달러)로 가장 많고, 중국은 약 17.2%(366만 3천 달러)로 나타났다. 장르에 있어서 드라마가 1,639만 달러로 전체 수출 물량의 76.8%를 차지하고 있어, 드라마 장르가 방송영상물 수출에서 차지하는 비중이 절대적이다(문화관광부, 2004).

이 같은 현실을 감안할 때, 서구적 시각에서 한국 방송사업자들이 텔레비전 드라마의 중국 내 유통에 힘을 쏟게 된 이유는 근대화론이나 발전커뮤니케이션 이론 등의 시각보다는 시장원리에 입각한 해석이 보다 적합한 것으로 보인다. 다시 말해 우리나라 방송사업자들이 중국으로 텔레비전 드라마를 수출하는 목적은 중국이라는 새로운 시장을 개척하여 이윤을 극대화하기 위한 목적이 가장 크게 작용한다고 할 수 있다. 이는 이윤추구의 속성을 갖고 있는 기업으로서 방송사업자가 텔레비전 프로그램의 공공재적 특성에 입각하여 규모의 경제를 추구하기 때문에 텔레비전 프로그램의 국가 간 유통이 이루어진다는 기존 주장을 뒷받침하는 결과라고 하겠다(Wildman, 1995; 김영, 1999). 규모의 경제는 텔레비전 프로그램의 소비에서 수용자의 수가 증가하면 증가할수록 더 많은 수익을 얻을 수 있는 것을 의미한다(권호영, 2003).

"중국시장에 적극적으로 진출하는 목적은 이윤확대를 위해서이다. 규모의 경제와 창구효과 이론이 설명하는 것과 같이, 드라마는 최대한 많은 시청자를 확보하면 할수록 수익을 거둘 수 있기 때문에 비록 저렴한 가격이라도 중국을 비롯한 외국에 판매를 하는 것이 판매를 하지 않는 것보다 낫다."(K-A)

우리나라 방송사업자들은 중국의 CCTV, 성급 방송국, 배급회사, 제작자 등과 거래의 과정에서 규모의 경제효과를 통해 더 많은 수익을 얻고자 노력하지만 중국시장을 새롭게 개척하고 확대시킨다는 차원에서 가격 자체에 지나치게 얽매여 거래하지는 않는 것으로 나타났다. 이는 프로그램 제작비를 국내 방송시장에서 이미 회수했기 때문이다.

"한국에서는 프로그램 제작기획 단계에서부터 외국에 수출을 염두에 두고 시작하는 경우는 거의 없다. 일단 국내 제작 시 전체 들어간 제작비는 국내방송에서 100% 뽑고 외국 수출은 부가적 수입으로 생각한다. 때문에 텔레비전 드라마의 중국 내 유통에서 통상적인 가격에서 크게 벗어나지 않는다면, 가격에 과도하게 구애받지는 않는다."(K-B)

"방송사는 프로그램 제작비를 국내 시장에서 대부분 회수하므로, 이들 프로그램을 해외에 수출하는 과정에서는 제작비에 연연하지 않는다. 따라서 초기 한국 드라마 수출 단가가 저렴했던 이유이다. 드라마 수출가격이 초기에 낮게 형성되었기 때문에 이제 와서 다시 높이기도 어려운 형편이다. 방송국 입장에서는 낮은 가격이라도 판매하는 것이 이익이기 때문에 판매하고 있지만, 방송 선진국에 비해 저가 판매를 계속해야 하는 상황이다. 또한 상대국의 경제적인 능력에 따라 협상의 타협점이 성립하는 것이 통례이다."(K−A).

## (2) 시장개척 차원의 마케팅 전략

최근 우리나라 방송시장은 1990년대 후반부터 매체와 채널의 증가에 따라 사업자 간 경쟁이 치열해지고 있는 상황이다. 1995년 종합유선방송, 2002년 위성방송의 출범은 시청자 또는 가입자 확보를 위한 사업자 간 경쟁이 치열해지고 있으며, 이로 인해 국내 방송시장을 주도하던 지상파방송사업자도 심각한 경영압박에 놓여 있는 상황이다(김명중, 2002). 때문에 지상파방송 사업자를 중심으로 외국시장에 대한 프로그램 유통에 적극 나서려는 움직임이 활발해지고 있다고 지적되었다.

"어떻게 보면 한국 드라마의 해외 수출은 판권을 가진 방송사가 자회사 프로덕션을 세워 제 식구 먹여 살리기 위한 대책으로 업무를 양도한 것이라 볼 수 있다."(K−E).

"그동안 외부에서는 프로그램의 해외 판매가 황금알을 낳는 정도의 많은 이익을 제공하는 것으로 비추어졌으나 실제는 자회사의 운영에 도움을 주는 수준에 불과했다. 그러나 최근에는 프로그램 해외 판매 업무를 본사 차원에서 담당하려는 경향이 있다. 본사에서 가져갈 경우 자회사 프로덕션은 피해지만, 해외프로그램 유통 전략은 획기적으로 발전할 수 있을 것으로 기대된다. 해외 판매를 전제로 제작비 산출을 하게 되고 궁극적으로 해외 판매 단가도 상향되어 제대로 받고 파는 선으로 상향될 것으로 전망된다."(K−F)

"중국 내 배급사의 문제만 문제가 아니라 한국 프로그램 수출창구의 지상파독점은 경쟁력 약화의 원인이다. 즉 본사로부터 안정적이고 거의 독점적으로 프로그램을 받아 중국에 기계적으로 수출하고 이익을 얻는 체제는 더 많은 이익을 남기려는 노력이 부족할 수밖에 없고 결과적으로 수출단가는 몇 년 동안 그 액수에 머물러 있을 뿐이다. 정책적으로 수출창구의 다변화가 드라마를 비롯한 프로그램 국제유통을 소문에 비해 실속 없는 부문에서 알차게 내실화할 수 있는 수단이 될 수 있다."(K-I).

이처럼 한국 측 방송국은 중국시장이 아직 형성되는 단계에 있다는 입장에서 창구효과를 극대화하고 안정적인 이윤추구를 위해 더욱 공격적인 마케팅 전략을 추구하고 있다는 점을 알 수 있다.

### 3) 규제적 보호론

#### (1) 문화적 정체성 보호 시각

한국 텔레비전 드라마의 중국 내 유통 증가, 그로 인한 한류의 등장과 확대에 대해 중국이 문화정체성 보호의 수준을 넘어 일종의 문화제국주의 시각에서 바라볼 우려가 있음을 응답자들은 지적하였다. 물론 한국 텔레비전 드라마의 유통을 무조건 문화제국주의 시각으로만 바라보기는 어렵지만, 한류가 장기화된다면 경제적·문화적 차원에서 중국에게 반드시 바람직한 현상은 아니라고 할 수 있기 때문에 반발이 커질 우려가 있다고 지적하였다.

"우리나라는 처음부터 한국 텔레비전 드라마를 통해 중국시장을 개척하여 더 많은 이윤을 얻겠다는 의도에서 출발하지는 않았다. 그렇지만 한류의 등장과 더불어 중국을 해외마케팅 대상으로 바라보는 시각이 부각되었다. 이는 자칫 중국인들의 자존심을 자극하고 서구 국가나 한국이나 똑같은 나라라는 식의 반발을 불러올 가능성이 있다고 생각된다. 때문에 방송 분야에서는 경제적 이윤추구라는 시각보다는 문화교류라는 차원에서 접근하는 것이 바람직하다고 생각된다."(K-D).

"사회주의 체제의 중국에 한국 텔레비전 드라마 유통이 증가되는 것은, 중국의 입장에서 볼 때 일종의 문화제국주의 시각으로 비춰질 우려가 있다. 중국정부는 지금까지 중국의 텔레비전 프로그램 공급부족 현상과 한류의 등장이 맞물려 일시적으로 증가하는 현상이라고 치부하는 경향이 있었지만, 만약 한류가 중국의 주류 문화와 사회적 균형과 안정에 위협을 줄 만큼 새로운 문화적 코드로 부상될 경우 더 많은 견제를 받을 것으로 생각된다."

## (2) 선별적 유통의 필요성

한국 측 전문가들은 한류열풍에 힘입어 한국 텔레비전 드라마를 비롯한 문화상품이 중국에 수출되는 것은 우리나라 입장에서 볼 때 긍정적으로 인식될 수 있지만, 중국 배우를 중심으로 한류에 대한 반발이 나타나기 시작하는 현시점에서 신중한 접근이 이루어질 필요가 있음을 지적하였다. 다시 말해 질적 측면을 고려하지 않은 무분별한 문화상품 수출은 중국인의 한국에 대한 전반적인 이미지를 부정적으로 만들 우려가 있기 때문에 이에 대한 대안을 고려할 시점이 되었다는 점을 지적하였다.

"1990년대 후반 몇 편의 텔레비전 드라마가 중국에서 크게 인기를 얻으면서 오늘날 한류가 이루어졌다. 그러나 한류 열기를 타고 수준이 낮은 드라마나 공연예술 작품도 무분별하게 수출되어 문제가 된 경우도 왕왕 발생하였다. 이 같은 사례는 비록 일부에 불과하다고 치부하더라도 한국의 이미지에 커다란 손상을 줄 수 있기 때문에 정부와 업계가 함께 노력해야 할 시점인 것으로 생각된다."(K-B)

결과적으로 한국 방송사업자들은 1990년대 중반 이후 방송시장에서의 경쟁이 심화되자 해외시장 개척을 통해 수익구조를 다원화해야 할 필요성을 강하게 요구받고 있었고, 이때 한류가 중국을 비롯한 아시아 국가에 확산되면서 우리나라 문화상품을 수출할 수 있는 좋은 계기를 마련하였다. 그러나 한류를 해외시장 개척이라는 마케팅의 시각에서 접근할 경우 아시아 국가들로부터 서구 선진국을 대상으로 제기되었던 종속이론과 문화제국주의가 우리나라를 대상으로도 제기될 수 있다는 것이다. 때문에 텔레비전 드라마를 포함한 문화상품의 유통에 대한 체계적인 관리체계를 마련하여 한류에 대한 반발을 최소화하고 지속화하기 위한 노력이 전개될 필요가 있다.


4) 개방적 보호론

(1) 중국의 문화적 욕구와 한국 드라마 문화할인의 조화

한국 측 프로그램 유통 전문가들은 중국의 신세대는 사회주의 이

념보다는 개인적인 취향 등이 더 중요한 가치로 부각되고 있으며, 한국의 트렌디 드라마는 이 같은 신세대의 욕구와 부합되면서 높은 인기를 끌고 있다고 지적했다. 특히 인기 있는 한류스타들이 출연하는 트렌디 드라마의 경우 신세대를 중심으로 크게 선호되고 있다고 지적하였다. 이는 탈시대적, 탈문화적 소구력을 지니고 있는 프로그램일수록 그렇지 않은 프로그램에 비해 국가 간 유통이 용이하며, 그에 따라 프로그램 유통량이 달라진다는 듀페인과 워터맨(Dupagne & Waterman, 1998)의 주장을 뒷받침하는 것이라고 할 수 있다. 트렌디 드라마의 경우 주로 한류스타라고 불리는, 중국 젊은층에게 친숙한 배우가 출연하여 이념이나 역사적 관점이 포함되지 않은 내용을 중심으로 구성되기 때문이다.

"현재는 중국에서 한국의 가족 드라마 유형이 유행하는 것은 2, 3년 전에 판매된 드라마가 이제 방송허가가 낫기 때문이고, 현재는 중국 드라마의 유행이 사랑이기 때문에 요즈음은 트렌디 드라마가 계약이 많이 성사된다. 따라서 지금 팔린 드라마가 빠르면 6개월, 일 년 후부터 방송될 예정이니까 조만간 중국도 한국의 트렌디 드라마 시대가 올 것이다."(K-E)

한편 한국 텔레비전 드라마가 중국 시청자들에게 지속적인 인기를 얻고 있는 요인에 대해서는 출연 배우, 장르, 한국에서의 인기 여부 등의 요인이 주로 지적되었다. 먼저 한국 드라마 수출에 가장 영향을 미치는 요인에 대해 응답자들은 중국에서 지명도 있는 한국 배우의 드라마 출연 여부가 드라마 판매에 가장 큰 영향을 미치고 있다고 지적하였다.

"과거 한국 시청자들도 홍콩의 이소룡, 홍금보, 성룡 등 특정 배우가 나오는 영화에 대해서는 그것의 질과 관계없이 무조건 관람하는 사람들이 있었다. 그런 관점에서 중국도 지명도 있는 한국 배우에 대한 중국 시청자의 선호하는 확률은 높고, 이는 드라마 시청률로 직결될 확률이 높다."(K-A)

이처럼 드라마에 특정 한국 배우가 출연할 경우 국내 판매회사의 협상력에 큰 영향력을 미친다. 이 같은 현상은 문화적 근접성과 문화할인에 입각해 해석이 가능하다. 문화적 근접성 차원의 경우 한국 드라마를 시청한 중국 시청자들은 드라마에서 나타나는 배우, 제스처, 유모, 생활방식, 기타 환경 등에 익숙할 것으로 추정할 수 있다. 문화적 근접성은 이처럼 자신에게 친숙한 문화적 정취를 갖는 프로그램을 선호하고 그렇지 않은 프로그램은 시청하지 않게 된다는 점을 강조한다(Waterman & Siwek, 1988). 이 같은 맥락에서 중국인들에게 친숙한 한국 배우의 등장은 그렇지 않은 드라마에 비해 낮은 문화할인을 적용받을 수 있다. 때문에 지명도 있는 한국 배우의 출연 여부는 그만큼 낮은 문화할인을 적용받아 중국시장에서의 유통이 용이하게 이루어진다(Hoskins & Mirus, 1988). 더욱이 중국의 수입회사 또한 수입드라마의 중국 내 흥행성과 시청률을 중요하게 고려하기 때문에 지명도 있는 한국 배우 출연은 계약을 성사시키는 데 중요한 요인이 된다고 할 수 있다.

한편 응답자들은 중장년층의 경우 가족드라마가 아직까지도 폭넓은 소구력을 가지고 있다는 의견을 제시했다. 가족 드라마의 경우 중국은 문화적 유사성을 토대로 한국형 가족중심 드라마를 선호하는 경향이 있으며, 이는 개혁개방 이후 중국정부가 추진하는 가족중심 이데올로기도 부합된다는 지적이다.

> "중국 사람들은 한국 사람들처럼 사회적 출세 지향적이 아니다. 이유는 땅이 넓어 개인을 드러낼 기회가 한국처럼 많지 않다. 그래서 중국 사람들은 사회와 별개인 가족 공동체의 특성이 있다. 한국도 가족 중심이지만 중국은 한국과는 조금 차이가 있다. 중국 사람들은 가족애는 동물본능 이상의 돈독한 애정 결집체다."(K-D)

아울러 한국 텔레비전 드라마의 중국수출에 미치는 영향요인으로 응답자들은 '한국에서 드라마 인기 여부', '중국정부의 제도적 규제', '드라마 전개속도' 등도 작용하고 있다고 지적했다. 이 같은 응답은 중국 시청자들의 시청동기와 행태 변화와 밀접한 관련이 있다(柴葆靑, 2003). 1990년대 들어 중국 시청자들은 세계이해·정보추구 동기가 강화되었는데 이는 중국이 계획경제에서 시장경제로 변화되면서 좀 더 구체적이고 주변현실과 밀접한 관련된 정보를 획득하려는 욕구가 강해졌다는 것이다. 또한 젊은층을 중심으로 오락이나 레저를 추구하는 동기가 높아지면서 드라마의 주제도 시대극, 청춘극, 해외 드라마 등 유형별 선호현상이 뚜렷하게 나타났다는 것이다. 때문에 중국 방송사의 입장에서 변화된 중국 시청자의 변화된 욕구를 충족시키기 위해서는 차별되고 빠르게 전개되는 드라마를 선호하게 된다고 볼 수 있다.

"한국에서 드라마의 인기 여부의 경우 최근 두각을 나타내고 있는 요인으로써, 매일 조사된 한국의 시청률이 중국 구매담당자에게 제공되고, 인터넷 보급의 확대로 정보교류가 활발해지면서 심지어 누가 각본을 쓰고, 누가 연출했느냐 하는 점도 구매의 고려요소가 되고 있다."(K-C)

"중국에 인터넷이 보급되면서 수입회사들은 한국의 상황을 인터넷으로 파악하고 시청률이 높은 드라마일 경우 비록 출연자에 대한 인지도가 없다고 하더라도 구매를 요청하는 경우가 있다."(K-D)

## (2) 한국 드라마 선호의 한계성

한편 한국 프로그램 유통전문가들은 모든 중국인이 한국 드라마를 선호하는 것은 아니라는 점을 한국이 인식해야 할 필요가 있다고 지적하고 있다. 다시 말해 중국은 한국에 비해 엄청나게 많은 인구와 다양한 특성을 가진 나라이기 때문에 한류를 과대 해석해서는 안 된다는 것이다.

"중국과 한국의 대중문화 수용태도가 다르다. 한국 드라마가 중국 사람들에게 호감을 주는 것은 확실하다. 그러나 중국 사람들이 자기네 문화를 버리고 한국 문화를 수용하는 것은 아니다. 중국 사람들은 실용적이기 때문에 자기들이 관심 있는 대중문화는 관심을 가지지만, 그건 사회부류들의 취향에 따라 다르다. 전체가 똑같은 정도로 한국 드라마를 좋아하는 것은 아니다. 중국 사람들은 자기 취향에 따라 한국 드라마를 좋아하는 사람도 있고 미국, 홍콩드라마 선호하는 사람 등 열 사람이 각기 취향이 다르다. 그래서 한국은 드라마 시청률이

6~70%에 이르는 경우가 있지만 중국은 절대 다르다. 한국의 인기드라마가 잘해야 4%대의 시청률이다."(K-G)

중국 텔레비전 시장에서 시청자의 채널선호 특성을 살펴보면, 먼저 전국채널에서 시청점유율은 도시 지역에서 31.2%로서 성급 채널에 비해 약 10% 정도 높다. 반대로 농촌 지역의 경우 지역채널 시청점유율이 32.2%, 전국채널이 25.2%로 성급 채널을 선호하는 특성을 나타내고 있다.

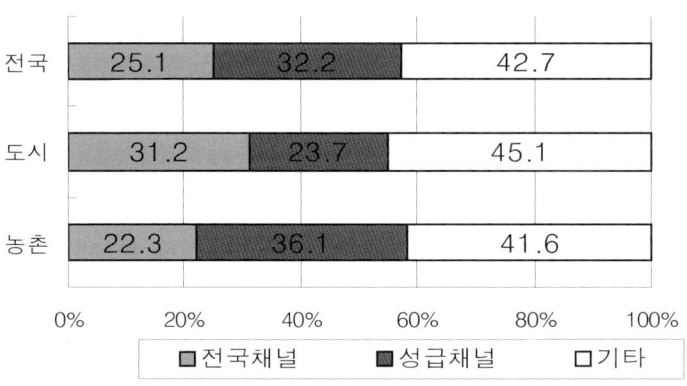

※ 출처: 강만석·강익희·송종길(2003). 『중국 방송광고 시장변화와 프로그램 수출합리화 방안 연구』. 한국방송광고공사 연구보고 03-3-01. 296쪽.

〈그림 10〉 중국의 지역별 채널선호도

또한 연령별로는 나이가 든 연령층일수록 전국채널을 선호하는 특성을 갖고 있다. 55세 이상 연령집단의 경우 30% 정도의 전국채널

점유율을 보이며, 젊은 시청자일수록 전국채널이나 성급채널을 선호하기보다는 케이블이나 지역채널과 같이 다양한 채널을 선호하는 경향을 나타내고 있다(강만석·강익희·송종길, 2003). 이처럼 중국 시청자의 시청행태나 프로그램 선호도는 지역이나 연령 등에 따라 상이하기 때문에 한국 드라마 시청자를 획일적으로 파악해서는 곤란하다.

## 2. 한국 프로그램 유통 전문가의 한국 드라마 유통 인식 특성

한국 측 전문가의 중국 내 한국 드라마 유통시장에 대한 인식특성을 살펴보면, 전체적으로 규제적 발전론, 규제적 보호론의 입장보다는 개방적 발전론, 개방적 보호론 입장에 서 있는 것으로 판단된다.

한국 프로그램 유통전문가들이 이 같은 인식특성을 갖게 된 것은 중국의 WTO 가입, 광고시장의 급격한 성장, 외국 텔레비전 프로그램 유통시장 형성과 확대 등에 따라 시장경제 원리가 텔레비전 산업 전반에 점차 확대될 것이라는 것을 전제하고 있기 때문인 것으로 판단된다. 정보의 자유유통과 시장중심론의 입장에서 볼 때 중국의 시장경제 원리 도입과 방송프로그램에 대한 수요 증가는 불가피할 것으로 보인다. 더욱이 미국 중심의 서구국가에서는 중국이라는 거대시장을 주요 해외수출 창구로 활용해 자국의 프로그램을 중국에 유통시켜 창구효과를 극대화시키려는 목적이 매우 크다.

다만, 한국 프로그램 유통전문가들은 한국이 서구 국가와 마찬가지로 개방적 발전론 입장을 강조하기는 어렵다는 입장이다. 최근 한국이 텔레비전 프로그램의 국제유통에 적극적으로 나서게 된 것은 한국 방송시장에서 매체와 채널의 증가에 따라 경쟁이 심화되면서 한국의 방송국들이 추가적인 수익창구 확보를 위해 해외시장에 적극적으로 나설 수밖에 없었던 상황이 작용하였다는 것이다. 최근 한국에서는 지상파방송 외에 종합유선방송, 위성방송, 이동멀티미디어방송 등 매체와 채널이 증가하였다. 게다가 디지털기술의 발전으로 통신과의 융합이 촉진되면서 방송과 통신이 하나의 산업으로 통합되면서 사업자들 사이에는 치열한 경쟁이 벌어지고 있다. 이 같은 상황에서 방송사업자들은 새로운 수익창구 발굴을 위해 외국 텔레비전 시장에 눈을 돌릴 수밖에 없는 상황이 되었고, 이는 결과적으로 서구 선진국에서 주장하는 개방적 발전론과 동일한 입장에 서게 될 수밖에 없다. 그러나 한국의 프로그램 유통 구조는 서구 국가들이 하고 있는 제작 단계부터 해외유통을 계산한 창구효과를 극대화하는 제작 단가 산정이 아니라, 국내에서 충분한 제작비 회수가 가능한 후에 해외유통에서는 잉여수입을 낼 수 있는 제작기획이기 때문에 서구국가들과 같이 중국 내 드라마를 비롯한 프로그램 유통의 방향이 개방적 발전론의 관점을 절박하게 확보해야 하는 것은 아니다.

따라서 현재 한국 프로그램 유통 전문가들은 중국에 대해 개방적 발전론을 희망하지만 무조건 요구하고, 따르기를 강조하기보다는 개방적 보호론의 입장에서 신중하게 대처하고 있는 것으로 판단된다. 개방적 발전론이 중국 방송 산업의 장기적인 지향점이라면 현재 한국 텔레비전 드라마의 중국 내 유통에서는 개방적 보호론이 현실적이라는 것이다.

특히, 외국 텔레비전 프로그램의 중국 내 유통에서는 경제적 요인과 더불어 문화적 요인이 작용한다. 최근 중국에서 불고 있는 반한류 움직임은 그 증거라고 할 수 있다. 중국은 수많은 민족으로 구성되어 서로 다른 생활양식과 다원문화를 갖고 있다. 게다가 사회주의라는 커다란 이념적 테두리 속에서 사회 안정을 추구하고 있다. 그러므로 외국 텔레비전 프로그램이 자국의 이념적, 민족적 정체성을 훼손하는 것에 대해 긍정적인 평가보다는 부정적인 평가가 높아질 가능성이 높다. 비록 한국과 중국이 유교문화권이라는 범주에 속해 있어 한국 드라마가 낮은 문화할인을 적용받고 있지만 반한류의 분위기가 고조될 경우 지금의 상황이 지속된다는 보장을 받기가 어려울 수 있다고 판단하고 있다.

더욱이 최근 중국정부의 외국 드라마 규제조치가 점차 가시화되고 있고, 그 주요 대상이 한국 드라마로 부각되고 있는 상황에서 중국정부를 자극하기보다는 제한된 수출량이지만 이를 오히려 양질의 드라마를 선별 수출할 수 있는 계기로 삼을 필요가 있다는 점을 지적하였다.

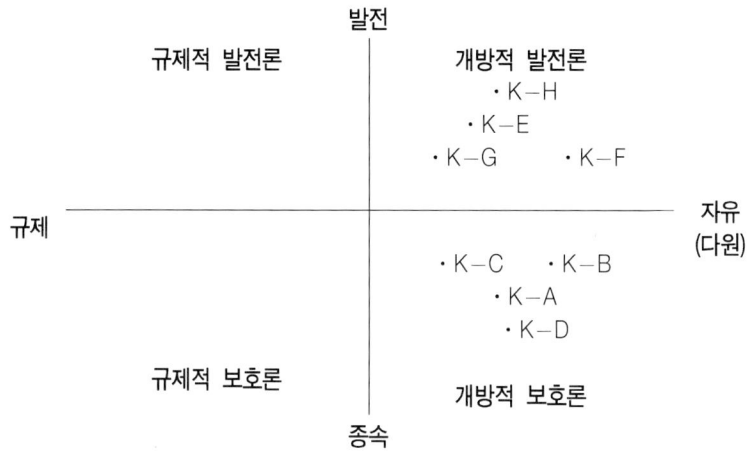

발전

규제적 발전론　　　　　　개방적 발전론
　　　　　　　　　　　　　・K-H
　　　　　　　　　　　　・K-E
　　　　　　　　　・K-G　　　・K-F

규제　━━━━━━━━━━━━━━━━━━━━　자유
　　　　　　　　　　　　　　　　　　　（다원）

　　　　　　　　・K-C　　・K-B
　　　　　　　　　　・K-A
　　　　　　　　　　・K-D

규제적 보호론　　　　　개방적 보호론

종속

〈그림 11〉 한국 프로그램 유통 전문가의 중국 내 한국 드라마 유통 인식유형


　이 같은 맥락에서 한국 텔레비전 프로그램 유통 전문가들의 중국
내 한국 드라마 유통에 대한 인식유형을 살펴보면, 위의 그림에서
나타난 바와 같다. 즉 중국 정부의 규제적 발전론 시각에 입각한 외
국 드라마에 대한 사전 심의규제와 방송량, 방송시간 규제는 현실적
으로도 중국의 국가체제 유지와 밀접하게 연관이 되는 사안이기 때
문에 불가피하게 수용할 수밖에 없는 영역이라는 인식을 갖고 있다.
또한 규제적 보호론에 대해서는 중국이 시장경제 원리를 도입하였기
때문에 제한적 범위에서 외국 드라마의 중국 내 유통이 허용되고 있
으며, 그에 따른 산업보호와 문화정체성 보호 논리는 비단 중국뿐만
아니라 미국 문화상품의 일방적 유통을 경계하는 유럽국가에서도 오

랫동안 논의되어 온 사안이기 때문에 나름대로 합리적인 수준에서 수용할 수 있다는 입장이다. 다만 한국 텔레비전 프로그램 유통 전문가는 한류의 지나친 확산이 한국을 미국 등 서구 선진국과 동일한 선상에서 파악하여 중국정부의 규제적 보호론 시각이 종속이론과 문화제국주의 이론을 핵심으로 하는 규제적 발전론 시각으로 변화되는 것에 대해 커다란 우려와 경계를 하고 있는 것으로 나타났다.

따라서 한국 프로그램 유통 전문가는 앞서 논의한 바와 같이 한국 텔레비전 드라마의 중국 내 유통이 방송사업자의 입장에서 볼 때 개방적 발전론 차원에서 시장경제 원리에 입각하여 규모의 경제를 통한 최대한의 수익을 얻으려는 속성이 인식에 있어 지배적으로 존재하는 것은 사실이지만, 이는 국내 방송시장에서의 경쟁심화와 밀접한 관련이 있다는 점을 강조하면서 미국 중심의 서구 국가와 동일시되지 않도록 노력해야 할 필요가 있으며, 중국도 문화상품 수출국으로 도약하였을 경우 동일한 시각과 논리를 채택할 수밖에 없게 될 것이라는 점을 이해시킬 필요가 있다고 강조하였다.

아울러 한국 프로그램 유통전문가들은 중국 내 텔레비전 프로그램 유통에서 개방적 보호론의 시각을 견지하고 이를 한국에 이해시키는 것이 필요하다는 점을 강조했다. 최근 한국 드라마의 중국 내 유통이 급격히 증가한 것은 서구 선진국과 같이 경제적 논리를 앞세운 것이 아니라 중국인들의 높아진 문화수요, 전통적 가치관 등이 한국 드라마와 맞물리면서 한류라는 문화현상에 기인한 것이며, 아울러 텔레비전 프로그램은 경제적 특성과 더불어 문화적 특성을 동시에 갖고 있기 때문에 문화할인이 적용될 수밖에 없다는 점을 강조해야 한다는 것이다. 물론 문화할인의 폭은 지리적, 역사적, 언어적 요인 등에 의해 수입되는 프로그램에 따라 상이하게 적용되며 한국 텔레비전 프로그램의 경우 서구 국가에 비해 낮은 할인율이 적용되어 왔다는 점은 인정된다. 그럼에도 불구하고 외국문화에 대한 문화할인 적용은 언제나 존재하며 더욱이 중국은 다원주의 문화를 갖고 있기 때문에 외국 문화에 휩쓸리지 않을 수 있는 충분한 역량을 갖추고 있다는 특징을 가지고 있다. 그러므로 단일 문화권에 비해 상대적으로 그 충격은 그다지 크지 않을 수 있다. 따라서 최근 중국정부는 규제적 보호론의 입장을 벗어나 규제적 발전론 시각에서 외국 프로그램 유통에 대한 규제를 강화하고 있는 상황이다. 이러한 상황에서 제도적 타개책을 강력하게 요구할 수 없는 입장에 있는 한국 프로그램 유통전문가는 지금까지의 중국의 개방적 발전론 프로그램 유통 흐름에 편승했던 한국 텔레비전 드라마의 양적 유통차원을 탈피해야 한다는 인식이 형성되고 있다 하겠다.

즉 지금까지의 문화적 할인율과 문화적 근접성에 막연하게 의존해 왔던 중국 내 한국 텔레비전 드라마 양적 유통 차원이 단지 대중문화 차원만이라는 인식이 강한 중국인들에게 그들의 자국 문화에 대한 자부심과 정체성을 인정할 필요가 있으며, 그들의 문화적 전통성 유지를 위해 중국 내로 유통되는 한국을 비롯한 외국 프로그램에 대해 어느 정도 제도적 보호정책은 불가피하다는 개방적 보호론에 대한 인식으로 이해의 방향이 전환되고 있는 단계라 하겠다.

# 제3절 한·중 프로그램 유통 전문가 면접결과 비교

본 절에서는 앞서 논의한 한·중 프로그램 유통전문가의 면접결과를 본 연구의 텔레비전 프로그램 분석 틀에 입각하여 비교하였다. 한국 텔레비전 프로그램의 중국 내 유통에 대해 중국 프로그램 유통 전문가는 규제적 발전론과 규제적 보호론, 한국 프로그램 유통 전문가는 개방적 보호론의 입장에서 논의를 전개하면서 한류의 확산에 대해 상이한 시각을 갖고 있었으나, 한·중 관계의 장기적 발전을 위해서는 방송 분야에서 호혜적 차원의 문화교류가 필요하다는 점에 대해서는 공감을 나타내고 있다.

## 1. 규제적 발전론 차원의 비교

규제적 발전론의 핵심은 텔레비전에 대한 정부규제를 통해 경제발전을 도모하는 것이라고 할 수 있다. 이 같은 규제적 발전론 차원에서 양국 전문가의 핵심 주장을 비교하기 위하여, 다음의 그림에서 나타난 바와 같이 규제개념을 사회주의 이념보호를 위한 이념규제와 한국 드라마에 대한 유통규제의 차원으로 구분하고, 발전개념은 산업발전과 제도발전으로 구분하여 재분류하였다.

〈표 15〉 규제적 발전론 차원에서의 양국 전문가 인식비교

| 중국 프로그램 유통 전문가 | 한국 프로그램 유통 전문가 |
|---|---|
| ·종속이론에 입각하여 경제종속 방지를 위한 규제 필요<br>·사회주의 이념보호 목적의 텔레비전 산업발전 추구<br>·사회주의 이념보호를 위한 프로그램 심의제 운영<br>·외국 텔레비전 드라마 방송시간 규제 | ·사회주의 이념보호를 위한 중국정부 규제의 특수성 인정<br>·유통규제 완화를 통한 중국 텔레비전 산업발전 기대<br>·이념규제 인정하나 운영의 투명성, 예측 가능성 필요<br>·유통규제 인정하나 규제효율성과 예측 가능성 필요 |

## 1) 이념규제를 위한 산업발전

중국 측 전문가들은 중국정부가 텔레비전 산업발전을 도모한 목적이 서구 국가에서 주장하는 근대화론이나 발전커뮤니케이션 이론 등에 입각한 사회발전을 위한 것이 아니라, 정부정책의 선전과 교육 필요성 그리고 개방·개혁에 따른 인민들의 이념적 통제강화 등의 차원에서 텔레비전 산업을 발전시킨 것이라는 점을 지적하였다.

물론 중국의 텔레비전 보급 확대는 개방적 발전론 시각과 같이 새로운 정보가 사회에 유통되고 이것이 사람들의 발전에 대한 욕구를 자극하여 사회변동을 일으킬 수 있다. 그러나 근대화론이나 발전커뮤니케이션 이론이 간과한 부분은 정부의 역할이라고 할 수 있다. 실제로 제3세계 국가에서 매스미디어 관련 시설이 갖추어졌음에도 불구하고 사회발전을 거두지 못한 것은 매스미디어가 권위주의적인 권력의 강력한 통제하에 운영되었기 때문인 것으로 지적되고 있으

며, 중국의 경우도 이 같은 경우에 해당된다고 할 수 있다.

이에 대해 한국 전문가는 외국 텔레비전 드라마가 자국으로 유통되는 과정에서 정부규제가 개입하는 경우는 보편적이지만, 중국의 경우 이데올로기와 관련된 내용은 절대 유통이 불가능하고, 선정성이나 폭력성이 포함되어 있는 텔레비전 드라마는 그렇지 않은 것보다 엄격한 내용심의를 받는 특수성이 존재한다고 지적하였다. 따라서 중국의 이 같은 특수성을 감안하더라도 내용심의와 방송시간 규제 등의 조치는 중국시장의 변화를 전혀 예측할 수 없는 상황으로 만들기 때문에 이 같은 점에서 투명한 규제절차와 예측 가능한 정책이 요구된다는 입장을 지적하였다.


## 2) 유통규제를 통한 산업발전

중국 측 전문가들은 한국 텔레비전 드라마의 중국 내 유통이 증가한 것은 수출국 요인보다는 수입국 요인과 프로그램 요인이 더 크게 작용한 결과라고 지적했다. 중국 측 전문가들은 중국정부가 이념통제 강화를 위하여 1980년대와 1990년대 방송국 설립에 대한 적극적인 투자에 나섰으나, 이는 경제적 효율성을 고려하지 않은 정치적 목적이 강했기 때문에 결과적으로 프로그램 수요와 정부의 예산부담이 급격히 늘어났다고 평가했다. 이에 따라 중국정부는 방송국 운영에서 정부보조금을 축소하고 광고수입에 의존하는 방식을 유도하였으며, 텔레비전 프로그램 제작기반의 미비에 따른 프로그램 부족현상도 외국 텔레비전 프로그램의 유통에 대한 규제완화를 통해 보충할 수밖에 없었다고 지적했다.

특히 광고수입에 의존하는 경영방식이 보편화되면서, 중국 방송국들은 프로그램 편성에서 시청률을 고려하지 않을 수 없는 상황이 되었다. 이는 시청률 제고와 광고수입 증대를 위한 방송국 간 경쟁을 심화시켰으며, 한국 텔레비전 드라마는 중국 방송시장에서 전개된 이 같은 현상을 적절하게 활용하였다는 것이다. 아울러 한국 드라마 프로그램은 한국 내에서 제작 및 방송될 때 이미 제작비와 이윤을 확보하는 제작구조이기 때문에 국제유통을 염두에 두고 엄청난 제작비와 이윤을 산정하고 있는 미국 등에 비해 상대적으로 가격경쟁에 자유로울 수 있다는 점에서, 한국 측의 마케팅 전략도 주요하게 작용했다고 지적했다.

결과적으로 중국 측 전문가는 한국 텔레비전 드라마 유통이 1990년대 후반부터 급격히 증가한 것은 중국 내부의 텔레비전 프로그램에 대한 수요증가, 한국 드라마의 저가판매 전략 등에서 기인한 측면이 강하며, 따라서 외국 텔레비전 프로그램의 무분별한 유통을 규제함으로써 중국 텔레비전 산업을 발전시킬 수 있는 기회를 확보할 수 있다고 인식하고 있는 것으로 판단되었다.

이에 대해 한국 측 전문가는 중국의 급속한 경제발전, 국민소득 증가, 방송시설 확충, 높아진 문화적 수요, 한국과의 문화적 유사성 등 여러 요인이 복합적으로 작용하여 한국 드라마의 중국 내 유통이 활성화된 것으로 판단하고 있다. 다만 한국 드라마가 중국뿐만 아니라 여러 나라에서 인기를 얻고 있다는 점에서 중국 내부의 프로그램 수요증가 요인보다는 프로그램 요인이 한국 드라마의 국제유통 활성화에 조금 더 큰 영향을 미친 것이 아닌가라는 진단을 내리기도 했다.

한편, 사회주의 국가라는 특수성을 감안할 때, 중국정부의 한국 드라마 유통규제를 통한 텔레비전 산업발전 정책을 인정할 수는 있으나 과연 중국 텔레비전 산업발전에 바람직한 접근인가에 대해서는 성찰이 필요하다고 지적하였다. 왜냐하면 시장개방과 교류를 통한 발전이 정부규제하에서의 발전전략보다 효율적이라는 인식이 보편적이기 때문이라는 것이다.


## 2. 규제적 보호론 차원의 비교

중국 텔레비전 산업의 육성과 보호를 위한 정부규제의 필요성을 핵심으로 하는 규제적 보호론 차원에서, 양국 전문가의 한국 드라마의 유통시장에 대한 인식을 비교하면 다음의 표에서 나타난 바와 같다.

〈표 16〉 규제적 보호론 차원에서의 양국 전문가 인식비교

| 중국 프로그램 유통 전문가 | 한국 프로그램 유통 전문가 |
|---|---|
| ·중국 텔레비전 산업발전을 위한 외국 드라마 국제유통 규제<br>·텔레비전 산업의 종속방지를 위한 유통 규제<br>·문화제국주의에 입각하여 이념보호, 문화적 정체성 보호를 위한 정부규제 필요<br>·문화적 정체성 보호차원의 텔레비전 프로그램 유통규제 | ·유통규제 완화를 통한 텔레비전 산업 발전 필요<br>·문화적 정체성 보호차원의 정부규제 인정하나 규제 효율성과 예측 가능성 필요 |

## 1) 한국 드라마의 일방적 유통에 따른 산업종속

중국 측 프로그램 유통 전문가는 한국 텔레비전 드라마의 중국 내 유통이 장기간에 걸쳐 일방적인 흐름을 나타내고 있다는 데 기본적인 문제가 있다는 점을 강조하였다. 중국 측 프로그램 유통 전문가는 한국 텔레비전 드라마가 중국에 유통되는 양만큼 중국 텔레비전 드라마도 한국에 유통되어야 상호 호혜적인 것이라고 인식하고 있다. 따라서 유통흐름의 균형회복을 위해 한국을 비롯한 외국 텔레비전 프로그램의 중국 내 유통을 제한하는 것은 정당하다는 입장이다.

텔레비전 프로그램의 국제유통에 관한 쟁점은 미국 중심의 서구 선진국에서 제작된 텔레비전 프로그램이 제3세계를 비롯한 개발도상국에게 일방적으로 유통되는 현실에서 비롯되었다. 때문에 중국 측 프로그램 유통전문가의 이 같은 한국 텔레비전 드라마의 불균형한

유통에 대한 문제제기는 가장 기초적이면서도 중요한 부분이라고 할 수 있다. 중국 측 텔레비전 프로그램 유통전문가는 한국 텔레비전 프로그램, 특히 드라마의 일방적인 중국 내 유통은 그것이 갖고 있는 문화적 파급력으로 인해 자칫 한국에 대한 중국의 경제적 종속이라는 상황을 일으킬 수 있고, 나아가 경제종속은 문화종속으로까지 연결될 수 있다는 인식을 갖고 있다. 따라서 중국 측 텔레비전 프로그램 유통 전문가의 이 같은 우려는 규제적 보호론의 입장에서 강력한 규제정책을 견지하는 데에 논리적 정당성을 제공한다. 이는 지금까지 정보 유통의 흐름이 문화적 거대국가에서 문화취약 국가로 일방적인 흐름을 주장하는 문화제국주의와 그 궤를 같이하고 있다. 그러나 중국 측 프로그램 전문가들은 텔레비전 프로그램의 유통을 하나의 산업으로 보면서도, 한편으로는 중국의 문화적 역량에 대해서는 결코 한국 등 프로그램 수입국에 비해 자부심과 우월감이 뒤지지 않는다고 주장함으로써 단순한 문화제국주의적 차원에서의 비교척도는 무리가 따를 수 있다.

이에 대해 한국 측 프로그램 전문가는 한국 텔레비전 드라마의 중국 내 유통에서 양적인 차원의 균형이 이루어지지 못해 왔으며, 향후 이에 대한 개선이 이루어져야 한다는 점에 대해서는 공감하고 단순한 프로그램 유통에서 그치는 것이 아니라 전통문화를 비롯한 다양한 예술장르에서 상호교류의 폭을 확대해야 한다고 인식하였다. 또한, 중국의 규제적 발전론, 규제적 보호론의 시각에 대해서도 충분히 공감할 수 있는 여지가 존재하지만 중국정부의 규제정책에 대한 일관성과 투명성이 필요하다는 점을 지적하였다. 다만 중국 텔레비전 프로그램이 한국에 유통되기 위해서는 한국에 중국 텔레비전 프로그램 선호계층이 존재해야 하는데 아직까지 충분한 시장형성이 되지 않은 여건이 현실이라고 지적하였다.

## 2) 문화적 정체성 보호

중국은 인종적, 역사적으로 이민족이 모여 하나의 국가를 형성한 나라이다. 그러므로 중국 내부적으로 문화적인 측면에서는 다민족에 의해 형성된 다원문화권이라 할 수 있다. 다원문화는 문화 수용의 관점에서 단일 문화권의 국가보다 쉽고, 빨리 다른 문화를 수용하는 특징이 있다(손용기, 1997). 따라서 중국 측 텔레비전 프로그램 유통 전문가는 한국 텔레비전 드라마의 중국 내 유통이 초기에는 문화적 다양성 차원에서 폭넓게 수용될 수 있으나, 최근에는 한류라는 형태로 일방적이고 장기적으로 중국인들에게 수용됨으로써 중국의 고유한 문화적 정체성과 사회 안정에 부정적 영향을 끼칠 수 있다고 우려한다. 또한 중국 입장에서 한국 텔레비전 드라마의 중국 내 일방적 유통현상은 문화제국주의 시각으로 받아들여질 수도 있다는 지적이다.

이에 대해 한국 전문가도 비록 중국정부가 문화제국주의 시각에서 한국 텔레비전 드라마의 유통을 이해하는 것도 일견 공감될 수 있지만, 한국 텔레비전 드라마의 중국 내 유통은 중국에서의 프로그램 수요증가와 중국인들의 한국 드라마 선호현상에서 비롯된 것이기 때문에, 문화제국주의로만 규정하기는 곤란한 점도 있다고 지적하였다. 또한 중국이 자국의 문화적 정체성, 산업보호 등을 위하여 텔레비전 프로그램에 제약을 가할 수도 있으나, 그에 따른 중국정부의 제도적 규제가 한국의 텔레비전 프로그램에 대해서만 차별적으로 적용되는 것은 곤란하다는 입장을 나타냈다. 나아가 텔레비전 프로그램에 대한 중국 정부의 규제가 좀 더 합리적이고 안정적이며, 일관성 있게 추진되는 것이 바람직하며, 특히 중국에서 한국 텔레비전 드라마가 불법 복제되어 확산되는 점에 대한 단속을 강화해야 한다는 의견을 제시했다.

## 3. 개방적 발전론 차원의 비교

시장에 대한 정부의 개입 최소화를 통해 발전을 추구하는 개방적 발전론의 차원에서 양국 전문가 인식을 비교하면 다음의 표에서 나타난 바와 같다.

〈표 17〉 개방적 발전론 차원에서의 양국 전문가 인식비교

| 중국 프로그램 유통 전문가 | 한국 프로그램 유통 전문가 |
|---|---|
| · 정부규제하의 시장개방 및 산업발전 도모<br>· 정부규제하의 시장개방을 위한 제도발전 추구 | · 정부규제 완화를 통한 유통시장 확대와 산업발전 도모<br>· 시장개방 확대와 더불어 투명하고 예측 가능한 제도발전 필요 |

## 1) 동일 목표에 대한 상이점

한국 측 전문가의 입장에서 중국 텔레비전 산업 발전은 정부규제에 의존하기보다 시장경쟁에 의존하는 것이 바람직하다는 입장에서 시장개방을 선호하는 태도를 나타냈다. 한국 측 전문가는 사회주의 이념을 추구하는 중국의 특수성과 텔레비전 드라마의 문화적 성격을 감안할 때, 중국정부가 외국 프로그램의 자국 내 유통에 대해 엄격한 규제를 가하는 것은 충분히 이해될 수 있으나 중국이 시장경제를 표방하고 있는 한 장기적으로 추가적인 시장개방에 나설 수밖에 없고, 따라서 경쟁을 기반으로 한 산업발전을 추구하는 것이 바람직한 접근방법이라는 인식이다.

이에 대해 중국 측 전문가는 중국 텔레비전 산업이 아직 국제적 경쟁력을 갖추지 못한 상태에서 시장개방에 나설 경우 경제적 종속 상황이 우려되며, 무엇보다 정부규제가 적용되고 있는 상황에서도 한류와 같은 문화적 현상이 발생하여 자칫 중국의 문화적 정체성이 확산되고 있기 때문에 규제완화가 더욱 조심스러운 입장이라는 태도를 나타냈다. 아울러 중국정부는 문화적 요인에 대한 직접적인 규제를 가하기 어렵기 때문에 경제적 차원에서 한국 텔레비전 드라마의 유통량을 제한하는 등의 간접적인 규제에 나서는 방향으로 가닥을 잡고 있다는 것이다. 따라서 양국 전문가는 중국 텔레비전 시장의 발전이라는 목표는 동일하지만 중국 측 전문가는 정부규제를 유지 또는 강화하는 방안을 선호하는 반면, 한국 측 전문가는 시장개방을 통한 교류를 통해 경쟁력을 갖추는 것을 선호하는 것으로 판단된다.

## 2) 정부규제 역할에 대한 상이점

텔레비전 드라마의 중국 내 유통에 대해 한국 측 전문가의 경우, 정부의 제도적 규제가 정치적 목적에 좌우되는 것에 대해 바람직하지 않다는 의견이었다. 물론 한국 텔레비전 프로그램은 성급 이상의 방송국이나 수입업자에게 판매가 되고, 한국 텔레비전 드라마의 유통 여부는 이들 중국 사업자가 중국정부가 마련하고 있는 규제와 심의절차를 거치게 되어 있기 때문에 우리나라 방송국은 중국 수입업자와 판매계약을 체결하면 이후 중국 내에서 텔레비전 드라마 방영 여부에 대해서는 직접적으로 관여하지는 않는다. 그럼에도 불구하고 중국 내 정치상황에 따라 텔레비전 드라마의 유통이 좌우되는 것은 바람직하지 않다는 입장을 보였다.

또한 한국 측 전문가는, 한국 텔레비전 드라마의 중국 내 유통이 활성화될 수 있었던 것은 매체의 증가로 경쟁이 심화된 한국 방송시장에서 해외시장 개척을 통해 새로운 수익원을 창출하려는 방송사업자들의 이윤추구 동기, 그리고 중국인들의 한국 드라마에 대한 낮은 문화할인율(cultural discount) 적용을 지적하였다. 한국 텔레비전 드라마에서 나타난 가족중심의 유교적 생활방식은 중국인들에게 공감을 끌어냈으며, 트렌디 드라마는 젊은층에게 새로운 문화를 접할 기회를 제공하였다는 것이다.

이에 대해 중국 측 전문가는 국제적인 경쟁력을 확보하기 위하여 텔레비전 산업에 대한 개편을 단행하고, 프로그램 제작기반을 확충하고 있는 과정에서 외국 텔레비전 프로그램 유통시장에 대한 규제완화는 아직 고려할 수 있는 단계가 아니라는 입장을 나타냈다.

특히 한국 텔레비전 드라마가 중국에서 한류라는 문화적 현상을 일으키고 지금도 지속되고 있다는 점을 감안할 때, 외국 텔레비전 프로그램 유통에 대한 정부규제 완화를 고려하기는 어렵다는 것이다. 다만, 유통시장에 대한 정부규제의 일관성과 예측 가능성 등을 높이기 위해 법제 개편작업을 지속하고 있으며, 아직까지 제도적 안정성이 갖추어지지 못한 상황이기 때문에 과도기적 혼란은 외국 방송사업자들이 감수할 수밖에 없다는 입장을 나타냈다.

## 4. 개방적 보호론 차원의 비교

텔레비전 프로그램 유통시장 개방이 확대될수록 산업종속이나 문화종속이 나타날 가능성이 높기 때문에 정부의 보호가 필요하다는 개방적 보호론에 대한 양국 전문가의 입장을 비교하면 다음의 그림에서 나타난 바와 같다.

〈표 18〉 개방적 보호론 차원에서의 양국 전문가 인식비교

| 중국 프로그램 유통 전문가 | 한국 프로그램 유통 전문가 |
|---|---|
| · 정부규제하의 시장개방을 통한 산업 종속 방지<br>· 정부규제 완화를 통한 시장개방 확대 시 산업종속 우려<br>· 정부규제하의 시장개방을 통한 문화 종속 방지<br>· 정부규제 완화를 통한 시장개방 확대 시 문화적 종속과 사회불안 초래 | · 유통시장 개방과 경쟁을 통한 산업 발전 필요<br>· 문화교류 활성화를 통한 문화적 다양성 증대 |

## 1) 시장개방과 산업종속에 대한 인식 차이

중국 측 전문가는 한국 드라마의 중국 내 유통이 일방적이고 장기적으로 이루어지고 있는 현실에 기본적인 문제가 있다고 지적하였다. 한국에서 중국의 텔레비전 프로그램 유통이 활성화되지 못한 상태에서 일방적으로 한국 드라마가 중국에 유통될 경우 산업적 차원에서 불균형이 발생할 가능성이 높다는 것이다. 이 같은 맥락에서 중국정부는 한국 드라마의 중국 내 유통을 제한함으로써, 프로그램 유통량의 균형을 맞추려는 시도를 할 수밖에 없다는 입장이라는 것을 피력하였다.

이에 대해 한국 전문가는, 한국 드라마의 중국 내 유통이 한류현상과 맞물리면서 급격히 증가했다는 점을 인정하며, 한국과 중국의 텔레비전 프로그램 교류가 문화적 근접성에 따른 단순한 문화상품의 거래라는 차원을 뛰어넘어 문화교류라는 차원으로 발전하기 위해서

는 이 같은 중국정부의 우려를 해소시키기 위해 한국도 노력해야 할 필요가 있다는 점에 인식을 같이했다. 다만, 한국에서는 중국 텔레비전 프로그램 유통시장이 아직 활성화되지 않은 상태에서 이를 인위적으로 한국에 유통시키는 것은 어렵기 때문에 당분간 한국 드라마가 중국에 일방적으로 유통되는 현상은 불가피하고 장기적으로 중국이 프로그램 국제경쟁력 제고를 위해 더 많은 노력을 기울일 필요가 있다는 의견을 나타냈다.

## 2) 시장개방과 문화종속에 대한 인식 차이

중국은 한족과 수많은 소수민족이 모여 하나의 국가를 이루고 있다. 따라서 중국은 내부적으로 문화적인 측면에서는 다민족에 의해 형성된 다원문화권이라 할 수 있겠다. 다원문화는 문화 수용의 관점에서 단일 문화권의 국가보다 쉽고, 빨리 다른 문화를 수용하는 특징이 있다(손용기, 1997). 이 같은 점에서 중국은 한국 드라마가 빠르게 수용될 수 있는 여건을 갖고 있었다고 볼 수 있다.

그러나 중국의 다원문화 특성은 중국정부로 하여금 사회통합과 유지를 위한 문화적 정체성 보호의 중요성을 보여준다. 이 같은 맥락에서 한국 텔레비전 드라마 유통에 대해 중국 측 전문가와 한국 측 전문가의 공통적 인식은, 한국 텔레비전 드라마의 중국 내 일방적 유통 현상이 장기간 지속될 경우 중국은 문화적 정체성 보호를 위하여 이를 일종의 문화제국주의 시각에서 해석할 가능성이 높다는 것

이다. 실제로 중국 측 전문가는 한국 드라마의 중국 내 유통시장에
대한 기본적 태도는 한국 드라마가 중국에 일방적으로 유통된다는
점을 가장 중요한 문제로 지적하였다.

이에 대해 한국 측 전문가는 텔레비전 드라마의 중국 내 유통이
본래 문화제국주의적 의도로 시작된 것은 아니지만 중국이 규제에
나서는 것에 대해서도 일정 부분 공감대를 갖고 있다는 입장을 나타
냈다. 이는 한국도 서구 국가에서 제작된 영화의 일방적 유통을 제
한하기 위해 스크린쿼터를 유지하고 있으며, 방송법 등을 통해 외국
프로그램이나 채널의 수입을 제한하고 있기 때문이라는 것이다.

그럼에도 불구하고 중국 전문가와 한국 전문가 모두 중국이 WTO
에 가입한 이상 시장개방이라는 세계적인 추세를 거스르기는 어렵
고, 때문에 중국의 경제성장이 가속될수록 중국인들의 질 높은 문화
에 대한 수요도 더욱 증가할 것이라는 점에 대해서는 일치된 의견을
나타내고 있는 것으로 판단된다.

# 제4절 한·중 프로그램 유통 전문가 면접결과 논의

본 절에서는 한·중 프로그램 유통 전문가 면접결과 분석에 따른 한국 텔레비전 프로그램의 중국 내 유통에서의 함의와 전망에 관해 논의하였다. 한·중 프로그램 유통 전문가 면접결과, 중국 프로그램 전문가와 한국 프로그램 전문가 사이에는 한국 텔레비전 프로그램의 유통현상에 대해 이론적 시각을 공유하는 부분도 있으나 대체로 상이한 이론적 시각을 갖고 있는 것으로 판단된다. 즉 중국 텔레비전 유통 전문가는 규제적 보호론 입장에서 한국 텔레비전 프로그램의 불균형한 유통에 대해 문제를 갖고 있으며 이에 대한 한국정부의 개선노력을 요구하고 있으며, 아울러 중국 내에서 확산되는 한류현상에 대해 산업 및 문화정체성 보호를 넘어 종속이론, 문화제국주의 이론의 시각으로 변화되면서 규제를 강화하는 추세라는 입장을 나타냈다. 반면 한국 텔레비전 프로그램 유통 전문가는 시장경제 원리에 입각한 프로그램 유통이 불가피하되, 여기에는 문화적 요인을 비롯한 다양한 요인이 다원적으로 작동하고 있다는 점을 인식하면서 문화상품의 교류를 넘어 호혜적인 문화교류 차원으로 발전시켜야 한다는 점을 강조하고 있다.

## 1. 한국 드라마 유통에 대한 중국 전문가의 인식: 규제적 보호론

지난 2005년 아시아문화산업교류재단이 발표한 보고서에 따르면, 후진타오 국가주석은 문화산업[60]에 대해 선택적 발전방향을 표명하였다(아시아문화산업교류재단, 2005). 다시 말해 중국은 자국의 문화적 정체성을 지키는 범위에서 문화산업을 꾸준히 발전시키고 외국문화를 받아들인다는 목표를 세우고 이를 추진하겠다는 것이다. 특히 중국의 문화산업 규모는 아직 미비하고, 문화의 질적 수준도 상대적으로 부족하지만 시장의 잠재력은 무궁무진하다고 스스로 평가하고 있다. 중국 문화부 정책법규사 가오 슈쥔 차관은 "문화산업의 기술적 부분의 경쟁력이 떨어지는 부분을 중국이 인식하고 있으며, 현재 100만 개의 문화사업단 3,000만 명이 문화기업으로 전환하는 단계에 있으며, 이들은 중국 문화시장의 주체가 될 것"이라고 지적했다. 이처럼 중국은 WTO 가입 이후 방송시장 개방에 대비하여 문화산업 역량을 높이는 데 주력하고 있다. 특히 방송 분야에서 프로그램의 제작과 유통을 분리하는 정책을 추진하고 있으며, 기업 간 융합과 그룹화를 통해 기업규모를 확대함으로써 외국 미디어기업의 진출에 대비하고 있다.

그러나 중국 프로그램 유통 전문가들은 현재 자국 텔레비전 프로

---

60) 여기서 문화산업은 영상영화, 출판, 음반, 공연 등 상업성이 있는 분야를 의미한다.

그램 제작산업이 국제적인 경쟁력을 갖출 수 있을 만큼 성장했다고 확신하고 있지 못하다. 이 같은 상황에서 중국 프로그램 유통 전문가들은 한국과의 프로그램의 유통 흐름이 한국에서 중국으로 일방적으로 흐르는 양상을 보이고 있다는 점에 대해 문제를 제기하고 있으며, 그에 따른 근거로 종속이론이나 문화제국주의 등 규제적 보호론 시각에서 전개된 이론을 수용하는 한편 문화적 정체성 보호, 자국산업의 보호 등 주권국가의 권리를 내세우며 그에 따른 제도적 규제로서 외국 프로그램 방송량이나 방송시간을 제한하거나 프로그램 심의를 강화하는 등 일련의 조치를 취하고 있다.

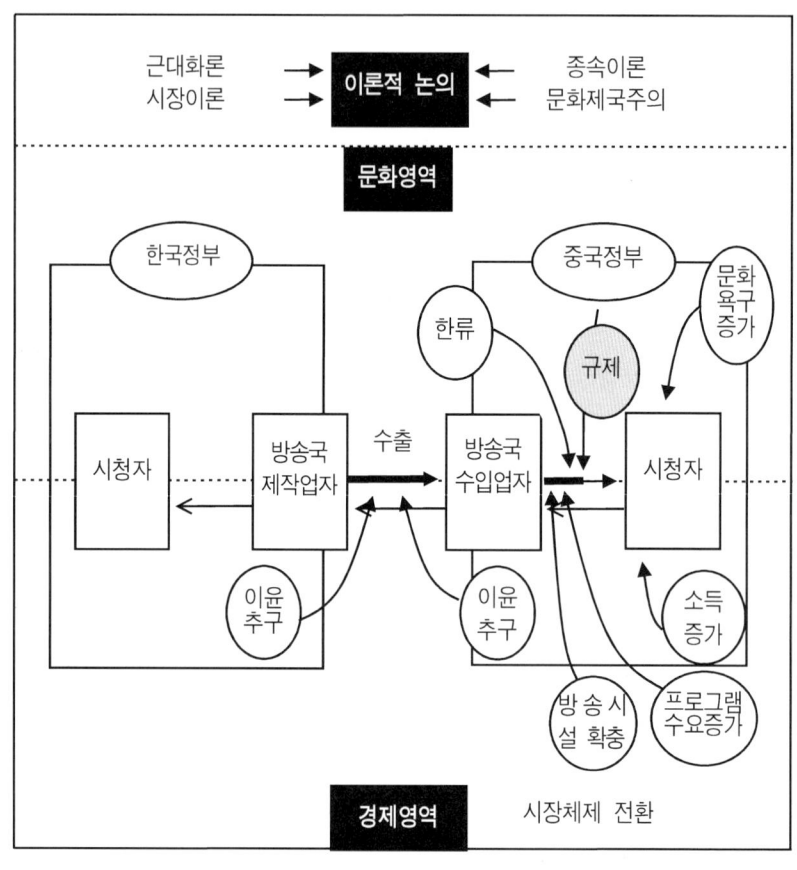

근대화론 → **이론적 논의** ← 종속이론
시장이론 → **이론적 논의** ← 문화제국주의

**문화영역**

한국정부

중국정부

문화욕구증가

한류

규제

시청자

방송국제작업자

수출

방송국수입업자

시청자

이윤추구

이윤추구

소득증가

방송시설 확충

프로그램수요증가

**경제영역**    시장체제 전환

← 유통방향    ⬅ 유통량

〈그림 12〉 한국 텔레비전 드라마의 중국 내 유통구조

현재 한국 텔레비전 드라마의 중국 내 유통을 둘러싼 구조를 나타내면 위의 그림에서 나타난 바와 같이 나타낼 수 있다. 즉 한국

방송국이나 제작업자는 중국의 방송국이나 수입업자에게 드라마를 판매한다. 중국의 방송국이나 수입업자는 시청률 확보를 통한 수익 제고를 위해 한국 텔레비전 드라마를 수입한다. 여기에는 중국의 방송시설 확충, 중국 국민들의 소득 증가 등의 요인이 한국 텔레비전 드라마의 중국 내 유통 촉진요인으로 작용한다. 그러나 중국에 수입된 드라마가 모두 시청자에게 도달하는 것은 아니다. 수입된 한국 드라마는 시청자에게 도달하는 과정에서 중국정부의 규제요인에 의해 일정한 제약을 받게 된다. 때문에 규제적 보호론에 입각한 중국 정부의 제도적 규제는 한국 드라마의 유통에 결정적 영향을 미치는 요인이라고 할 수 있다.

이러한 구조에서 중국정부의 한국 텔레비전 프로그램에 대한 규제는 결정적인 요인으로 작용하고 있다. 중국정부는 외국 텔레비전 프로그램 방송량 및 방송시간대 규제, 심의제도 등을 통해 한국 텔레비전 프로그램의 중국 내 유통에 직·간접적인 영향력을 행사하고 있기 때문이다.

최근 중국은 지난 10여 년 동안 안정적이고 지속적인 경제성장을 지속해 왔다. 이는 중국정부가 시장원리를 토대로 외국자본을 적극 유치함으로써 가능한 것이었다. 따라서 전체적으로 볼 때, 중국의 외국에 대한 태도는 개방적 발전론에 충실하다고 볼 수 있다. 그러나 텔레비전 산업에서 중국은 규제적 보호론의 입장을 강조하고 있다. 이는 텔레비전 산업이 아직까지 국제경쟁력을 갖출 만큼 성숙되지 못했다는 중국정부의 판단에서 비롯된 것이라고 할 수 있다.

중국정부의 이 같은 태도는 개방적 발전론이나 개방적 보호론에 입각해 있는 한국 및 서구 국가의 입장과 충돌할 수밖에 없다. 그러나 중국이 WTO에 가입하고 시장중심의 국제경제 질서에 편입된 이상 정부규제를 통한 시장보호나 경제적·문화적 종속 주장이 장기간 관철되기는 어려울 것으로 전망된다. 결과적으로 중국은 규제적 보호론의 입장에서 텔레비전 시장개방에 따른 산업보호, 문화 정체성 보호의 입장에서 산업보호 측면은 시장개방을 통해 발전을 추구하고 문화적 정체성 보호를 위한 규제는 지속시키는 개방적 보호론으로 태도를 전환할 가능성이 높을 것으로 전망된다.

## 2. 한국 드라마에 대한 규제강화

최근 중국에서는 한국 드라마의 중국 내 유통과 그에 따른 한류의 확산이 자국 국민들의 생활의식을 지배함으로써 외국문화 수용에 따른 역기능이 나타나고 있다는 목소리가 높아지면서, 이와 동시에 자국문화의 정체성을 보호해야 한다는 주장이 커지고 있다. 또한 경제적 측면에서도 외국 텔레비전 드라마의 과도한 유통은 자국 방송 산업의 기반에 어려움을 줄 수 있다는 우려도 높아지고 있다. 중국 정부와 학계에서 내세우는 이러한 주장의 본질은 규제적 보호론의 차원에서 중국의 텔레비전 산업이 국제적 경쟁력을 갖출 수 있을 때까지 정부규제가 필요하다는 것이라고 할 수 있다.

오늘날 많은 국가의 방송 산업 구조는 가능하면 독립적이고 객관적인 민간차원에서 방송에 대한 규제와 제한을 수행하는 것이 보편적이다. 그 이유는 이해 당사자인 방송사는 자신들의 이익에 대한 입장을 떠날 수 없기 때문이며, 만약에 정부가 수행할 경우 방송에 대한 정치적 독립성에 관한 시비를 불러올 수도 있다(Mattos, 1984). 그러나 중국은 정부 스스로가 방송에 대한 제약의 주체로서 역할을 하고 있다. 구조적으로 중앙에 광전총국이 위치하고 있으며, 4급 행정체제에 따라 중앙 및 각 성, 시, 현에 광전총국 조직이 구성되어 있고, 이들 행정기관은 각 관할 지역에 존재하는 방송사의 모든 행정적 관리감독과 규제를 담당한다(허 진, 2002). 또한 법적·행정적 방송 규제기관인 광전총국은 중국의 각 방송사들에 대한 법적으로 막강한 제약기관임에도 불구하고 국가기관방송인 CCTV를 통해 성급 이하 방송사들인 하위 방송사들을 제약하는 구조를 동시에 가진다(심재주, 1998). 광전총국은 CCTV에 대한 편성권을 실제적으로 가지고 있고, 주요뉴스 등 주요 프로그램의 송출과 편성권을 CCTV와 공유해야 하는 단위 방송사들은 광전총국과 CCTV의 이중적 제약구조를 가지고 있음으로 두 기관에 의해 절대적인 제약을 받게 될 것은 명약관화하다.

실제로 중국정부는 구체적인 제도적 수단을 통해 한국 드라마의 유통규제를 강화하고 있다. 중국정부는 한국 드라마를 비롯한 외국 프로그램 유통을 직접적으로 제약할 수 있는 수단을 보유하고 있다. 구체적인 방법으로 중국정부는 수입된 외국 프로그램의 방송허가권을 관장하고 있다. 아울러 중국 광전총국은 심의제도를 마련하여 내용규제를 가하고 있다. 중국의 심의제도는 중국의 국가 이념적 규제는 물론 심의 기간의 임의적 조절을 통해 방송 시기에 대한 제약도

가능한 제도이다. 최근 광전총국은 성급 방송국의 심사기구와 업무 주관부서로 하여금 정치의식과 거시적 사고방식을 가지고 텔레비전 프로그램의 정치성, 정책성, 사회지도성, 예술성에서 효과적인 관리를 수행하도록 강조하였다.

또한 중국정부는 한국 드라마를 비롯한 외국 드라마의 중국 내 방송시간을 제약하는 제도인 프라임 타임의 외국 드라마 전면 방송 금지, 전체 방송시간에서 외국 드라마의 방송시간의 할당 및 심지어 특정 국가를 겨냥한 전체 수입 드라마 중 특정국가의 비율 제한 등의 조치를 위하고 있다. 이러한 요인은 거시적으로는 자국 프로그램 보호취지를 넘어 프로그램 국제유통에서 국제적인 통상마찰의 원인으로 비화할 수 있는 소지를 내포하고 있다.

특히 중국 내 외국 드라마 방송시간의 제약은 결과적으로 한국 텔레비전 드라마를 비롯한 외국 텔레비전 프로그램의 양적인 유통 제약 요인으로 기능하기 때문에 유통 감소의 원인이 되며, 중국정부의 프로그램 쿼터제 시행에 따른 외국 드라마 유통을 부당하게 제약하는 것은 지나치게 자국 보호적인 제도 시행에 정부가 직접적이고 일방적인 역할을 하고 있는 것으로 여겨진다.

## 3. 규제강화에 따른 문제점

2000년대 들어서면서 중국은 규제적 보호론이 입장에서 제도적 규제수단을 앞세워 산업보호와 문화적 정체성 보호에 나서고 있다. 이에 따라 한국 텔레비전 프로그램의 중국 내 유통이 급격히 감소하고 있다. 광전총국이 주도하고 있는 외국 프로그램 방송시간 쿼터제로 제약은 한국 드라마뿐만 아니라 외국 프로그램 전반에 동일하게 적용되는 규정이라고 할 수 있다.[61]

그러나 중국의 드라마 방송시간 규제조치는 중국 중심의 드라마 수출형태를 보이고 있는 한국에 상대적으로 커다란 타격을 줄 수 있다. 더욱이 중국의 드라마 방송시간 규제는 한국 드라마에만 적용되는 규정이 아니기 때문에 중국시장을 확대하려는 한국의 입장에서 이의를 제기하기 어렵다. 오히려 중국 광전총국은 지금까지 한국 드

---

[61] 2001년 한국방송영상산업진흥원 세미나에서 후쩡룽 박사(중국 북경방송대학 연구소장)는 중국에 대한 한국 방송프로그램의 진출이 어려운 이유를 다음과 같이 지적하였다. 첫째, 중국 방송당국이 방송 프로그램의 수입보다는 수출에 초점을 두고 있다는 점이다. 이는 중국의 대외 이미지 향상을 위한 정치적 차원의 고려도 작용한다고 지적했다. 둘째, 중국 방송사의 경영상황이 좋지 않다는 점이며, 방송의 주요 시청 계층이 텔레비전에서 다매체 다채널의 영향으로 인터넷 등으로 멀어지는 등의 시청형태 변화가 나타나고 있다고 지적했다. 셋째, 중국 내에서 한국 프로그램은 미국, 일본 등의 프로그램과 경쟁해야 하는데 한국의 중국 유통 방송프로그램은 주로 드라마 위주이고 반대로 중국정부가 외국 프로그램의 중국 내 유통의 주요정책은 추진의 중심은 드라마임으로 중국 정부의 제약요인에 가장 큰 영향을 받을 수 있는 소지가 있다고 하였다(한국방송영상산업진흥원, 2001).

라마가 중국에 유통된 양에 비해 중국 프로그램이 한국에서 유통된 양이 훨씬 적다는 입장을 고수하고 있으면서 자국에 텔레비전 프로그램 제작을 위한 기반을 점점 확충해 가면서 한국을 비롯한 외국 드라마 수입에 대한 의존도를 줄이고 있다.62)

현재 중국정부는 WTO 가입에 따른 시장개방에 대비하기 위해 텔레비전 프로그램 제작능력을 충분히 갖춤으로써 경제적으로 자국의 방송 산업을 활성화하고, 문화적으로 중국문화 정체성을 지키려는 규제적 보호론의 입장에 있다. 특히 중국정부는 사회주의 이데올로기를 전파하는 중요한 선전수단으로 간주해 왔던 텔레비전이 자본의 논리에 치우쳐 자신들의 정치적 영향력이 감소되는 것에 대해 커다란 우려를 갖고 있다(주봉의, 1994; Hong, 1998; 하종원·양은경, 2002). 때문에 중국정부는 당분간 강력한 자국시장 및 문화에 대한 보호정책을 추진할 수밖에 없을 것으로 파악된다.

다만 한국이 우려하고 있는 부분은 한류현상으로 형성된 중국시장이 경제적, 문화적 요인에 의해 더욱 활성화되어야 함에도 불구하고 중국 정부의 제도적 규제요인으로 인해 자칫 침체되거나 소멸되지 않을 것인가라는 부분이다. 이 같은 관점에서 한국 텔레비전 드라마의 중국 내 유통은 중국정부의 규제정책에 따라 촉진되거나 제약될 수 있는 상황에 놓여 있다고 할 수 있으며, 중국정부가 규제적 보호

---

62) 중국은 2001년 말 WTO 가입을 계기로 외국 미디어기업과의 경쟁에 대비하여 자국 미디어그룹의 자본규모를 확대하는 동시에 디지털 텔레비전 등 새로운 서비스의 도입에도 적극적인 태도를 나타내고 있다(강만석, 2004).

론 방향에서 개방적 보호론 나아가 개방적 발전론으로 태도변화가 일어나도록 한국정부나 민간기관에서 문화교류를 지속적으로 펼쳐가야 할 필요가 있음을 시사한다.

그런 점에서 지금까지 한국과 중국의 텔레비전 드라마 유통 전문가들의 심층면접을 통한 연구결과를 종합하면 다음과 같은 결과를 도출할 수 있다 하겠다.

첫째, 중국정부는 정치적 차원에서 사회주의 이념과 사회안정을 위해 제도적 규제수단을 마련하고 이를 통해 텔레비전 산업 전반에 적극 개입한다.

둘째, 중국정부는 한국 텔레비전 드라마의 중국 내 유통에 대해 규제적 보호론의 입장에서 외국 텔레비전 프로그램 유통에 따른 산업적, 문화적 종속을 우려하고 있으며, 이에 따라 중국정부가 텔레비전 프로그램 유통시장에 직접적인 규제를 가하고 있다.

셋째, 이 같은 맥락에서 중국 내 한국 드라마 유통은 중국 정부의 역할과 정책적 방향에 크게 영향을 받는다. 중국은 사회주의 국가로서 시장경제를 수용하였음에도 불구하고 정치적으로 권위주의 체제에서 엄격한 사회규제를 유지하고 있다. 때문에 외국 텔레비전 프로그램 유통에 대한 규제정책 강도는 중국사회의 환경변화에 따라 급격히 변화될 여지가 있다.

넷째, 중국 내 한국 드라마 유통에 대한 중국정부의 규제정책은 중국 텔레비전 제작산업의 발전 속도, 문화적 환경, 텔레비전 프로그램의 수급상황 등에 따라 매우 유동적으로 변화하면서 개방적 발전론 또는 개방적 보호론과 긴장관계를 형성한다.

다섯째, 1990년대 후반 중국 내 한국 드라마 유통이 증가한 요인은 중국 텔레비전 산업의 구조적 문제로 개방적 보호론 입장을 제한적으로 수용하였기 때문이다. 다시 말해 중국 정부는 1980년대 이후 텔레비전 방송국 확충을 위한 투자를 지속해 왔으나, 이는 정치적 목적을 달성하기 위한 차원에서 이루어졌기 때문에 결과적으로 중국 정부의 재정부담으로 이어졌고, 따라서 중국정부는 불가피하게 재정 부담 축소를 위해 텔레비전 시장의 제한적 개방으로 정책을 이동시키는 과정에서 나타난 것이다.

여섯째, 최근 중국정부는 중국 텔레비전 제작산업에 대한 집중적 투자를 통해 산업기반을 확충하고 있으며, 이 과정에서 외국 텔레비전의 중국 내 유통으로 인한 산업기반 붕괴를 우려하여 다시 규제적 보호론으로 회귀해 외국 드라마에 대한 강한 규제에 나서고 있다. 이를 위한 주요 규제수단으로 외국 드라마 방송시간 규제와 심의제도가 활용되고 있다.

일곱째, 한국 드라마의 중국 내 유통정책 결정에는 광전총국과 CCTV가 중심적 역할을 수행하고 있다. 광전총국은 국가기구로서 한국 드라마를 포함한 외국 텔레비전 프로그램의 유통에 대한 정책을 결정하고 지도하는 역할을 수행하며, CCTV는 중국의 핵심 텔레비전 방송국으로서 정부기구와 다름없는 성격을 갖고 있으며, 중국인들이 가장 많이 시청하는 방송이다.

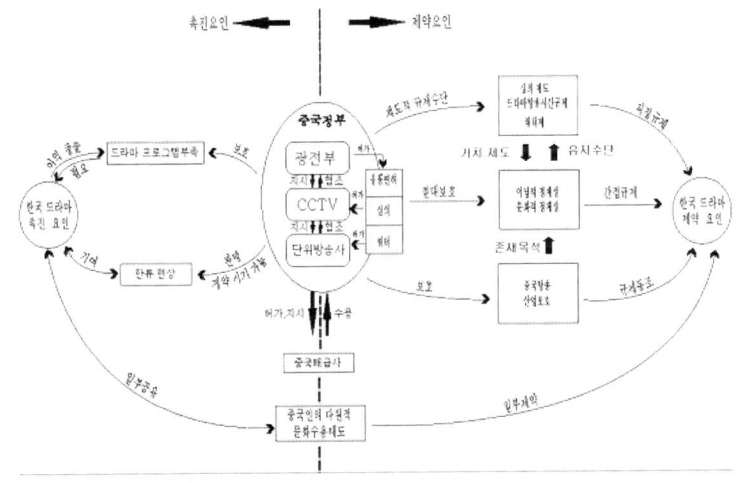

〈그림13〉 한국 드라마 중국 유통과 중국 정부의 역할

　이 같은 점을 고려하여, 한국 드라마의 중국 내 유통과 그 과정에서 중국정부의 규제기능을 살펴보면 위의 그림에서 나타난 바와 같다. 즉 중국정부는 한국 드라마의 중국 유통 시 프로그램 유통 흐름에 절대적인 영향력을 행사하는 역할을 하고 있다. 중국정부가 한국 드라마의 중국 유통 시 유통흐름에 대한 지배가 가능한 이유는 우선 한국과의 드라마 유통의 창구 역할을 하는 CCTV를 비롯한 성급 등의 단위 방송사와 배급사들에게 유통면허의 허가권을 행사하기 때문이며, 개별 프로그램 유통 시에도 쿼터제와 심의제도로 인·허가권을 행사할 수 있는 자국 내의 드라마 유통체계 때문이다.

중국 내의 프로그램 유통에 커다란 권한을 가진 중국정부는 한국 드라마의 중국유통 시 시장경제 흐름과 중국인들의 가치판단에 근거한 것이 아니라 정부차원의 일방적이고 주도적인 유통 정책을 시행할 수가 있다. 다원적인 문화 수용태도를 가진 중국인들의 한국 드라마 수용에 대한 선호태도가 대체적으로 중립적인 입장임에도 불구하고, 중국정부는 일방적으로 한국 드라마 제한 요인에 비중을 크게 두며 제도적 규제 장치를 설치하고 있는 것이 그와 같은 주장을 뒷받침하고 있다 하겠다.

그런 관점에서 중국정부는 정책적 판단에 따라 한국 드라마 유통 과정에 대한 개입이 가능하기 때문에 일반적인 텔레비전 프로그램 국제 유통 과정과 요인으로 설명할 수 없는 특별하고 특징적인 유통 요인이 발생할 수 있다. 특히 중국정부가 텔레비전 프로그램 유통을 제한하는 데 정책비중을 둘 경우 직접 제도적 규제수단을 동원하게 된다. 이때 단위 방송사업자들로 구성된 한국의 중국 내 드라마 유통 체계는 일방적으로 위축될 수밖에 없을 것이 분명하다. 그러므로 현재의 한국 드라마의 중국 내 유통 요인의 규명은 텔레비전 프로그램의 국제유통에서 연구되는 경제적, 문화적 요인이 그 비중이 큰 것이 아니라 중국정부 주도적인 제도적 제약요인에 초점을 맞춰 설명되는 것이 마땅하다. 중국에서 한국 드라마의 유통은 시장요인이나 역사적, 지리적, 문화적 요인에 의해 좌우되는 것이 아니라 중국 정부의 현상적 판단과 해석에 크게 영향을 받는다. 때문에 한국 드라마의 중국 내 유통 활성화는 중국 정부 스스로가 새로운 방향과 안목으로 전환하기 전에는 변화가 불가능한 부분이라 할 수 있다.

따라서 한국 드라마의 중국 내 유통에 영향을 미치는 중국정부 주도의 제도적인 요인에 대한 문제의 해결은 지금까지의 수출 콘텐츠로서 지나치게 포장되어 있는 경제적인 논의와 중국인들과의 문화적 할인율에 근거한 문화적 근접성에 대한 논의만이 아닌 중국정부의 제도적 제약요인에 대한 논의에 그 비중이 높아져야 함은 물론 본 연구에서 규명된 한국 드라마의 중국 내 유통에 대한 제도적 제약요인을 해결하기 위한 한국 방송 산업 보호차원에서 중국정부를 대처할 수 있는 정책적 실행과제가 따라야 하겠다.

# 제6장

# 결 론

## 제1절 요약 및 결론

본 연구의 목적은 한국 텔레비전 드라마의 중국 내 유통을 구조
적이고 이론적인 관점에서 진단하고 그에 따른 대안적 방향을 제시
하는 것이었다. 이를 위해 본 연구에서는 텔레비전 프로그램의 국제
유통에 관한 논의를 자유-규제, 발전-종속이라는 분석 틀에 입각
하여 규제적 발전론, 규제적 보호론, 개방적 발전론, 개방적 보호론
등의 4가지 유형으로 구분하여 재정리하였다. 또한 이 같은 분석틀
에 입각하여 중국 방송정책을 담당하고 있는 중국 전문가, 그리고
중국에 프로그램 수출업무를 담당하고 있는 한국 전문가를 대상으로
심층면접을 실시하였다.

텔레비전 프로그램의 국제유통을 둘러싼 수출국과 수입국의 시각
차이는 이론적 차원에서 오랫동안 논의되어 왔다. 지금까지 텔레비

전 프로그램의 국제유통은 미국에서 제3세계 국가로 일방적 흐름을 나타내 왔다. 서구 선진국에서 텔레비전 프로그램의 일방적 유통현상은 시장원리에 입각한 자연스러운 것이며, 궁극적으로 사회발전을 가져올 것으로 간주되었다. 그러나 제3세계 주변국 시각에서 볼 때 이 같은 현상은 경제적 종속과 더불어 문화적 침략을 강화시키는 결과를 가져올 것이라는 종속이론과 문화제국주의 이론에 입각해 해석되었다.

이 같은 이론적 대립을 본 연구에서는 규제적 발전론, 규제적 보호론, 개방적 발전론, 개방적 보호론 등 4가지 분석 틀로 유형화시켰다. 규제적 발전론은 외국 텔레비전 프로그램의 국제유통을 정부가 엄격히 규제하는 가운데 자국 산업의 발전을 도모해야 한다는 맥락의 이론이라고 할 수 있으며, 여기에는 종속이론과 문화제국주의 이론이 포함된다. 규제적 보호론은 전 세계적인 자유 무역주의 흐름에 따라 시장개방은 불가피하지만 자국산업의 발전을 위한 정부의 보호와 자국 고유의 문화적 전통과 정체성은 보호되어야 한다는 시각의 이론으로서, 여기에는 산업보호론과 문화정체성 보호론이 포함될 수 있다. 개방적 발전론은 텔레비전 프로그램의 국제유통이 시장원리에 따라 자유롭게 이루어질 수 있도록 정부규제가 최소화되어야 하며, 아울러 정보의 자유로운 유통은 인간의 기본적인 권리라는 시각의 이론이라고 할 수 있다. 여기에는 텔레비전 프로그램 유통에 대한 시장이론과 정보의 자유로운 유통에 대한 이론이 해당된다. 마지막으로 개방적 보호론은 텔레비전 프로그램의 자유로운 유통을 인정하지만, 여기에는 경제적 요인과 더불어 문화적 요인이 동시에 작용한다는 점도 고려되어야 한다고 주장한다. 즉 텔레비전 프로그램의 국제유통은 경제적 요인과 문화적 요인이 동시에 작용하는 가운데 이루어지는 다원적 속성을 갖고 있으며, 따라서 문화적 요인을 함께 고려하여 정부의 적절한 개입을 인정하는 동시에 산업발전과 사회발전을 모색해야 한다는 시각의 이론이라고 할 수 있다.

이 같은 분석 틀에 따라 중국 프로그램 유통전문가와 한국 프로그램 유통전문가를 대상으로 한국 텔레비전 드라마의 중국 내 유통현상에 어떻게 적용되고 있는지 살펴보았다. 그 결과 중국은 규제적 발전론 시각에서 1980년대부터 정치적 목적달성을 위해 텔레비전 산업을 확충했으며, 이후 시장경제 원리의 확산에 따라 규제적 보호론의 입장에서 외국 텔레비전 프로그램의 유통을 제한적으로 허용하면서 중국사회의 상황에 따라 탄력적으로 규제를 적용하는 형태를 유지하고 있다. 나아가 한류라는 문화적 조류가 중국에서 장기적으로 확산됨에 따라 한국 텔레비전 드라마의 유통을 단순한 경제적 교류가 아니라 경제적 종속과 문화적 종속의 시각을 결합시킨 문화제국주의 관점에서 바라보는 경향이 강화되고 있고, 아울러 한국의 일방적인 텔레비전 드라마 유통에 대해 균형 있는 교류를 요구하고 있다.

이에 대해 한국 전문가는 중국의 종속이론이나 문화제국주의 시각에 대해 공감을 하면서도, 중국이 개방정책을 추진하는 이상 방송사업자 차원에서 텔레비전 프로그램 상호교류는 불가피하며 이에 따라 중국정부의 투명하고 합리적인 규제장치가 마련되는 것이 바람직하다는 입장을 밝히고 있다. 아울러 한국도 중국과의 텔레비전 프로그램 교류를 경제적 시각에서만 바라보는 것이 아니라 문화교류라는 차원에서 더욱 다양한 분야로 확대시켜야 한다는 입장을 나타내고 있다.

이 같은 상황에서 본 연구는 한국 텔레비전 드라마의 중국 내 유통에 대한 중국정부의 상이한 시각을 인정하는 가운데 한국 드라마의 유통이 양적 차원보다는 질적 차원에서 접근하는 것이 필요하다는 점을 강조하였다. 다시 말해 1990년 후반부터 한류의 등장과 더불어 한국 드라마의 중국 내 유통량이 급격히 증가하였지만, 이는 프로그램 경쟁력에서만 비롯된 것은 아니기 때문이다. 다시 말해, 중국에서 한국 드라마의 유통 증가는 중국 방송시설의 확충과 프로그램 수요증가라는 요인이 작용하고 있을 뿐만 아니라 문화적 차원에서 중국인의 한국 드라마 선호현상 등을 종합적으로 고려할 필요가 있다는 것이다(류정아, 2004). 왜냐하면 중국의 외국 프로그램 수용은 중국 내부의 사회적 환경변화와 밀접한 관계가 있기 때문이다. 중국은 1978년 개방·개혁 정책을 추진한 이후 텔레비전 산업의 발전을 정부차원에서 적극적으로 도모하였다(Jian Qian, 2003). 그 결과 각 지역에 엄청나게 많은 방송국들이 설립되었다. 그러나 프로그램 제작기반이 마련되지 않는 상태에서 방송국 수의 증가는 외국 프로그램의 도입 체제를 가져올 수밖에 없었다. (허진, 2002, 504쪽)이 지적한 바와 같이, "한국 드라마의 중국 내 유통원인은 무엇보다 중국 방송시장의 급속한 성장에 비해 프로그램 공급능력이 부족했다는 것이다." 개혁·개방정책 이후 중국의 방송 산업은 방송개혁에 따른 경영시스템 도입과 시청률 제고 등을 위해 양과 질 모든 면에서 프로그램에 대한 수요가 꾸준히 늘어났음에도 불구하고 시설과 장비

그리고 전문 인력 부족으로 텔레비전 프로그램의 양산이 매우 어려웠다. 게다가 홍콩의 영화산업마저 1997년 중국반환을 앞두고 산업기반 자체를 미국으로 옮겨간 상황에서 새로운 방송프로그램 공급원이 절실히 요구되었다. 이 같은 상황에서 1992년 한·중 수교 이후 한국 대중문화가 중국으로 유입되어 이른바 한류현상이 크게 부각되었다. 이 한류는 한국 드라마 열풍을 불러일으키는 데 중요한 요인으로 작용하였다. 한국 텔레비전 드라마는 중국의 프로그램 공급부족 현상을 해소시키는 데 도움이 되었을 뿐만 아니라 문화적 차원에서 중국인들의 거부감이 크게 작용하지 않았다.

그러나 최근 중국정부는 WTO 가입 이후 방송시장 개방에 대비하여 자국 산업보호를 위해 외국 프로그램의 유통을 제한하고 프로그램 제작능력을 높이는 데 주력하고 있다. 프로그램의 제작과 유통을 분리하는 정책을 추진하고 있으며, 기업 간 융합과 그룹화를 통해 기업규모를 확대함으로써 향후 외국 미디어기업의 진출에 대비하려는 것이다. 따라서 중국의 입장에서 볼 때 한국 드라마의 중국 내 유통은 중국시장에 진출하려는 외국기업의 한 부류로 인식될 수밖에 없다. 특히 한국 드라마의 경우 한류열풍에 힘입어 중국에 이미 시장이 형성되어 있기 때문에 시장경제 원리에 따라 프로그램 교류가 지속적으로 이어질 것으로 전망되고 있다.

이 같은 상황에 대해 중국정부는 규제적 보호론에 입각해 한국과 중국의 프로그램 유통이 상호 호혜적 교류가 아니라 한국에서 중국으로 일방적으로 흐르는 양상을 보이고 있으며, 이는 종속이론, 문화제국주의 등의 주장으로 이어질 수 있다는 문제를 제기하고 있다.

아울러 한류의 확산에 따라 중국 텔레비전 산업이 받는 경제적 부담과 더불어 국가의 문화적 정체성 훼손도 이 같은 우려를 더하고 있다.

반면 한국 측 전문가는 한국 내에서 매체와 채널의 증가에 따른 경쟁심화로 많은 방송국들이 해외시장 개척에 적극적으로 나설 수밖에 없는 환경이 조성되고 있고, 중국을 대상으로 경제적 종속과 문화적 침략을 목적으로 한국 드라마를 유통시킨 것이 아니라 중국 내부의 방송국 시설확충, 프로그램 수요증가 등의 경제적 요인, 한국 드라마에 대한 중국인들의 선호현상으로 확산되기 시작한 한류 등 문화적 요인이 복합적으로 작용하여 나타난 결과라는 인식을 갖고 있는 것으로 나타났다. 따라서 중국정부가 한국 드라마의 일방적 유통과 한류의 장기화 현상을 우려하는 것을 어느 정도 공감할 수 있으나, 텔레비전 프로그램의 국제유통을 둘러싼 대립적 논의구조에 한국과 중국의 상황을 그대로 대입하는 것은 바람직하지 않다는 입장을 갖고 있는 것으로 나타났다.

지금까지의 논의를 종합하면 다음과 같은 결론을 내릴 수 있다.

첫째, 한국 텔레비전 드라마의 중국 내 유통 증가는 텔레비전 프로그램 수요증가에서 비롯되었다. 프로그램 수요증가에는 중국정부의 방송국 확충을 위한 정책적인 투자가 크게 작용하였으며, 게다가 한국 방송사들의 텔레비전 드라마 수출확대를 통한 규모의 경제효과와 이윤확대 욕구, 시장확대 차원에서 중국 수입회사와의 거래에서 가격에 구애받지 않는 판매전략, 마케팅전략 차원에서 국내 기업들이 중국에 무료로 제공한 한국 드라마의 영향 등이 연계됨으로써 시너지 효과가 나타났다고 할 수 있다.

둘째, 문화적 차원에서 한국 텔레비전 드라마의 중국 내 유통을 촉진시킨 요인으로 한류를 꼽을 수 있다. 중국에서의 한류는 한국 텔레비전 드라마뿐만 아니라 음반·공연·게임 등의 대중문화 상품 판매 증가로 야기된 문화적 현상이라고 할 수 있다(柴葆青, 2003). 한류는 중·장년과 젊은층의 가족드라마와 트렌디 드라마 시청을 유지시키는 작용을 하고 있으며, 이들의 한국 드라마 시청은 한국과 한국인에 대한 생활수준, 가치관, 한류스타 등에 대한 호감을 증가시켜 결과적으로 낮은 문화할인을 이끌어 내는 계기로 작용하고 있다고 볼 수 있다.

그러나 한류의 확산은 반대로 중국 내부의 경계와 비판의 목소리를 높이는 문제점이 제기되는 계기가 되고 있기도 한다. 중국 전문가 조사결과에서도 나타난 바와 같이 한국 드라마의 주요 시청자는 구매력이 없는 저소득층이므로 광고주로부터 주목받기 어렵다는 주장, 한류는 젊은층에게 유행하는 일시적인 현상에 불과하다는 주장 및 경제적 생활수준에서는 한국이 다소 앞서고 있을지 모르나 다원 문화를 특징으로 하는 중국은 한국에 비해 정신적·문화적 수준에서 앞서고 있다는 주장 등은 한국 텔레비전 드라마를 비롯한 한류가 중국인들에게 반드시 긍정적인 반응만을 가지는 것이 아니라는 사실을 보여주는 단적인 예이다. 따라서 지금까지 한류는 한국 드라마의 중국 내 유통 활성화에 기여한 측면이 강하지만 향후 중국정부가 한류에 대한 적극적인 규제에 나설 경우 오히려 한국 드라마의 중국 내 유통을 제약하는 요인으로 작용할 가능성도 배제하기 어렵다.

셋째, 한국 드라마의 일방적 유통과 한류의 지속화에 대해 중국정부는 규제적 보호론 시각에서 이를 재평가하고 규제를 강화해야 할 필요성이 있다는 인식이 확대되고 있다. 중국정부는 한국 드라마를 포함한 외국 텔레비전 프로그램의 유통을 직접적으로 제약할 수 있는 다양한 수단을 보유하고 있다. 때문에 한국 드라마의 유통에 대한 중국 정책결정자의 인식은 한국 드라마의 중국 내 유통을 결정짓는 핵심요인이다. 중국정부가 직접적으로 프로그램 국제유통에 관여할 때, 그것도 자국에 유리한 규제조항을 근거로 할 때는 프로그램 국제유통의 관점에서는 상대국은 그 정부로부터 일방적인 제약요인으로 인한 피해를 입게 될 것은 분명하다. 반면 중국정부가 한국 텔레비전 프로그램의 중국 내 유통에 관망적인 태도를 유지할 경우 한류의 확산, 낮은 문화할인, 문화적 근접성 등은 한국 텔레비전 프로그램의 중국 내 유통을 촉진시키는 요인으로 작용한다.

이 같은 맥락에서 한국 드라마의 중국 내 유통에 대한 인식은 다음과 같은 방향에서 이루어져야 할 필요가 있다. 첫째, 중국의 규제적 보호론 입장을 최대한 고려하는 가운데 한국 드라마의 질적 수준을 보장하는 차원에서 접근해야 할 필요가 있다. 특히 중국은 한류가 장기적으로 지속됨에 따라 종속이론이나 문화제국주의 이론의 시각으로 우려를 보일 수 있다. 따라서 한국정부와 민간은 다원주의 시각을 견지하고 이러한 입장을 중국정부에 적극적으로 설득해 가는 노력이 요청된다고 할 수 있다.

둘째, 텔레비전 드라마 이외에 문화교류 전반으로 논의구조를 확대시키는 것이 필요하다. 현재 텔레비전 드라마는 중국뿐만 아니라 아시아 각국에서 한국의 경쟁력 있는 장르로 부각되고 있다. 때문에 한국 텔레비전 드라마가 중국에 유통되는 양만큼 한국에서도 유통되어야 한다는 중국의 주장은 설득력을 갖기 어렵다. 따라서 텔레비전 드라마 외에 중국이 한국에서 경쟁력을 가질 수 있는 장르를 중심으로 교류를 확대해야 할 필요가 있다는 맥락의 설득전략을 강화할 필요가 있다.

셋째, 방송 분야의 정부 및 민간교류를 확대할 필요가 있다. 앞서 논의한 바와 같이 한국 텔레비전 드라마의 유통 여부는 중국정부의 정책결정에 달려 있다고 해도 과언이 아니다. 따라서 중국정부의 정책결정이 한국에 우호적인 방향으로 이루어지도록 하기 위해서는 중국정부와 긴밀한 교류를 통해 돈독한 협력관계를 쌓도록 하는 것이 바람직하다고 판단된다.


# 제2절 연구의 한계 및 제언


본 연구가 갖고 있는 한계는 다음과 같다.

첫째, 한국 드라마의 중국 내 유통과정을 이론적 차원에서 자유와 규제, 발전과 종속이라는 틀로 재구성하여 논의하였다. 그러나 이러한 구분은 기존문헌 고찰을 통해 거시적인 맥락에서 개념을 도출한 것이기 때문에 세부적인 구성요소에 있어서는 많은 정보를 제공하고 있지 못하다는 한계를 안고 있다.

둘째, 중국 내 한국 드라마 유통에 영향을 미치는 요인을 구체적으로 분석하기 위해서는 중국의 규제기구, 방송국, 한국 드라마 수입회사, 일반 시민 등을 대상으로 경험적인 분석이 이루어질 필요가 있다. 그러나 본 연구에서는 중국 정부기관 및 방송국 종사자 중심의 심층면접 형식을 사용함으로써, 연구결과의 일반화에 어느 정도 한계를 갖고 있다. 한편, 국내 전문가에 대한 조사에 대해서도 심층면접 방법을 사용함으로써 중국에서의 조사와 동일한 한계를 안고 있다. 그러나 현실적으로 국내에 중국과의 드라마 교역업무를 담당하는 종사자는 지상파방송국 계열의 프로덕션을 비롯한 몇몇 방송국에 국한되어 있다. 따라서 사실상 구조화된 설문지를 사용한 설문조사는 모집단 자체가 충분하지 않기 때문에, 다른 연구방법을 사용할 수 없는 것은 불가피한 측면이 존재한다.

셋째, 한국의 텔레비전 드라마 유통은 중국정부의 정책변화에 크게 영향을 받는다. 특히 중국의 방송 관련 법제는 매우 포괄적으로 규정되어 있기 때문에, 정책담당자의 해석과 의지가 정책결정에 결정적인 영향을 미친다. 따라서 중국 내 텔레비전 드라마의 유통과정을 파악하기 위해서는 중국의 방송현실을 체험적으로 이해하고 그에 따른 구체적인 사례를 제시해야 할 필요가 있으나 본 연구가 이를 충족시키지 못하였다. 이 같은 맥락에서 중국에서 유통되는 한국 드라마를 포함한 영화, 음반, 애니메이션, 게임 등 다양한 시장에 대한 추가적인 분석이 필요하다고 판단된다.

넷째, 중국과의 프로그램 유통에 관한 연구는 현상은 존재하지만 이론적인 정립을 위한 노력이 중국은 물론, 미국, 한국 등에서 아직까지 미약함으로 인해 학문적으로 체계적 토대가 정립되지 않은 상태이다. 따라서 학문적인 심층접근에는 아직까지는 한계가 있을 수 있었다.

후속연구에서는 본 연구의 한계를 감안하여, 한국 드라마의 중국 내 유통현상에 대한 역사적 연구를 수행하거나, 중국 정책결정자를 대상으로 표준화된 설문조사를 수행하여 연구결과를 객관화시키거나, 구체적인 사례연구를 통해 관련 분야에 대한 지식을 풍요롭게 하는 데 기여하기를 기대한다.

# 참고문헌

## 1. 국내문헌

강만석(2001). 『중국 방송산업 현황과 상호교류방안 연구』(연구보고 01 - 13호). 서울: 한국방송영상산업진흥원.

강만석(2002). 『WTO와 중국방송』(연구보고 02 - 21호). 서울: 한국방송영상산업진흥원.

강만석·강익희·송종길(2003). 『중국 방송광고 시장변화와 프로그램 수출 합리화 방안 연구』(연구과제 03 - 3 - 01). 서울: 한국방송광고공사.

강만석(2004). 중국의 디지털방송 정책동향. 『동향과 분석』. 통권 196호. 서울: 한국방송영상산업진흥원.

강상현(1999). 디지털시대의 방송환경과 수용자 행태의 변화. 『방송연구』, 겨울호. 31 - 62쪽.

강의협(2001). 『디지털환경에서의 방송규제정책에 관한 연구: 지상파텔레비전 방송을 중심으로』. 중앙대학교 행정대학원 석사학위논문.

강정인(2002). 세계화·정보화와 동아문명의 문화정체성. 『한국정치외교사논총』, 제24권 2호. 211 - 238쪽.

강준만(1995). 토드 기틀린의 미디어 이데올로기론. 방정배·김민남 공편(1995). 『언론과 현대사회』. 서울: 나남.

강태영(1994). 텔레비전 프로그램의 국제유통. 『방송연구』. 여름호. 150 - 190쪽.

강태영(1995). 방송산업의 구조변화에 따른 TV프로그램 시장의 국제적 현황과 동향에 관한 연구. 방송문화진흥회 편(1995), 『다매체시대의 방송편성정책』. 서울: 한울아카데미.

강태영(2002). 국제 방송프로그램의 유통구조와 한국 방송프로그램 수출 전략. 『방송연구』. 겨울호. 7-34쪽.

강학순(1994). 근대화 발전론의 재해석과 지역개발 패러다임의 재검토. 『지리교육』. 제7권. 24-55쪽.

강현두 편(1994). 『대중문화론』. 서울: 나남.

권진희(2004). 『한류시장의 TV프로그램 가격형성 연구』. 서강대학교 언론대학원 석사학위논문.

고경민(2001). 『한국 텔레커뮤니케이션 자유화의 정치경제학』. 서울: 커뮤니케이션북스.

고수자(2002). 방송콘텐츠의 국제적 경쟁력 제고방안. 『방송연구』. 겨울호. 35-65쪽.

고정민·강신겸·이안재(2005). 한류지속과 기업의 활용방안. 『CEO Information』. 서울: 삼성경제연구소. 1-23쪽.

권호영(2003). 『유선방송시장에서의 경쟁』(연구보고 2003-24호). 서울: 한국방송영상산업진흥원.

김광웅(2003). 『방법론 강의』. 서울: 박영사.

김기영(1998). 유치산업보호론에 관한 일 고찰. 『원광대학교 논문집』. 제17권. 265-275쪽.

김국진(2003). 『방송·통신 융합의 이해』. 서울: 나남.

김동규(2002). 한국 TV방송프로그램의 유통메커니즘 연구. 『한국방송학보』. 제16권 4호. 40-73쪽.

김동규(1998). 한국 방송산업의 경제적 특성에 관한 연구. 『언론문화연구』. 제10호. 130-160쪽.

김동규(1997). 국내 방송프로그램 제작메커니즘에 대한 경제적 분석: 수

직적 통합과 하도급 거래를 중심으로. 『한국방송학보』. 제9호. 45-78쪽.

김동민(2001). 신문상품의 속성에 관한 정치경제학적 고찰. 『정치정보연구』. 제4권 2호. 291-316쪽.

김명준(1994). 언론제도 연구의 전망과 과제: 텔레커뮤니케이션 정책 연구의 논쟁을 중심으로. 『한국언론학보』, 제32권. 37-62쪽.

김명준 외(1998). 『커뮤니케이션혁명과 정보화 사회』. 서울: 나남.

김명중(2002). 한국 TV방송의 세계화 방안에 대한 연구. 『방송연구』. 겨울호. 105-135쪽.

김영석·임현진(1987). 한국의 경제개발과 매스커뮤니케이션-자립적 발전을 위한 제언. 『사회과학과 정책연구』, 제9권 1호. 서울대학교 사회과학연구소. 1-29쪽.

김지운 외3(2003). 『비판커뮤니케이션의 이해』. 서울: 나남.

김지운(1997). 정보이동과 문화제국주의. 방정배 편, 『현대사회와 매스미디어』. 서울: 나남.

김왕석(1989). 『비판커뮤니케이션』. 서울: 나남.

김영(1999). 『방송 프로그램 수출 활성화 방안에 관한 연구: 중국시장분석을 중심으로』. 연세대학교 언론홍보대학원 석사학위논문.

김창근(1996). 『한국 케이블TV 지역채널 편성. 운용의 영향요인에 관한 연구』. 서강대학교 언론대학원 석사학위논문.

김호기(1997). 문화의 세계화: 이론과 현실. 『신인문』. 여름호.

김홍주(2003). 『중국의 소수민족 정책과 재중교포의 정체성』. 서강대학교 공공정책대학원 석사학위논문.

김휴종(2000). 『문화산업의 한중일 협력방안』. 삼성경제연구소 심포지엄 발표문. http://www.seri.org

대한무역투자진흥공사(2005). 『동북아 한류와 문화상품시장동향』. 서울:

대한무역투자진흥공사.

류정아(2004). 『동북아 문화교류 활성화를 위한 문화정책 방안 연구』. 서울: 한국문화관광정책연구원.

문화관광부(2000). 『한국문화산업의 해외진출 전략연구』(연구보고 2000년 12월). 서울: 문화관광부.

문화관광부(2001). 『북경올림픽의 한국문화산업에 대한 효과 분석』(연구보고 2001년 8월). 서울: 문화관광부.

문화관광부(2003). 『방송프로그램 수출입 현황』. 서울: 문화관광부.

문화관광부(2004). 『방송프로그램 수출입 현황』. 서울: 문화관광부.

문춘영(2002). 『한국과 중국의 방송 규제에 관한 비교 연구』. 서울대학교 대학원 석사학위 논문.

박선희(2002). 세계화와 미디어제국주의: 국제커뮤니케이션 연구의 새로운 방향 모색. 『사회과학연구』. 제23권 1호. 조선대학교. 79-93쪽.

박소라(2003). 상대적 시장규모와 국가 간 교류가 텔레비전 프로그램 수입에 미치는 영향에 대한 연구. 『한국방송학보』. 제17권 4호. 186-221쪽.

박용수(2000). 『중국 언론과 사회 변동』. 서울: 나남.

박종수(1999). 새로운 국제관계와 문화적 정체성. 『사회과학논집』. 제11권. 수원대학교 사회과학연구소. 181-201쪽.

박재복(2001). 『글로벌시대 한국 TV프로그램의 국제경쟁력 제고방안 연구』. 연세대학교 언론홍보대학원 석사학위논문.

박천일(1995). 미국의 국제커뮤니케이션 패러다임 변화의 정치경제적 함의. 『방송학연구』. 통권 6호. 143-182쪽.

방송위원회(2002). 『중국방송법』. 서울: 방송위원회.

방송위원회(2004). 『2004년 방송산업 실태조사 보고서』. 서울: 방송위원회.

방송문화진흥회(1996). 『다매체시대의 방송편성정책』. 서울: 한울아카데미.

방정배 편(1997).『현대사회와 매스미디어』. 서울: 나남.

변동현(1992). DBS와 국제커뮤니케이션 양상의 변화: 일본 위성방송의 영향과 대책을 중심으로.『한국언론학보』. 제27호. 225－244쪽.

변청자(2003).『한국 문화정책과 문화정체성의 문제: 세계화시대 문화정체성 확립을 위한 정책을 중심으로』. 홍익대학교 대학원 석사학위논문.

백용대(2001).『통신시장 유효경쟁체제 구축을 위한 규제 개선방향에 관한 연구』. 성균관대학교 정보통신대학원 석사학위논문.

서현미(2002).『국내 TV프로그램의 아시아시장 진출요인 연구』. 서강대학교 영상대학원 석사학위논문.

손용기(1997).『중국문화의 심층구조』. 서울: 교문사.

손병우・양은경(2003). 한국 대중문화의 현주소와 글로벌화 방안: 한류현상을 중심으로.『사회과학연구』. 제14권. 충남대학교 사회과학연구소. 147－171쪽.

송경희(2002).『아시아 국가의 텔레비전: 방송구조, 프로그램, 수용자』(연구 02－05). 서울: 한국방송영상산업진흥원.

송경희(2003). WTO서비스 협상과 국내 방송규제: 정책적 대응 및 규제정비의 필요성.『한국언론정보학보』. 통권 22호. 77－108쪽.

시보청柴葆青(2003).『중국 시청자의 한국드라마 시청행태와 매체효과에 관한 연구: 한류현상에 대한 이용과 충족적 접근』. 서울대학교 대학원 석사학위논문.

신유경(2001).『국제정보 불평등 논쟁 연구: 맥브라이드 보고서(MacBride Report)를 중심으로』. 서울대학교 대학원 석사학위논문.

신홍균(1996).『해외위성통신사업자의 국내 위성통신시장에의 진출에 대한 법・제도적 대응방안 연구』. 정보통신학술 연구과제 95－08.

심석태(2003).『WTO 방송시장 개방협상과 국제 상거래법상의 문화적 예외』. 서강대학교 대학원 박사학위논문.

심재주(1998). 『오늘의 중국방송』. 서울: 나남.

아시아문화산업교류재단(2005). 『한류실태 파악을 통한 활성화 방안 연구보고서』. 서울: 아시아문화산업교류재단.
http://www.ikoface.com

안민호(1998). 방송시장 개방과 국내 방송산업 구조조정 방안. 『방송연구』. 여름호. 80－105쪽.

양은경(2003a). 문화정체성과 텔레비전: 중국의 한국 TV드라마 수용에 대한 연구. 『2003년 충청언론학회·방송협회세미나』. 발표문.

양은경(2003b). 동아사이의 트렌디 드라마 유통에 대한 문화적 근접성 연구. 『방송연구』. 여름호. 197－220쪽.

오정호(2004). 텔레비전 프로그램의 수출가격 결정요인에 관한 연구. 『한국언론학보』. 제48권 6호. 5－33쪽.

원용진(2003). 문화 정체성과 신자유주의 매체 정경. 『인간연구』. 제4호. 가톨릭대학교 인간학연구소. 31－57쪽.

유세경·정윤경(2000). 국내 지상파텔레비전 프로그램의 해외 판매 결정 요인에 관한 연구. 『한국방송학보』. 통권 14－1호. 209－255쪽.

유세경·이경숙(2001). 동북아시아 3국의 텔레비전 드라마에 나타난 문화적 근접성. 『한국언론학보』. 제45－3호. 230－267쪽.

유세경(2005). 동아시아 지역문화 구축을 위한 국가 간 프로그램 교류 활성화 방안: 동아시아 지역에서의 한국 프로그램의 교류와 수용 현황 분석을 중심으로. 『2005 가을철 정기학술대회』. 한국방송학회 발표문. 76－90쪽.

윤선희(1999). 세계 영상시장 구도와 한국 영상물의 해외진출 방안. 『국제TV프로그램 시장과 한국방송의 경쟁력』. MBC세계시장전략세미나 발표논문.

윤영선(1985). 『직접위성방송의 국제정치학: 정보의 자유로운 유통 대 규제 논쟁을 중심으로』. 서울대학교 대학원 석사학위논문.

윤영철(1991). 사회발전논쟁과 문화제국주의 이론. 『언론, 사회, 문화』. 제1호. 연세대학교 언론연구소. 217-236쪽.

이문조(1986). 종속이론에 관한 일고찰. 『사회과학연구』. 제6권 1호. 영 남대학교 사회과학연구소. 85-106쪽.

이상우 외(2003). 『WTO체제하의 방송산업 변화에 대한 연구(Ⅰ)』(연구 보고 03-13호). 서울: 정보통신정책연구원.

이상출(1980). 보호무역정책에 관한 소고. 『안동대학 논문집』. 제2권 1 호. 157-167쪽.

이석기(2003). 한류를 이용한 중국시장 접근전략. 『월간 KIET산업경제』. 통권54호.

이순임(1999). 『개혁·개방 이후 중국방송의 정책 변화』. 서강대학교 공 공정책대학원 석사학위논문.

이제민(1995). 유치산업의 보호와 성숙. 『연세경제연구』. 제2권 2호. 171- 194쪽.

이준웅(2003). 한류의 커뮤니케이션 효과: 중국인의 한국 문화상품 이용 이 한국에 대한 인식과 태도에 미치는 영향. 『한국언론학보』. 제 47권 5호. 5-32쪽.

이철(1983). 『유치산업의 보호에 관한 연구』. 전남대학교 대학원 석사학 위논문.

이효성(1989). 『정치언론』. 서울: 이론과 실천.

임계순·우심화·양오진, 우장강(2005). 현대 북경의 지역적 특성에 따 른 소비형태의 분석. 『중국의 의식구조 변화에 따른 소비형태 변화』(FKI China Forum 연구시리즈 4). 서울: 전국경제인연합회. 81-150쪽.

임계순·임대희·오수경·주화빈(2005). 한류를 통한 중국인들의 한국 문화에 대한 소비성향 분석과 향후전략. 중국의 의식구조 변화에 따른 소비형태 변화』(FKI China Forum 연구시리즈 4). 서울: 전국경제인연합회. 151-216쪽.

임기준(2002). 『한류와 TV드라마 프로그램의 수출활성화에 관한 연구: 제작시스템을 중심으로』. 연세대학교 언론홍보대학원 석사학위논문.

유세경·정윤경(2000). 국내 지상파 텔레비전 프로그램의 해외 판매 결정요인에 관한 연구: 1997년부터 1999년까지의 해외 판매를 중심으로. 『한국방송학보』, 통권 14-1호. 209-255쪽.

윤선희(1999). 세계 영상시장 구도와 한국 영상물의 해외진출 방안. 『국제TV프로그램시장과 한국방송의 경쟁력』. MBC세계시장전략세미나 발표논문.

장영(2004). 『중국에서 한류현상과 한국드라마 수용에 관한 연구: 중국 대학생을 중심으로』. 연세대학교 대학원 석사학위논문.

전규찬(2004). 텔레비전과 문화다양성, 질 평가의 연관성. 『방송연구』. 겨울호. 7-31쪽.

전승은(2002), 『중국의 한류현상의 사회문화적 의미: 톰린슨의 문화 제국주의 비판이론을 중심으로』. 성균관대학교 언론정보대학원 석사학위논문.

정상은(2005). 기회와 위협이 공존하는 중국시장. 『CEO Information』. 서울: 삼성경제연구소.

정용길(1987). 종속이론에 관한 일고찰. 『행정논집』, 제16권. 동국대학교 행정대학원. 209-228쪽.

정윤경(2002). 『다채널 시대의 영상물 유통』(연구보고 02-09). 서울: 한국방송영상산업진흥원.

정종욱(1986). 신국제정보 및 커뮤니케이션 질서와 제3세계. 『서울대학교 국제문제연구소 논문집』. 제10호. 1 - 34쪽.

정훈(1996). 『시청자 권익의 입장에서 본 케이블 텔레비전 편성의 문제점과 대책 연구』. 서강대학교 언론대학원 석사학위논문.

조은기(1998). 일본 방송프로그램의 국내시장 유입에 관한 경제적 분석. 『언론과 사회』. 제22호. 72 - 101쪽.

조은기(2001), 한일 방송산업 경쟁력 비교분석. 『방송시장 개방과 문화 정체성 확보 방안 연구』(연구보고 2001 - 7). 서울: 방송위원회.

주봉의(1994). 『개혁개방에 따른 중국언론의 변화에 관한 연구』. 서울대학교 대학원 박사학위논문.

채서일(2003). 『사회과학조사방법론』. 서울: 학현사.

최병선(1994). 『정부규제론』. 서울: 법문사.

최창섭(1985). 『한국방송원론』. 서울: 나남.

최창섭(1991). 『방송총론』. 서울: 법문사.

최창섭 외(1997). 『교양 언론학 강좌』. 서울: 범우사.

하종원·양은경(2002). 동아시아 텔레비전의 지역화와 한류. 『방송연구』. 겨울호. 67 - 103쪽.

황인성(2001). 트렌디 드라마의 서사구조적 특징과 텍스트의 즐거움에 관한 이론적 고찰. 『한국언론학보』. 제43권 5호. 221 - 248쪽.

홍호표(2001). 『국내 케이블TV 산업의 시장구조에 관한 연구』. 중앙대학교 신문 방송대학원 석사학위논문.

한국문화관광정책연구원(2001). 『동북아 문화교류 활성화를 위한 문화정책 방안 연구』(특별연구 2003 - 09). 서울: 한국문화관광정책연구원.

한국문화관광정책연구원(2001). 『한국대중문화산업의 해외진출을 위한 지원방안 연구: 한류의 지속화방안을 중심으로』(개별과제 2001 - 1). 서울: 한국문화관광정책연구원.

한국문화관광정책연구원(2002). 『한국문화산업의 동북아지역 진출활성화

및 협력 방안 연구』(정책과제 2002－7). 서울: 한국문화관광정책
연구원.

한국문화콘텐츠진흥원(2004). 『중국 내 '한류' 현상에 대한 소비자의 잠
재적 니즈 파악 및 향후 접근전략: 북경 현지 FGI를 통한 소비
자 특성파악을 중심으로』. 서울: 한국문화콘텐츠진흥원.

한국은행 금융경제연구원(2005). 『아시아경제의 장래』. 서울: 한국은행.

한은영(2004). 중국 방송의 현황 및 환경변화에 다른 대응. 『정보통신정
책』. 제16권 4호. 서울: 정보통신정책연구원.

허진(2002). 중국의 한류현상과 한국TV드라마 수용에 관한 연구. 『한국
방송학보』. 제16－1호. 496－517쪽.

현경보(2000). 방송내용 규제방식의 분류모델에 관한 연구. 『방송연구』.
여름호. 365－387쪽.

현택수(2004). 문화의 세계화와 한국문화의 정체성. 『한국학연구』. 제20
권. 고려대학교 한국학연구소. 175－199쪽.

홍기선 외(2004). 『현대방송의 이해』. 서울: 나남.

"한류, 자랑스럽기만 한가?" 한겨레신문, 2005년 6월 20일.

## 2. 외국문헌

Abel, E.(1982). Global Information: The New Battle Gound, *Political Communication and Persuasion*, Vol.1. No.4.

Abu－Luhod, L.(1989). Bedouins, cassettes and technologies of public culture, *Middle East Report*, 159(4), pp.7－12.

Altschull, J. H.(1984). *Agents of Power: The Role of the News Media*

  *in Human Affairs*, New York: Longman, 강상현·윤영철 역
  (1991). 『지배권력과 제도언론』. 서울: 나남.

Antola, L. & E. M. Rogers(1984). Television Flows in Latin America,
  *Communication Research*, Vol.11(2), pp.183 − 202.

Babbie, E. R.(1973). *Survey Research Methods, Belmont*, California:
  Wadsworth.

Barker, C.(1997). Global Television: An Introduction, Malden, MA:
  Blackwell Publishers Inc.; 하종원·주은우 역(1997). 『글로벌 텔
  레비전』. 서울: 민음사.

Barker, C.(1999). *Television, Globalization and Cultural Identities*,
  Philadelphia, PA: Open University Press.

Barrier, G.(2000). *Media Research Methods: Measuring Audiences,
  Reaction and Impact,* London: SAGE Publication.

Batzorig(2003). 몽골에서 한국 텔레비전 프로그램의 시청과 인기. 『한
  국방송학회 국제학술대회』. 발표논문.

Bielby, D. D. & C. L. Harrington(2004). Managing culuture matters:
  genre, aesthetic elements and the international market for
  exported television, *Poetics*, 32, pp.73 − 98.

Boyd − Barrett, O.(1979). Media of Imperialism: Towards an
  International Framework for the analysis of Media Systems, in
  J. Curran et al(Eds.), *Mass Communication and Society*,
  Berverly Hills: Sage.

Brown, D. H.(1991). Citizens or Consumers: U. S. Reactions to the
  European Community's Directive on Television, *Critical Studies
  in Mass Communication*, 8, pp.1 − 12.

Chan, J.(1994). Media Internationalization in China; Process and tension, *Journal of Communication*, 44(3), Summer, pp.70－88.

Chan, J. & E. Ma, G. Keung(2000). *Contemporary Asian Television: Global trends and local processes, Modules Six: Unit 35a, Center for Mass Communication Research*, Leicester Univ. UK.

Chan, J. & E. Ma.(2002). *Transculturating modernity: A conceptualization of cultural globalization*, In J. M. Chan & B. Mcintyre(eds.) In Search of Boundaries: Communication, Nation －States and Cultural Identities, Westport, CT: Greenwood.

Chapman, G. P.(1981). *International Television Flow in West Europe*, in The International institute of Communication, 김지운 역 (1989). 『국제문화커뮤니케이션론』. 서울: 나남.

Cooper, R.(1993). An Expanded, Integrated Model for Determining Audience Exposure to Television, *Journal of Broadcasting & Electronic Media*, Fall.

Curran, J. & M. Gurevitch(1993). *Mass Media and Society*, 김지운 외 역(1993). 『현대언론과 사회』. 서울: 나남.

Daniel Biltereyst & Philippe Meers(2000). The International telenovela debate and the contra－flow argument: a reappraisal, *Media, Culture & Society*, Vol.22, pp.393－413.

Dupagne, M.(1992). Factors Influencing the International Syndication Marketplace in the 1990s, *Journal of Media Economics*, Fall.

Dupagne, M. & D. Waterman(1998). Determinants of U. S. Television Fiction Imports in Western Europe, *Journal of Broadcasting & Electronic Media* 42(2), pp.208－220.

Emery(1971). *National and International Systems;* Charles R. Wright(1986), *Mass Communication: A Sociological Perspective*,

Random House.

Featherstone, M. Global and Local Cultures, in Bird, J. et, al.(eds)(1993). *Mapping the Futures: Local Cultures, Global Change*, London / New York: Routhledge. pp.169 – 187.

Frederick, H. H.(1993). *Global Communication & International Relations*, Belmont California: Wadsworth Publishing Company.

Gitlin, T.(1980). *The Whole World Is Watching: Mass Media in the Making & Unmaking of the New Left*, Berkeley: University of California Press.

Goffman, E.(1974). *Frame analysis: An essay on the organization of experience*, Cambridge, MA: Harvard Univ. Press.

Gunaratne, S. A.(1999). The media in asia, *Gazette*, Vol.6(3 – 4), pp.197 – 223.

Gutierrez, F. F. & J. R. Schement(1984). Spanish International Network: The Flow of Television from Mexico to the United States, *Communication Research*, Vol.11(2), pp.241 – 258.

Harrison, M.(2002). Satellite and Cable Platforms: Development and content. In Stephanie Hemelyric Donald, Michael Keane, and Yin Hong(Eds). *Media in china: Consumption, Content and Crisis*, New York, NY: Routledge, Curzon.

Hong, J.(1998). The Internationalization of Television in China: The Evolution of Ideology, Society, and Media since the Reform. *Westport*, CO: Praeger.

Hong, J.(2000). Reconciliation between openness and resistance: Media globalization and new policies of china's television in the 1990s. In Georgette Wang, Jan Servaes and Anura

Goonasekera(eds). *The New Communcations Landscape: Demystifying Media Globalization.* New York, NY: Routledge.

Hong, J. & Yu-chiung Hsu(1999). Asian NIC's Broadcast Media in the era of globalization, *Gazette,* Vol.61(3-4), pp.225-242.

Hong, J. & J. Sun(1999). Taiwna's film importation from China: a political economy analysis of changes and implications, *Media, Culture & Society,* Vol.21. pp.531-547.

Hoskins, C. & S. McFadyen. "Stimulation of National Television Program Production: A Canadian Success Story?" Paper Presented to the International Television Studies Conference, London, 1986.

Hoskins, C. & R. Mirus(1998). Reasons for the US Dominance of the International trade in television programmes, *Media, Culture & Society,* Vol.10. pp.499-515.

Hughes, C. R.(2002). China and the globalization of ICTs, *New media & Society,* Vol.4(2), pp.205-224.

Hoskins, J.(1980). *The Media in China,* London: Nord Media.

Ian Weber(2003). Localizing the global, *gazette,* vol.65(3), pp.273-290.

Jack Lyle & Douglas B. McLeod(1993). *Communication, Media and Change, Mountain View,* C. A.: Mayfield Publishing Company.

Jian Qian(2003). *The Global business of television: A case of china,* The Pennsylvania State University.

Jeongho, oh(2001). International Trade in Film and the Self-Sufficiency Ratio, *Journal of Media Economics,* 14(1), pp.31-44.

Julia G. Crane & Michael V. Angrosino(1966). *Field Projects in Anthropology:* Waveland Press. Inc.

Kottak, C. P.(1990). *Prime -time society: An anthropological analysis of television and culture,* California: Wadsworth.

Kyungmo Kim & G. A. Barnett(1996). The Determinants of International News Flow: A Network Analysis, *Communication Research,* Vol.23 No.3, June 1996, pp.323 - 352.

Lerner, D.(1958). *The Passing of Traditional Society: Modernizing the Middle East,* New York: Free Press.

List, F.(1966). *The National System of Political Economy,* New York: Augustus M. Kelley Publisher.

Lotz, A. D.(2000). Assessing Qualitative Television Audience Research: Incorporating Feminist and Anthropological Theoretical Innovation, *Communication Theory,* 10(4). pp.447 - 467.

Lu, Y. & M. Zhao(2002). *An Introduction to Contemporary Broadcasting Radio and Television,* Shanghai China: Fudan University Press.

Lull, J.(1991). *China Turned On: Television, reform, and resistance,* London; Routledge.

Lull, J.(1995). *Media, Communication, Culture,* Cambridge, Polity Press.

McChesney, R. W.(2000). *Corporate Media and the Threat to Democracy,* New York, Seven Stories Press.

McChesney, R. W.(2000). The global media giants. In Robin Andersen and Lance Strate(Eds.), *Critical Studies in Media Commercialism,* New York, NY: Oxford University Press.

McQuail, D.(2000). *Mass Communication Theory*(4th ed.) London, UK: Sage.

Mogenthau, H. J.(1954). *Politics among Nations: The Struggle for Peace and Power*, New York: Alfred A. Knof.

Mowlana, H.(1986). *Global Information and World Communication: New Frontiers in International Relations*, 김지운 역(1989). 『국제문화커뮤니케이션론』. 서울: 나남.

Nadel, G. H. & P. Curtis(1964). *Imperialism and Colonialism*, New York NY: Mcmillan.

Norbert, S. & S. Sudman(1996). *Answering Question*, San Francisco: Jossey–Bass Publishers.

Owen, B. M. & J. H. Beebe, W. G. Manning, Jr., 최양수 역(1996). 『텔레비전경제학』. 서울: 나남.

Owen, B. M. & S. S. Wildman(1992). Video Economics, 최양수 역(2004). 『영상경제학』. 서울: 나남.

OECD(1992). Telecommunications and Broadcasting: Convergence or Collision? *Information Computer Communication Policy* 29.

Papandrea, F.(1998). Protection of Domestic TV Programming, *Journal of Media Economics*, 11(4), pp.3－15.

Pashupati, K. & Hua Lin Sun, S. D. Mcdowell(2003). Guardians of Culture, Development, Communicators, or State Capitalist?, *The International Journal for Communications Studies*, Vol 65(3), pp.251－271.

Picard, R. G.(1982). Media Economics: Concepts and Issues, Newbury Park, CA: Sage. 김지운 역(1992). 『미디어경제학』. 서울: 나남.

Peng, Z.(1987). Speech at the Forum of Beijing Journalists, *News and*

*Regulations*, 2, pp.3 – 5.

Pool, I. S.(1977). The Changing Flow of Television, *Journal of Communication,* Spring.

Rod Carveth(1992). The Reconstruction of the Global Media Marketplace, *Communication Research*, Vol.19. No.6. pp.705 – 723.

Roach, C.(1997). Cultural imperialism and resistance in media theory and literary theory, *Media, Culture & Society*, Vol.19, pp.47 – 66.

Rogers, E.(1983). *Diffusion of Innovation*, New York: Free Press.

Rogers E. & L. Antola(1995). Telenovelas: A Latin American Success Story, *Journal of Communication*, Vol.35(4), pp.24 – 35.

Rogengren, K. E(1983). Communication Research: One Paradigm, Or Four? *Journal of Communication*, 33(3).

Sapiro, Andrew. L, 김명준 역(2001). 『테크놀로지와 통제혁명』. 서울: 커뮤니케이션북스.

Shenqing, L. & W. Jing(2005). 중국 시청자의 반응으로 본 '대장금'의 영향. 『2005 가을철 정기학술대회』. 한국방송학회 발표논문. 46 – 50쪽.

Schement, J. R. & Ibarra N. Gonzalez, Patricia Lum, Rosita Valencia(1984). The International Flow of Television Program, *Communication Research*, Vol.11(3), pp.163 – 182.

Schiller, H. I.(1976). *Communication and Cultural Domination*, New York: International Arts and Sciences Press.

Schiller, H. I.(1991). Not yet the post – imperialist era, *Critical Studies in Mass Communication*, 8, pp.13 – 28.

Schiller, H. I.(1992). *Mass Communications and American Empire*, 2nd. Bouler, CO: Westview.

Schwartz, N. & Sudman S. (ed)(1995). *Answering Questions: Methodology for Determining Cognitive and Communicative Process in Survey Research*, Jossey−Bass Publishers.

Shoemaker(1991). *Gatekeeping*, Newbury Park: Sage.

Shoemaker, P. J. & S. D. Reese(1996). *Mediating the message(2nd ed.), White Plains*, NY: Longman.

Sibert, F. S. & T. A. Peterson, W. Schramm(1956). *Four Theories of the Press*, University of Illinois Press.

Sinclair, J. & M. Harrison(2004). Globalization, Nation and Television in Asia: The case of India and China, *Television & New Media*, Vol.5. No.1.

Smith, A.(1997). An Inquiry into the Nature and Causes of the Wealth of Nations, 2 Vols. London.

Snow, D. & R. D. Benford(1988). Ideology, frame resonance, and participant mobilization, *International Social Movement Research*, Vol.1.

Stempel, G. H. & B. H. Westley(1981). *Research Methods in Mass Communication*, Prentice−Hall, Inc. Englewood Cliffs.

Straubhaar, J. D.(1984). Brazilian Television: The Decline of American Influence, *Communication Research*, Vol.11(2), pp.221−240.

Straubhaar, J. D.(1991). Beyond Media Imperialism: Asymetrical Interdependence and Cultural Proximity, *Critical Studies in Mass Communication*, Vol.8(1), pp.39−59.

Straubhaar, J. D. & Funentes, M. Ciraud, C. Campbell(2002).

Refocusing from global to regional homogenization of television: Production and programming in the Latino U. S. market, Mexico and Venezuela, Paper presented at the Intercultural and Development Division, International Communication Association, Seoul, 2002.

Straubhaar, J. D. & Antonio C. La Pastina, Cacilda M. Rego(2003). The centrality of telenovelas in Latin America's everyday life: Past tendencies, current knowledge, and future research, *Global Media Journal*, Vol.2, Issue 2, Spring.

Straubhaar, J.(1997). Distinguishing the global, regional and national levels of world television, in A. Sreberny−Monhamma et al.(eds). *Media in Global Context: A Reader*. London: Arnold Press. pp.284−398.

Tomlinson, J.(1994). *Cultural imperialism: a critical introduction,* 강대인 역(1994). 『문화제국주의』. 서울: 나남.

Turner, G.(2004). Introduction: Global Television, *Television & New Media*, Vol.5. No.1.

Tracy, M.(1993). A taste of money: popular culture and the economics of global television. in Eli M. Noam and Joel C. Millonzi(eds.), *The International Market in Film and Television Programs*. Norwood, NJ; Ablex Publishing Corporation.

Tuchman, G.(1977). The exception proves the rule: The study of routine news practice, In P. Hirsch, P. Miller, & R. G. Kline(eds.), *Strategies for communication research*, Beverly Hills, CA: Sage, pp.43−62.

UNESCO(1982). *Cultural Industries: A Challenge for the Future of*

*Culture*, Paris: UNESCO.

Varis, T.(1974). Global Traffic in Television, *Journal of Communication* 24(1), pp.102 − 109.

Varis, T.(1984). The international flow of Television Program, *Journal of Communication, winter*, 1984, pp.134 − 146.

Vogel, H. L.(1990). *Entertainment Industry Economics* 2nd ed., N. Y.: Cambridge University Press.

Wang Yi(1999). Intellectuals and popular television in China, *Journal of cultural studies*, Vol.2(2), pp.222 − 245.

Wallerstein(1974). *The Modern World System*, NY: Academy Press.

Warwick, D. P. & C. A. Lininger(1975). *The Sample Survey: Theory and Practice*, New York: McGraw Hill.

Waterman, D.(1988). World Television Trade, *Telecommunication Policy*, 12(3), pp.141 − 151.

Waterman, D.(1991). A New Look at Media Chains and Groups 1977 − 1989, *Journal of Broadcasting & Electronic Media*, 35(2), pp.167 − 177.

Waterman, D.(1993). World television trade: The economic effect of privatization and new technology. In E. M. Noam & J. C. Millonzi(Eds.), *The International Market in film and television programs*. Norwood: Ablex. pp.41 − 58.

Waterman, D & E. M. Rogers(1994). The Economics of Television Program Production and Trade in Far East Asia, *Journal of Communication*, Vol.44(3), pp.89 − 111.

Waterman, D. & A. A. Weiss(1997). *Vertical Integration in Cable Television* The MIT Press, Cambridge, MA.

Weber, I.(2002). Reconfiguring Chinese Propaganda and Control Modalities: a case study of Shanghai's television system. *Journal of Contemporary China*. Vol.11(30). pp.53−75.

Weber, I.(2003). Localizing the Global−Successful Strategies for selling Television Programmes to China, *The International Journal for Communication Studies*, Vol.65(3), pp.279−280.

Wildman S. S. & S. E. Siwek(1993). The Economics of the Recoded Media Products in Multilingual World: Implications for National Media Policy.

Wildman, S. S.(1994). One Way Flows and Economics of audience making. in James S. Etteman & D. Charles Whitney(Eds.), *Audience making: How the media create the audience*. Thousand Oaks, CA: Sage. pp.115−141.

Wildman S. S.(1995). Trade Liberalization and Policy for Media Industries: A Theoretical Examination of Media Flows, *Canadian Journal of Communication*, 20, pp.367−388.

Wimmer. R. D. & J. R. Dominick(1994). Mass Media Research: An Introduction, Fourth Edition. Belmont: California, Wadsworth Publishing Company. 김동규 역(1995). 『매스미디어 조사방법론』. 서울: 나남.

Wright, C. R.(1986). *Mass Communication: A Sociological Perspective*, Random House; 김지운 역(1988). 『매스커뮤니케이션통론』. 서울: 나남.

Yoo, E.(1991). *Analysis of Determining Factor for TV Program and Film Flow Access Nations in 1983: An Empirical Study*, Doctoral Dissertation, Indiana University.

Yu Huang, Xu Yu(1997). Broadcasting and politics: Chinese television in the Mao era: 1958-1976. *Historical Journal of Film, Radio & Television.* Vol.17. No.4.

Zhang, Yan Bing & J. Harwood(2004). Modernization and Tradition in an Age of Globalization: Cultural Values in Chinese Television Commercials, *Journal of Communication,* March, 2004.

Zhengrong Hu(2001). "Chinese Contents Industry: Transitions and Issues", 한국문화콘텐츠학회 · 한국방송진흥원 2001년 국제심포지움 발표논문.

胡正榮(2001). "Chinese Contents: Transitions and Issues", 한국문화콘텐츠학회 국제심포지움 발표논문.

菅谷實 · 中村淸, 송진명 역(2003). 『방송미디어경제학』. 서울: 커뮤니케이션북스.

上海電視等組委會(2004). 中國電視刷市場報告. 2003-2004. 華夏出版社.

Action Programme for Economic Cooperation of the 4th Summit Conference of the Non-Aligned Countries, August, 1973.

Declaration of the Ministerial Conference of the Non-Aligned Countries of Decolonization of Information, 1978.

## • 저자 •

**홍용락**　•약 력•

서강대학교 영상대학원 영상매체학 박사
SBS 드라마. 교양 PD (1991-1999)
(현)동아방송대학 방송극작과, 영상제작계열 교수
(현)사단법인 한국미디어 연구소 이사장
(현)한국방송학회 방송콘텐츠연구회 회장
(현)방송통신위원회 시청자 복지사업 심사위원
(현)방송통신위원회 콘텐츠 지원사업 심사위원

•주요논저•

「한국신문기사에 인용되는 공개되지 않는 뉴스원에 관한 일 연구」
　(석사학위논문)
「방송방송콘텐츠 유통에 영향을 미치는 제도적 규제요인 연구: '중국'과 '베트
　남'의 사례를 중심으로」(2007. 스피치와 커뮤니케이션8호. 학진등재지)
「방송실무교육의 목표와 방향에 관한 연구」(2003. 동아방송연구 5권)
「TV드라마 프로그램 제작에 있어 방송작가 -PD간의 상호지향성 연구」
　(2007. 프로그램 / 텍스트 제16호)
『TV제작을 위한 기술이론의 실제』(진한도서. 2001)
『드라마제작 실무』(서울시 교육청. 2004)
『디지털 영상제작 연출론』(썸씽북. 2007)

### 한국 TV 드라마의
## 중국 내 유통현실과 전망

| | |
|---|---|
| • 초판 인쇄 | 2008년 9월 11일 |
| • 초판 발행 | 2008년 9월 11일 |
| • 지 은 이 | 홍용락 |
| • 펴 낸 이 | 채종준 |
| • 펴 낸 곳 | 한국학술정보㈜ |
| | 경기도 파주시 교하읍 문발리 513-5 |
| | 파주출판문화정보산업단지 |
| | 전화　031) 908-3181(대표) · 팩스　031) 908-3189 |
| | 홈페이지　http://www.kstudy.com |
| | e-mail(출판사업부)　publish@kstudy.com |
| • 등　　록 | 제일산-115호(2000. 6. 19) |
| • 가　　격 | 30,000원 |

ISBN　978-89-534-9862-4 93070 (Paper Book)
　　　　978-89-534-9863-1 98070 (e-Book)